U0523217

教養としての「ローマ史」の読み方

罗马兴衰 1200年

[日] 本村凌二 著　高悦 译

中国友谊出版公司

图书在版编目（CIP）数据

罗马兴衰1200年/（日）本村凌二著；高悦译. ——北京：中国友谊出版公司，2021.5
ISBN 978-7-5057-5159-0

Ⅰ.①罗… Ⅱ.①本… ②高… Ⅲ.①古罗马-历史 Ⅳ.① K126

中国版本图书馆 CIP 数据核字 (2021) 第 044018 号

著作权合同登记号　图字：01-2021-0975

KYOYO TOSHITE NO"ROMA SHI"NO YOMIKATA
Copyright © 2018 by Ryoji MOTOMURA
All rights reserved.
First original Japanese edition published by PHP Institute,Inc.,Japan.
Simplified Chinese translation rights arranged with PHP Institute,Inc.
through Bardon-Chinese Media Agency.

书名	罗马兴衰1200年
作者	[日] 本村凌二
译者	高　悦
出版	中国友谊出版公司
发行	中国友谊出版公司
经销	新华书店
印刷	天津旭丰源印刷有限公司
规格	880×1230毫米　32开 10印张　213千字
版次	2021年5月第1版
印次	2021年5月第1次印刷
书号	ISBN 978-7-5057-5159-0
定价	68.00元
地址	北京市朝阳区西坝河南里17号楼
邮编	100028
电话	(010) 64678009

前　言

本书不是所谓的罗马通史。那种"罗马通史"，包括笔者的拙著在内，市面上应该可以找到数不清的版本。这本书既然由"解读方法"入手，那么笔者就准备从"了解罗马史时应该关注哪些点"的角度加以阐述。

本书中我们将探讨，为什么同样发源于城邦[1]（都市国家），希腊人确立了民主政体，而罗马人则将共和政体奉为圭臬。若将视线聚焦在两者的差异上，我们会发现它们部落的聚居方式原本就存在差异。

此外，艰难存续了五百多年的罗马共和政体，在公元前1世纪后半叶的恺撒—奥古斯都时代忽然焕发生机，人们开始臣服于第一公民(Princeps)[2]的统治，个中缘由耐人寻味。在政治斗争和战乱割据频发的时代背景下究竟隐藏着何种暗流，想要弄明白这个问题，就必须考虑恺撒和奥古斯都的拥护者们分别来自怎样的社会阶层。

---

1. 城邦是指古希腊的城市国家。公元前9世纪至前8世纪出现。以卫城为中心，有被称为"会议广场"的公共广场。由城市部分和周围农村部分组成。公元前6世纪至公元前4世纪达到鼎盛时期。——译者注
2. 第一公民是罗马皇帝的正式头衔，被某些历史学家视为在古代罗马决定皇帝归属的头衔。皇帝奥古斯都在公元前23年首次采用此头衔。

众所周知，罗马帝国在"Pax Romana"[1]时代（罗马和平时代）坐享繁华，可到了公元3世纪的"军人皇帝时代"却被卷入了危机之中。军人皇帝时代在世界史的宏观层面上，有着举足轻重的地位。军人掌握权力的时代拥有怎样的特征？他们的成长环境是怎样的？在思考这些问题的时候，读者们会与隐藏在历史背后的规律不期而遇。

崇尚自由的罗马人常常被称赞具有"宽容"的品质，然而随着时代的变迁，这种品质逐渐变质的过程也清晰可见。这一过程在"Clement"[2]（宽容）的内涵变化上体现得最为明显，当我们提到"Clement"一词时，脑海中就会浮现出它的三个阶段，而这三个阶段也都与"自由"的意识有着千丝万缕的联系。

这些主题，在此之前也许都被断断续续地讨论过，但在本书中，笔者会将它们置于"罗马史"庞大洪流下，换个视角重新审视这些主题，相信会加深我们对"世界史的一隅——罗马史"的理解。因此，本书也会像通史一样以时间为序铺陈展开，也是考虑到这样能方便读者的理解。

有一位名叫丸山真男[3]的学者曾经这样评价罗马史："罗马史中凝结着人类的经验""罗马史是社会科学的实验基地"。凭借

---

1. Pax Romana，世人称此时段为罗马和平。公元前27年元首制度建立之后，一直到公元2世纪，罗马帝国再没有陷入长时间内战，境内相对安宁。这一时期，它的经济、文化、军事、艺术都达到了前所未有的高峰。
2. Clement 在罗马人的认知中表示，宽容对待投降之敌，宽容对待不同宗教、文化和风俗。
3. 丸山真男（1914—1996），日本著名的政治思想史学者，他的政治学被日本学界称为"丸山政治学"。

《罗马人的故事》而闻名遐迩的学者盐野七生[1]也说过："罗马史是世界历史的瑰宝。"

笔者作为罗马史的专门研究者，深知不能一味沉浸在别人的溢美之词中。罗马史真的是"人类经验的结晶"与"瑰宝"吗？这样的疑问盘旋在我的脑海中。

笔者近半个世纪来一直致力于研究罗马史这个狭窄的领域，在研习过程中也会时常联想到世界历史。将研究世界帝国罗马的方法看作是可临摹的拓本，无形中会帮助我们理解他国历史吧，比如近代的海洋帝国葡萄牙和西班牙、大肆扩张殖民地的大英帝国，乃至21世纪的"美利坚合众国"，只要是以罗马史为坐标轴，便能获得不一样的研究角度与切入点吧。

笔者想告诉大家，骄傲是希腊的悲剧得以重演的原因。如果一味吹嘘"罗马历史真了不起"的话，恐怕就会陷入"夜郎自大"的非议声中。不过笔者在某一个方面可以说是非常自信乃至自负的，那就是，将世界历史的研究置于罗马史的坐标系中，一定会取得不一样的研习成果。

如果尊敬的读者们能够领会这种"解读方式"，并从中感知到学习世界史的乐趣，那便是我莫大的荣幸了。现如今"世界史"不再只是风靡一时的潮流，而是作为我们耳濡目染的"全球化历史"，潜移默化地影响着我们人格教养的基本架构。

本村凌二
2018 年 2 月吉日

---

1. 盐野七生，日本女作家，1937 年出生于日本，终生研究罗马史。著有《罗马人的故事》系列丛书。

目 录
CONTENTS

序章　罗马 1200 年历史的启示 / 001

I 为何罗马能成为世界帝国——地中海的统一与迦太基的灭亡

　　第一章　为何罗马人选择共和政体 / 008

　　第二章　击败强敌的罗马军强大的秘密 / 035

　　第三章　共和政法西斯主义与先代遗风 / 060

II 胜利者的迷思、恺撒的经验——格拉古兄弟改革、尤利乌斯·克劳狄王朝的结束

　　第四章　有产者与无产者之争 / 078

　　第五章　英雄恺撒与罗马皇帝的诞生 / 097

　　第六章　继承者问题撼动了帝政的根基 / 117

I

III "世界帝国罗马"：和平与失却的遗风——五贤帝的清明之治与后世的混乱

第七章　恶帝图密善的出现 / 146

第八章　五贤帝时代——人类史上最幸福的时代 / 160

第九章　罗马遗失的秩序 / 192

IV 罗马缘何灭亡？——古代末期与地中海文明的变质

第十章　军人皇帝时代和 3 世纪的危机 / 210

第十一章　罗马帝国的复兴与基督教 / 237

第十二章　罗马灭亡的原因 / 273

主要参考及引用文献 / 303

前事不忘，后世之师
——《罗马兴衰 1200 年》出版后记 / 305

序章
罗马1200年历史的启示

初涉罗马历史的人，都会产生两个疑问。

一个是"为什么罗马能够建立帝国"。

另一个是"为什么罗马帝国难逃衰落的宿命"。

罗马位于意大利半岛，最初只是一个小城邦，在它诞生的同一时期，地中海世界里存在着至少数以千计的都市国家。其中文化璀璨、技术先进、人口众多的城邦不在少数。然而，最终是罗马将它们全部吞并，并创建了前所未有的庞大帝国。

公元前2世纪的希腊历史学家波利比乌斯（Polybius）[1]，也许是世界上第一位认真思考"为什么罗马能成为帝国"的历史学家吧。身为希腊人的他，意图通过将希腊和罗马进行对比，来解答自己心中的疑惑——身为先进国家的希腊诸城邦无缘成就的事业，为什么让罗马捷足先登了？

---

1. 波利比乌斯，历史学家，本是希腊人，晚年才成为罗马公民。据说生于公元前203年，当时汉尼拔正在意大利征战。大约在37岁之时，他作为一名政治犯到了罗马。

至于另一个疑问——为什么罗马帝国最终走向了灭亡？以 18 世纪英国历史学家爱德华·吉本（Edward Gibbon）[1]的著作《罗马帝国衰亡史》为伊始，多少年来无数历史学家潜心研究、众说纷纭，至今尚未有终论。

罗马身为一个庞大帝国却能长期维持着国泰民安的状态，这在世界史上也是罕见的现象。譬如亚历山大大帝（Alexander the Great）[2]的帝国、蒙古帝国、伊斯兰帝国等，世界史的舞台上也有许多"帝国"竞相登场，然而它们中的大多数只是昙花一现，不像罗马帝国那般存续千年之久。

看似固若金汤的帝国为何灭亡了呢？吉本之所以想要找出灭亡的根本原因，大概是因为他意识到，自己所处的 18 世纪的英国与罗马帝国有诸多相似之处吧。当时的英国在世界范围内不断扩张殖民地，以大英帝国之名威震世界。也许吉本想以罗马的历史为前车之鉴，来观照英国的未来呢。

继波利比乌斯之后，时代不知更迭了多少回，唯一不变的是形形色色的人们前赴后继地致力于研究罗马的灭亡原因，并且百家争鸣、各抒己见。

历史这门学问，不像数学那般存在唯一解。许多问题的答案往往不止一个。笔者认为过去历史学家们得出的结论并非展现了全部事实真相，它们只是真相的一角，并不是真相的全貌。

---

1. 爱德华·吉本（1737—1794），近代英国杰出的历史学家，史学名著《罗马帝国衰亡史》一书的作者，18 世纪欧洲启蒙时代史学的卓越代表。
2. 亚历山大大帝（前 356—前 323），即亚历山大三世，马其顿王国（亚历山大帝国）国王。

俗话说得好："罗马不是一天建成的。"罗马在成为帝国之前，也经历过"试炼与克服"的千锤百炼。如果半途在任何一个困难面前折服，罗马都不能成为日后的帝国吧。

跨越漫长岁月终成帝国的罗马，也在历经漫长风雨之后踏上了毁灭的归途。笔者曾经在自己的书中写道："罗马的灭亡有如自然衰老的过程。"因为在罗马的灭亡中，并没有某个决定存亡的戏剧化事件。各种各样的原因错综复杂、互相交织，罗马也便一点点地体力衰竭，直至庞大帝国轰然倒塌的一天。

本书将罗马约1200年的漫长历史，大致分为四个时代进行解读。

第一部分（I）以公元前8世纪罗马的建国为始，到公元前146年第三次布匿战争[1]后迦太基的灭亡为止。之所以在此处设置一个时间节点，是因为罗马从小城邦发展壮大成长为事实上的帝国，掌握地中海世界的霸权，都是在公元前146年之前完成的事。

第二部分（II）始于公元前146年迦太基[2]的灭亡，中间经过共和政末期的混乱，结束于帝政初期，即初代皇帝奥古斯都[3]诞生的时代。这个时代非常混乱，被称为"胜者的迷茫期"。尽管罗马

---

1. 布匿战争，是在古罗马和古迦太基两个古代奴隶制国家之间为争夺地中海西部统治权而进行的一场著名战争，名字来自当时罗马对迦太基的称呼Punici（布匿库斯）。
2. 迦太基，古国名。存在于公元前8世纪至前146年，位于今北非突尼斯北部，临突尼斯湾，当东西地中海要冲。公元前147年，迦太基城被罗马军夷为废墟。
3. 盖维斯·屋大维·奥古斯都（前63年—公元14年），原名盖乌斯·屋大维·图里努斯，后三头同盟之一，罗马帝国的第一位元首（Princeps），元首政制的创始人，统治罗马长达40年，是世界历史上最为重要的人物之一。

以帝国的姿态手握地中海的霸权，可疆域突如其来的扩张也带来了接踵而至的问题，使得罗马内政不稳、内乱频发。在胜者的迷茫期，恺撒登上了历史舞台，平息了这场混乱。随后皇帝诞生，罗马成为名副其实的帝国。可好景不长，在帝政还没有稳固之时，便又出现了卡利古拉[1]和尼禄[2]等暴君，共和政复辟的趋势也在罗马大地上悄然蔓延。

第三部分（Ⅲ）讲述了罗马帝国拨开了混乱时期的迷雾，迎来了以五贤帝为代表的巅峰期。然而这个鼎盛期只持续了不到100年，罗马又再一次陷入了混乱的3世纪的泥沼，也就是著名的军人皇帝时代。

第四部分（Ⅳ）从戴克里先[3]为军人皇帝时代划上句号结束了3世纪的危机讲起，一直写到西罗马的灭亡。迄今为止的大多数研究者们认为，这段时期仅仅标志着罗马帝国的谢幕，可笔者想在本书中拓宽视野，以"古代世界之终曲"为视角来重新审视罗马的衰亡。

---

1. 卡利古拉，罗马帝国第三位皇帝，尤利乌斯•克劳狄王朝第三位皇帝，公元37年3月18日至公元41年1月24日在位。卡利古拉被认为是罗马帝国早期的典型暴君。他在位时期，建立恐怖统治，神化皇权，行事荒唐、暴虐。
2. 尼禄，罗马帝国第五位皇帝，尤利乌斯•克劳狄王朝第五位亦是最后一位皇帝，公元54年10月13日至公元68年6月9日在位。尼禄是古罗马乃至欧洲历史上著名的暴君，世人称之为"嗜血的尼禄"。
3. 戴克里先，罗马帝国皇帝，于公元284年11月20日至305年5月1日在位。其结束了罗马帝国的3世纪危机（235—284），建立了四帝共治制，使其成为罗马帝国后期的主要政体。其改革使罗马帝国对各境内地区的统治得以存续，最起码在东部地区持续了数个世纪。他为罗马帝国去掉了过多的罗马共和国的残余，而最则如古罗马政治家辛辛纳图斯一样，退隐田园。

上文已经提到过，曾经有一位名叫丸山真男的学者说过："罗马史中汇集了人类的全部经验智慧。"笔者从大学时代算起，也已经花了近半生的岁月来研究罗马史，可至今仍旧觉得罗马史充满神秘。罗马的神秘与未解之谜于我而言，恰似取之不尽用之不竭的灵感源泉。

历史有如一架呼啸而过的马车，而它留下的车辙与明日世界之走向，也有着不可言说的微妙关联。

德国著名的铁血宰相——奥托·冯·俾斯麦[1]说过："贤者向历史学习。"笔者认为他这句话要表达的意思是，以史为鉴可以知兴替，从历史中汲取到的经验与智慧，可以指引每个人过好一生，引领社会的和谐发展。

详细情况会在正文里介绍，这里只是简要做个引子。在第二次布匿战争的坎尼会战[2]中，罗马军大败于汉尼拔[3]率领的迦太基军，当时的罗马将领大西庇阿[4]痛定思痛，学习敌将汉尼拔的战法，最终带领罗马军队一雪前耻。初代皇帝奥古斯都也从养父恺撒被暗杀的事件中汲取经验，建立了长达40年的稳定政权。

---

1. 奥托·冯·俾斯麦（1815—1898），是德意志帝国首任宰相（任期为1871—1890），人称"铁血宰相""德国的建筑师"及"德国的领航员"。
2. 坎尼会战，发生在公元前216年，乃是第二次布匿战争中的主要战役。
3. 汉尼拔·巴卡（前247—前182），北非古国迦太基统帅、行政官，军事家。第二次布匿战争期间，多次以少胜多重创罗马军队。
4. 大西庇阿（前235—前183），古罗马统帅和政治家。他是第二次布匿战争中罗马方面的主要将领之一，以在扎马战役中打败迦太基统帅汉尼拔而著称于世。

从历史上发生的无数事件中可以得出一个普遍规律："以先人为鉴便可以胜券在握。"

为什么罗马能够成为地中海世界中唯一的帝国？

为什么罗马的帝国之光最终归于黯淡？

笔者认为这个问题的答案依然没有穷尽。至此，笔者恳请读者们在阅读本书的过程中，尝试自己去寻找这个问题的答案，相信这样的思维方式，会对诸君今后的人生以及社会的发展都大有裨益。

I
为何罗马能成为世界帝国
——地中海的统一与迦太基的灭亡

第一章
为何罗马人选择共和政体

"流氓"的性格——早期的罗马

建国神话不管发生在哪个国家,都会蒙上一层神圣的光环,作为一段佳话代代相传,在罗马也不例外。

传说中,罗马的建国发生在公元前753年4月21日。建国的国王是双子兄弟罗慕路斯与雷慕斯中的一位——罗慕路斯,据说这对双生子是喝着狼奶长大的。

相传,罗慕路斯和雷慕斯的母亲,是象征美与丰收的女神维纳斯的孩子,也是特洛伊战争[1]中骁勇善战的武将埃涅阿斯[2]的后裔,而双子兄弟的父亲,是为阿尔巴隆加部落的公主雷亚西尔维亚的美丽所倾倒的战神玛尔斯[3]。因此,建立罗马帝国的罗慕路斯,从父母那里继承了神之血统,拥有非常高贵的出身。

双子兄弟看似生来就拥有阿尔巴隆加部落王位继承权,实际上

---

1. 特洛伊战争是以争夺世上最漂亮的女人海伦为起因,以阿伽门农及阿喀琉斯为首的希腊军进攻帕里斯及赫克托耳为首的特洛伊城的十年攻城之战。
2. 埃涅阿斯,特洛伊英雄,被视作古罗马的神。
3. 玛尔斯,是罗马神话中的国土、战争、农业和春天之神,罗马十二主神之一。

却是生不逢时，因为他们刚出生就被卷入王室争权的尔虞我诈之中，被居心叵测的人盯上要取他们的性命。幸运的是，有一名士兵同情双子的身世，将装有兄弟两人的篮子放进台伯河，让双子随波漂流，远离王室的明争暗斗。河畔的母狼救下了双子兄弟，并用自己的乳汁喂养他们。

不久后双子兄弟被一位牧人捡到，开始了寄人篱下的生活，好在善良的牧人悉心培育双子兄弟，使他们得以茁壮成长。长大成人的双子兄弟，终究还是知晓了自己的身世，于是他们齐心协力打倒了抢走王位的人，把王位归还给了祖父，他们自己也建立了新的国度。

可惜世事难料，曾经关系亲密的两人逐渐反目成仇，最终兄弟二人对决，以罗慕路斯杀死了雷慕斯而告终。

取得王权的罗慕路斯，根据自己的名字，将国名改为"罗马"，并于公元前753年4月21日，举办了盛大的建国仪式。从此以后，这个日期就作为"罗马的建国纪念日"，每年的这一天都会在罗马举办盛典。

初代国王罗慕路斯的统治长达37年，他在执政期间创立的元老院[1]和市民集会，也被日后共和政体的罗马所沿袭，形成了罗马政治体制基本框架的一部分。

建国的国王身为天选之子继承了神之血统，说到底这只是为了

---

1. 元老院是古罗马的政权机关。最早出现于王政时代，作为国家咨询机关，由氏族的豪门贵族长老组成，即长老会议。

加强王权而编造的神话罢了,其中究竟有几分真实几分虚构我们无从知晓。可有时在神话传说中也能反映真实的轶闻。本书将从"劫夺萨宾[1]妇女"的史实开始讲述。

"劫夺萨宾妇女"在西方是家喻户晓的故事,许多画家以这个故事为原型进行过绘画创作。其中最为著名的是收藏在法国卢浮宫美术馆的雅克—路易·大卫(Jacques Louis David)[2]的画作——《萨宾的女人们》(1799年)。

建国后不久,罗慕路斯国王在统治方面又遇到了新的阻碍,那就是罗马境内女性人丁稀少,生育能力低下,罗马新生儿的数量增长缓慢。在人口呈现负增长的趋势下,罗马迟早会面临国家存亡的危机。罗慕路斯国王为了避免潜在的亡国隐患,断然下令让罗马人从邻国的萨宾人那里抢夺妇女过来。

罗马人的鲁莽行为本质上是一种强行绑架,被夺走妻子的萨宾人当然不能坐视不理、任人宰割。妻离子散的萨宾人发誓要向罗马人复仇,两国之间的对峙拉开了序幕。

当然,这并不是一场双方单纯的较量,被劫夺到罗马的萨宾女人们,站在第三方的立场上也影响着局势的走向。她们夹在中间,进退两难,对于她们来讲,萨宾人中有她们的父亲与兄弟,罗马人则是自己的丈夫与孩子,任何一方的牺牲都会对她们造成深重的打

---

1. 萨宾王朝(前717—前673、前641—前616),罗马王国的第二个奴隶制王朝,因为统治者是萨宾人而得名。
2. 雅克·路易·大卫(1748年8月30日—1825年12月9日)又译达维德,是法国新古典主义美术的领导者,在法国美术史上占有重要地位,其作品严谨质朴,气势宏伟。

击。于是她们哀求道："不管哪一方流血牺牲我们都会痛彻心扉。求求你们不要打仗了！"

诚然，萨宾的女人们最初被粗暴地掠夺到罗马，内心一定十分抵触，甚至对罗马人怀恨在心。可随着时光推移，她们与罗马的男人们共同生活了一两年，甚至有了共同的孩子，她们的内心也会对罗马人产生一丝不一样的情愫吧。

萨宾女性对于和平的诉求起到了定纷止争的作用，两国的战争消停了，最终罗马和萨宾还统一成了一个国家。

依靠武力去劫夺邻国女性的罗马只能用野蛮二字来形容，或许这样的行为在今天看来十分蛮荒、不可理喻，但在古代社会中，它在客观上也起到了促进国与国之间交流互通的积极作用。古代社会交通闭塞，大多数人的命运轨迹就是留在他们生于斯长于斯的村落或城镇中，庸庸碌碌地过完一生。地中海世界中还有数不清的小岛，岛上的人民自不用说更是井底之蛙了，一生都无法跳脱出他们狭小的生活圈子。那样的时代背景下，男性都几乎不可能离开他们的生活环境去看看外面的世界，女性就更是如此了。

其实最初罗慕路斯国王有向周边各国派遣特使，表达了希望他们将本国女性嫁到罗马的愿望，然而没有一个国家给予罗马正面的反馈，于是走投无路的罗马才不得已采取了强盗般的掠夺手段。

罗慕路斯国王的做法也无可厚非，那个时代的新兴国家或多或少都会面临女性稀少的问题，他们对女性的迫切需求致使他们从邻国进行抢夺，也是情理之中的结果吧。

罗马的建国神话美则美矣，可美丽传说背后的真实情况是，建国时期罗马的组成人员，大部分是被周边各国流放的人、被故乡驱逐的地痞流氓以及从主人的控制下逃离的奴隶，且男性居多。由此可见，不管时代如何变迁，只要面临女性不足的情况，发生掠夺一类的野蛮行径也就在所难免了。

"建国"往往都会伴随着一定程度上的暴力，当我们追溯前朝的历史时，便会发现越是年代久远，这种倾向就越是强烈。

譬如在日本美丽的"让国神话"中，出云大国主神[1]将国家让给了天孙[2]，可实际上建国时期发生了多少流血牺牲的事件，历史是刻意将其隐去的。

冠冕堂皇的"神话"总是伴随着秘而不宣的野蛮暴力行径。或许换个说法更为贴切：正因为暴力是现实存在的，所以人们才不自觉地产生了粉饰太平的动机，从而编造出流传后世的完美的建国神话。因此，哲学家黑格尔[3]这样批判道："伟大的罗马，本质上也不过是个强盗国家罢了。"

"玷污卢克莱蒂亚事件"拉开罗马共和政的序幕

以罗慕路斯为首，罗马的国王统治持续了七代。按公历来算，从公元前753年到前509年的大约250年间，被称作"王政时代"。

---

1. 大国主神，《古事记》中统治出苇原中国的主神。
2. 天孙是指神道中的太阳女神天照大御神的孙子琼琼杵尊，从高天原降临苇原中国（日本）。降临之时天照大御神授三神器与他约定世代统治日本。
3. 黑格尔，是德国19世纪唯心论哲学的代表人物之一。

罗马第二代国王努马·庞皮利乌斯是萨宾人，第三代国王托里斯·奥斯蒂吕斯是罗马人，第四代国王安库斯·马尔西乌斯又是萨宾人，就这样罗马人和萨宾人有规律地交替着登上王位，但是到了王政时期的后半叶，从第五代国王开始一直是伊特鲁里亚[1]人占据着王位。

伊特鲁里亚在罗马的北边，位于如今名叫托斯卡纳的地区，是意大利中部最好的地方。古代罗马人称呼伊特鲁里亚人为"托斯基/Tusci"，所以托斯卡纳的地名取自"伊特鲁里亚人的土地"。

拓荒者初次来到某片土地上时，会自然而然地选择定居在最肥沃的土壤上。伊特鲁里亚人就是先于罗马人在意大利这片土地上扎根的民族。伊特鲁里亚人不仅是意大利的第一批原住民，还拥有着先进的思想文化，从伊特鲁里亚人接任罗马的王位就可以看出，当时的罗马在文化上不能与伊特鲁里亚同日而语。

罗马人承认自己的文化逊色一筹的同时，也对伊特鲁里亚的璀璨文化抱有为己所用的期待。因为当时的罗马街道，散发着恶臭的污水横流，罗马人治水无策，只能寄希望于伊特鲁里亚人用先进的技术来进行下水道的整改，以改善罗马市民的生活质量。

可惜事态没有按照罗马人的预想发展，第七代国王塔奎尼乌斯以建设工程的名义，动员全体民众参与建设，残酷地驱使民众出卖苦力，导致罗马人对伊特鲁里亚国王非但没有感激之意，反而怨声

---

1. 伊特鲁里亚是处于现代意大利中部的古代城邦国家。伊特鲁里亚的位置在包括了现今托斯卡纳、拉齐奥、翁布里亚的区域。

载道,也为日后罗马人揭竿而起推翻王位埋下了导火索。

触发这根导火索的,是国王的儿子赛克斯特斯强奸了美丽贤淑的人妻卢克莱蒂亚一事。

事情的起因是这样的,在一场觥筹交错的宴席上,喝得醉醺醺的男人们开始"炫耀"自己的妻子。每一个男子都在吹嘘自己的妻子是最贤惠的。可是终究口说无凭,于是男人们乘着酒兴,相约骑马回家看看自己的妻子们都在做什么。

等他们回到家中,却发现几乎所有人的妻子都正准备出门玩乐,只有柯拉迪努斯的妻子卢克莱蒂亚坐在家中娴静地织布,并且这位卢克莱蒂亚的美貌也是远近闻名的。

国王的儿子赛克斯特斯听说这场无来由的比赛后,产生了一个想法:"竟然有如此卓尔不群的女人,我好想去测试一下她的忠贞程度啊。"于是他挑了一个丈夫不在家的夜晚,悄悄潜入了卢克莱蒂亚的卧室。

面对陌生男子突如其来的凌辱,卢克莱蒂亚当然拼死反抗,但是恶毒的赛克斯特斯不达目的誓不罢休,说了一番话逼她就范:"如果你再反抗,我就会把你奸杀,然后把你的尸体扔进奴隶的尸体中,伪造成你在通奸过程中被抓现行随即被处死的场景。你要选择这种下场吗?"听了这番话的卢克莱蒂亚,只得强忍内心的悲愤任凭赛克斯特斯处置。

赛克斯特斯前脚刚离开,她就派使者去找自己的丈夫和父亲,让他们带着各自信赖的朋友一起回来。当大家都到齐的时候,卢克莱蒂亚当着众人的面把事情的前因后果全盘托出。虽然丈夫表现出了极大的宽容度与谅解，但是卢克莱蒂亚却说："罪可免，罚不可恕。"她用悄悄带来的匕首刺穿了自己的胸膛，结束了生命。

目睹了整个事件始末的友人布鲁图斯（？—前509），拔出卢克莱蒂亚胸口沾满鲜血的匕首，举在手中呼喊道："不能再容忍王室暴虐胡来的行为了，我们把王室驱逐出去吧！"

原本对王室的不满情绪就在民众之间蔓延，卢克莱蒂亚事件又点燃了民众的怒火，加之布鲁图斯的振臂一呼将众人的反动情绪推向了高潮，于是在公民的集会上通过了驱逐王室的决议。

公元前509年，罗马将王室家族驱逐出境。从此以后，再无以国王之名施行独裁的专制统治者，取而代之的是两位执政官[1]（Consul）来担任领导者，任期为一年，这也是罗马共和政的伊始。

在罗马王政的末期，民众对国王的反感已经积累到了无以复加的程度，即使没有卢克莱蒂亚事件，王政颠覆也是迟早的事。卢克莱蒂亚事件有如一颗打破表面平静的石子，在罗马引起轩然大波，顺理成章地将王政的前浪沉入历史的湖底，让共和政的后浪浮出水面。

---

1. 执政官（Consul，缩写为 cos.）是罗马共和国时期通过选举产生的最高的职务，而在罗马帝国是委任的职务。

为何独裁不受待见？

罗马将独裁者的化身——国王塔奎尼乌斯流放，从此开启了新的篇章，"国王"不复存在，罗马步入了公民大会[1]（Comitia）、元老院[2]（Senatus）、政务官[3]（Magistratus）三足鼎立的共和政时期。

在共和政时期的罗马，负责国政的是由公民大会选举出来的政务官。政务官的任期仅有一年，且禁止同一个人连任。执政官是最高级别的政务官，战争时期可以兼任军队的最高司令员，执政官设有两名，他们互相牵制，防止独裁。

顺便一提，在共和政开始之际，公民大会最先选出的两名执政官是卢克莱蒂亚的丈夫柯拉迪努斯，和在王族流放事件中立功的重要人物布鲁图斯。

罗马市民驱逐伊特鲁里亚一族的王室时，诚然心怀受到异民族国王统治的不满，然而如果仅仅针对塔奎尼乌斯个人的暴政，那么罗马市民完全可以重新选择一名罗马人来当国王，没有必要颠覆整个王政。由此可见，罗马人选择共和政体的真正目的在于想让市民当家做主，摒弃任凭"国王"一人作威作福的王政。

---

1. 公民大会是古希腊城邦的最高权力机关。
2. 元老院是古罗马的政权机关。最早出现于王政时代，作为国家咨询机关，由氏族的豪门贵族长老组成，即长老会议。共和国时期由前任国家长官及其他大奴隶主代表组成，掌握统治权，拥有批准、认可法律，批准当选的最高官吏，管理财政、外交、军事，以及实施重大宗教措施等实权。帝国时期，政权日益集中于皇帝，元老院失去原来的政治地位，但仍是贵族统治的政治支柱。
3. 政务官，为古罗马的官职，经选举选出，可以分成正规政务官与特殊政务官两类，握有政治、军事，以及宗教权力。

政务官和罗马的最高权力者执政官的任期都只有一年之短，充分体现了这是一个"反独裁的体制"。

罗马人为什么对独裁深恶痛绝呢？笔者认为这些都源于罗马人内心强烈的"自己是自由人"的意识。换言之，他们对于受到他人支配非常反感，会认为自己与生俱来的自由权利受到了侵犯。这是在充分理解古代罗马人心理的基础上得出的结论。

现代人视"自由"为天赋人权，然而古代社会是一个金字塔构造的世界，国王位于金字塔的顶端，往下的顺位依次是贵族和平民，奴隶处于社会的最底层。

共和政时期的古罗马当然也有这样的等级制度存在，罗马人把自己的国家写成"SPQR"，这是"Senatus Populusque Romanus"的缩写，直译为"罗马的元老院和民众"。在罗马，两种身份的人拥有国家的主权，他们是元老院贵族（patricii）和民众/平民（pleb）。

笔者刚才提到了罗马人深入骨髓的自由意识，这种意识即使在日后罗马从共和政过渡到帝政的时期也一直保留着。直到帝政时期，罗马的标签也依旧是"SPQR"，其中并没有加入代表"皇帝"含义的字母"I（Imperator 的首字母）"。

这里有一个有趣的现象，即共和政时期的罗马，在身份的区分上还是等级森严的，决不允许僭越身份的通婚，并且，即使贵族和平民同属于罗马的市民阶层，但是他们各自拥有的投票数量还是存在着巨大的差异。

共和政的构造

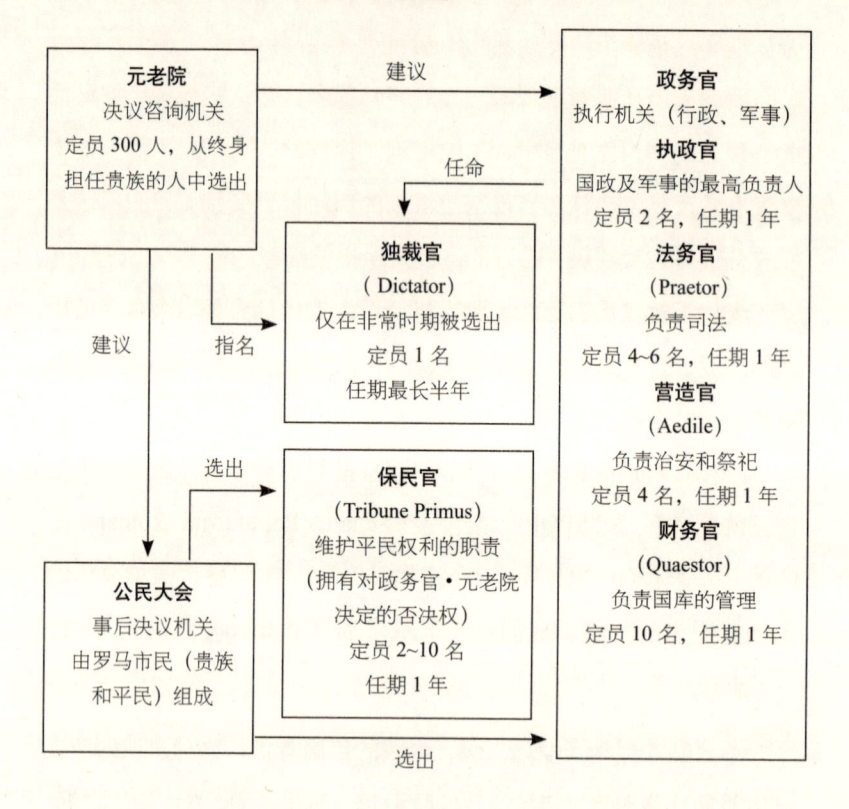

```
┌─────────────────┐   建议    ┌─────────────────────┐
│ 元老院          │─────────→│ 政务官              │
│ 决议咨询机关    │          │ 执行机关(行政、军事)│
│ 定员300人,从终身│          │ 执政官              │
│ 担任贵族的人中  │          │ 国政及军事的最高负责人│
│ 选出            │   任命   │ 定员2名,任期1年     │
└─────────────────┘    ↓     │ 法务官              │
         │       ┌──────────┐│ (Praetor)           │
         │       │ 独裁官   ││ 负责司法            │
         │ 指名  │(Dictator)││ 定员4~6名,任期1年   │
         │──────→│仅在非常时││ 营造官              │
   建议  │       │期被选出  ││ (Aedile)            │
         │       │定员1名   ││ 负责治安和祭祀      │
         │       │任期最长  ││ 定员4名,任期1年     │
         │       │半年      ││ 财务官              │
         │       └──────────┘│ (Quaestor)          │
         ↓        选出        │ 负责国库的管理      │
┌─────────────┐  ┌──────────┐ │ 定员10名,任期1年    │
│ 公民大会    │─→│ 保民官   │ └─────────────────────┘
│ 事后决议机关│  │(Tribune  │              ↑
│ 由罗马市民  │  │ Primus)  │              │
│ (贵族和平民)│  │维护平民权│              │
│ 组成        │  │利的职责  │              │
│             │  │(拥有对政 │              │
│             │  │务官·元老 │              │
│             │  │院决定的  │              │
│             │  │否决权)   │              │
│             │  │定员2~10名│              │
│             │  │任期1年   │              │
└─────────────┘  └──────────┘              │
        │              选出                 │
        └───────────────────────────────────┘
```

　　既然在身份等级上泾渭分明,那罗马的贵族与平民又是缘何觉得"自己是自由人"呢?

　　原因有很多,其中之一源自罗马的兵团组织形式。罗马人效仿伊特鲁里亚人组成了名叫"法兰克斯"的作战方阵,这是一种以集团形式作战的密集队形,需要人与人之间的互相配合,并肩作战无形中会催生士兵们的集体归属感,培养他们的团结精神。这种作战方式,使得对个体自由的尊重和对集体利益的考量,达到了微妙的平衡，自由意识也在两种价值取向博弈的过程中应运而生。

当然，光凭"法兰克斯"兵阵来解释罗马人根深蒂固的自由意识的成因，还是略显单薄。另一个重要原因是，罗马人拥有深厚的家国情怀，在他们的认知里，祖国荣誉与个人名誉是相互依存的关系。

罗马人原本就是农民出身，对土地有着强烈的执念，祖国的土地于他们而言就是无价之宝。其实，共和政时期的罗马历史，可以算得上是一部罗马人民为了捍卫国土、扩大疆域，从而拼命使祖国强大起来的历史。

在家国情怀的影响下，"为国效忠者"会被称颂，这就导致为祖国鞠躬尽瘁、死而后已的英雄人物们层出不穷。勇敢战斗的英雄们在战场上出生入死，罗马人决不允许来之不易的胜利果实被统治者一人享有，因此独裁制度就自然而然地被时代抛弃了。

由此可见，共和政时期罗马人的自由意识，便是对于自由的追求掺杂了集体主义与家国情怀的产物吧。

罗马以国家姿态问世之初，社会中还不存在等级分明的身份差异，当时只要是功勋卓著的人，或在战争中表现骁勇的家族，都会得到相应的嘉奖，被封为"贵族"或"氏族"。

当时的罗马史料虽有记载，可其中大多是一些道听途说的传闻，从传说中鉴真是一件有难度的事情。人们普遍认为，当时的平民虽然对身份差异颇有微词，可内心仍然会对保卫祖国、稳定政权的贵族们保有一份崇高的敬意。

共和政罗马的最高权力者，从政体的构造上看似乎是两位执政官，但实际上最有权威的是贵族云集的"元老院"。元老院的历史悠久，其创始或许要追溯到初代国王罗慕路斯的在位期间。它原本是国王的咨询机构，元老院议员是从30个氏族首领中择优选用的，议员人数在创立初期约为100人左右，到了共和政时期增加到了约300人。

　　元老院议员的任期是终身制的，他们原本的职责是向政务官和公民大会建言献策，可由于公民大会是罗马市民的代表，市民阶层中的贵族相较于平民又处处占尽优势，加之政务官的任期极短，于是客观上形成了元老院大权在握的局面。换句话说，罗马共和政的本质就是贵族的政治。

　　话是这么说没错，可这是在自由意识蔚然成风的罗马，平民不可能面对贵族的压迫统治一直忍气吞声。罗马的共和政体的确是由少数贵族掌握着主导权，可本质上它是以包含集团主义的自由意识为立足点的。因此平民面对贵族统治若心生不满，也会诉诸行动表达自己的欲求。

　　在自由意识的渗透之下，平民们极力为自己的地位争取，共和政初期平民与贵族之间的身份斗争就这样反反复复持续了约200年。一连串斗争的结果就是，罗马创设了保民官的职位以维护平民的利益（前494年），编纂了罗马法的基础——《十二铜表法》[1]

---

1. 十二铜表法是最早的罗马法文献。基本上仍是按旧有习惯法制定，还是维护贵族奴隶主的利益，但它对奴隶主私有制、家长制、继承、债务和刑法、诉讼程序等方面都作了规定，限制了贵族法官随心所欲地解释法律的权力。

（前 450 年），制定了允许贵族与平民进行婚配的《卡努利乌斯法》[1]（前 445 年）……这一系列里程碑式的成果表明，罗马正在向着尊重个体自由的法治国家大步前进着。

选择民主政体的希腊人的国民性

希腊历史较之于罗马历史，各方面都更为先进，于罗马而言，它们在文化上是没资格与希腊各国同日而语的。然而历史似乎喜欢制造反转的情节，在向民主政治过渡的阶段，罗马悄无声息地赶超了希腊。

公元前 509 年，罗马确立了共和政体。几乎是同时期，在希腊的雅典城内克里斯提尼进行着大刀阔斧的改革，雅典也于公元前 508 年确立了民主政体。虽然相隔仅一年，但罗马毕竟以微弱优势领先希腊，率先进入了民主政治时期。

文化上明显逊色几分的罗马，却与当时的发达国家希腊在几乎同一时期摆脱了独裁统治，甚至还稍稍领先，如此长足的进步确实让人刮目相看。

二者不同之处在于，罗马选择了共和政的未来，希腊（此处特指雅典城）则径直走上了民主政的道路。

雅典的民主政理论上规定，只要是拥有市民权的人都可以直接参与政治，可实际上克里斯提尼改革后的雅典，还远不能称得

---

1. 公元前 445 年，保民官盖乌斯·卡努利乌斯提出了允许贵族与平民通婚的法案。这是对十二铜表法有关条文的否定，也是对生活现实的承认。

上是完全过渡到了民主政的阶段，重要的职位仍然仅限于对贵族和富裕阶层的人开放。好在随着平等意识向人们观念的渗透，这种情况在公元前5世纪后半叶逐渐得到改善，几乎所有的公职人员都是通过选举产生的了。能达到这个水准可以算得上是非常高阶的民主政治了。

雅典民主政治的最高决议机关是市民参加的集会，简称"公民大会"。公民大会以少数服从多数的方式通过各种各样的决议，当然它也面临着一个很现实的问题，那就是让全体市民都参与决议显然是天方夜谭，所以除了重要事项外，一般情况下都是从市民中选取500人组成"议事会"来进行决议。

或许有人会认为，希腊将决策权赋予议事会的做法同罗马的元老院有异曲同工之妙，可实际上二者还是存在区别的。雅典议事会的议员任期只有一年，一生中只能就任两次，且禁止连任，雅典设置这种规定对议事会议员施加制约，防患独裁于未然。

甚至雅典为了杜绝独裁统治，还采取了罗马不曾有的办法，即"陶片放逐法"（Ostracism）。当专横跋扈的人跳出来对政治指手画脚时，就将那些人的名字写在"ὄστρακον"（陶片〈陶器的碎片〉）上进行投票，得票最多的人就被认定为"成为独裁者的危险性极高的人物"，他的下场就是流放国外10年。

陶片放逐制度是为了避免雅典走上独裁的老路，可是它发展到后面就渐渐背离了初衷，成为雅典的政客们进行政治斗争的工具。政治家们利用这个制度来对付对他们有威胁的政敌，将对手驱逐出境。可在实际操作上，由于敌对阵营都会使用同样的策略，所以陶片放逐法最终只会导致双方两败俱伤。即使设立制度的本意是好的，可是若在运行过程中偏离了轨道，被曲解以及恶意利用，那么想让陶片放逐法发挥积极作用也是枉然吧。

雅典人还意识到，如果对于公务人员的任用仅仅采取候选人制度的话，那么政坛迟早会变成贵族的天下，于是基本的公职人员由抽签产生的体制也就应运而生了。在实际操作上，抽签要做到何种程度的周密还是存在不确定因素的，不过雅典人对民主政进行着锲而不舍的修正与润色，随着社会的发展而不断调试，一以贯之地进行着民主政治。

几乎在同一时期，罗马也驱逐了独裁者，步入了民主政治的行列。然而两国的区别就在于分别选择了"共和政"与"民主政"这两条不同的道路。

希腊为什么对民主政情有独钟呢？笔者认为原因在于希腊人心中根深蒂固的强烈的自由意识。

刚才提到罗马人集团主义的自由意识时，说到这种意识的形成得益于一种名为"法兰克斯"的兵团组织形式，而实际上开创这种作战方阵的鼻祖是希腊军队。也就是说，希腊和罗马采用了同一种阵型，也孕育出了同样的自由意识，只不过罗马的自由意识很重视"公"的观念，而希腊的自由意识则掺杂了"私"的因素，因此这也导致两国在政体的选择上分道扬镳。

两者民族性格上的差异，也体现在两国的存在方式上。罗马和希腊诸城邦一样，都是起源于小小的都市国家，为何罗马走上共和政的阳关道，而希腊步入了民主政的独木桥呢？近年来学术界

雅典直接民主政治的构造

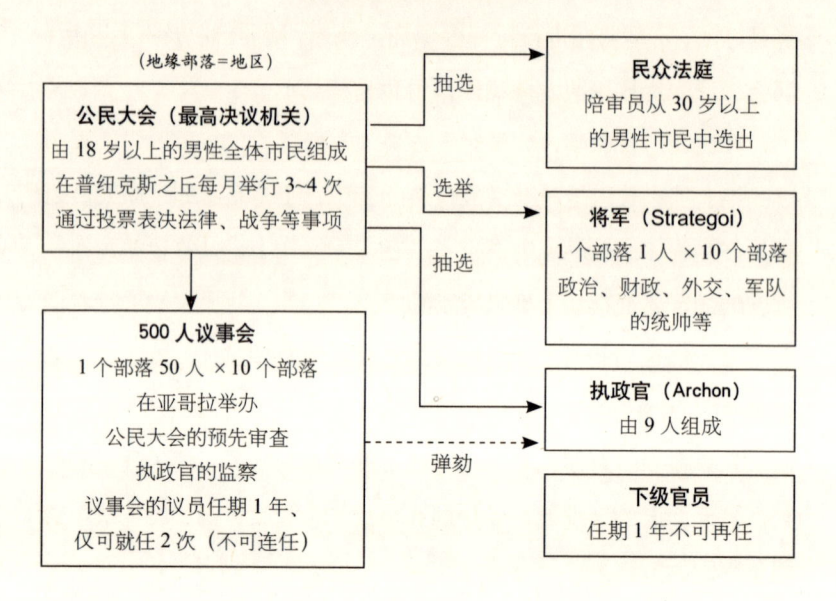

(地缘部落=地区)

公民大会（最高决议机关）
由 18 岁以上的男性全体市民组成
在普纽克斯之丘每月举行 3~4 次
通过投票表决法律、战争等事项

—抽选→ **民众法庭** 陪审员从 30 岁以上的男性市民中选出

—选举→ **将军（Strategoi）** 1 个部落 1 人 × 10 个部落 政治、财政、外交、军队的统帅等

—抽选→ **执政官（Archon）** 由 9 人组成

500 人议事会
1 个部落 50 人 × 10 个部落
在亚哥拉举办
公民大会的预先审查
执政官的监察
议事会的议员任期 1 年、
仅可就任 2 次（不可连任）

—弹劾→ **下级官员** 任期 1 年不可再任

开始关注城邦形成过程中，人类群体在聚居方式上的差异。可希腊和罗马最初都是以部落集团的形式存在，似乎没有太大的差别。

考古学家的真知灼见为我们打开了研究视角，希腊人的部落集团里成员间身份差异的观念很稀薄，他们的聚居方式就好像是"村落社会"，因此，希腊市民的观念里形成了非常清晰的平等意识。譬如斯巴达就是平等社会的典型。诚然，希腊人的社会中也有富裕阶层与贫困阶层，但这种差别不至于发展成为贵族与平民之间的身份落差。

相比之下，罗马人的原始部落集团中，就已经形成了以富裕阶层的贵族为中心、其他普通民众依附有权有势者的"氏族社会"。

从建国传说就可以窥见一斑,双子兄弟罗慕路斯与雷穆斯是集团的核心人物,围绕他们展开了建国大业。因此罗马从诞生之初就是一个包含身份差异的社会啊。

可以这么讲,希腊人的民主政缘起于平等的村落社会,而罗马人存在阶级落差的氏族社会的土壤上,结出了共和政之果。这不仅仅是希腊历史与罗马历史的比较,也为我们回顾解读更宏大的世界历史提供了重要的视点。

共和政体下的罗马,开疆辟域,最终成长为庞大帝国。而希腊的城邦,从诞生到衰亡一直固守在原本的土地上,没能伸出扩张领域的触角就夭折了。

诚然,希腊诸城邦在面临劲敌波斯帝国时,也曾同仇敌忾,联手御敌。可它们终究只是战争当前一时的盟友,城邦之间并没有形成永久的、紧密的羁绊。

此外,像雅典那样实力雄厚的城邦,为了解决人口过剩的问题也曾经建立过殖民地,可是与罗马的做法不同的是,希腊设立的殖民地都是作为一个单独的城邦自我治理,并没有和希腊的任何城邦形成主从关系。

民主政体真的具有优越性吗?

古代雅典的民主政在当时也算相当先进的民主政治了,为何仅仅持续了50年左右就开始走下坡路了?相比之下,罗马的共和政还存续了将近500年之久。

过去会用"众愚政""众愚政治"等词语来描述民主政苟延残

喘的状态，在现代的历史学上，用"民粹主义"[1]（Populism）这样的表达会更加贴切。

众愚政治在英文中对应的词是"Mobocracy"，"Mob"表示群众，"~cracy"指处于某事物的支配下，所以"众愚政治"直译过来就是群众支配下的政治。但是"Mob"在英文里还有另一层含义，即"无秩序的群众"，隐含了对民众的轻蔑之意，因此在研究的领域会有意识地规避这种带有歧视倾向的词语。以前日本的教科书也使用了"众愚政"（众愚政治）这一表达，好在近年来也不再使用了。

"民粹主义"传递出一种在民众的支持下与体制对抗的政治态度，貌似它与民主政没有任何关系，可实际上民粹主义以保护民众的权益、消解民众的不安为目标，客观上促使了政治家们为了取得人民的支持与信任而奔走拉票。

古希腊的民主政治为何如此短命？人们在讨论这个问题的时候，通常会探讨为何"理想中的民主政"会变成民粹主义，可笔者认为这个论述角度的出发点就是错误的。因为不管是古代的民主政，还是今天的民主主义，只要名称里带有"民主"一词，就是为了人民的利益而服务的，其本质不就和民粹主义的目标不谋而合吗？

在日本也有人慨叹什么"民主主义落入了民粹主义的窠臼"，

---

1. 民粹主义的基本理论包括：极端强调平民群众的价值和理想，把普通群众当作政治改革的唯一决定性力量。

可是如果从民主政治的本质去考量，向民粹主义过渡不就是民主政治发展过程中理所当然的结果吗？

那么如何克服民粹主义的弊端，发挥出民主政治的优势呢？其实古希腊已经给出了答案。要想正确发挥出民主政的机能，就必须有"优秀的政治家不懈的努力"。具体来说，就是领导人要说服民众，接受自己的政治思想，带领国家与人民一起朝着正确的方向前进。古代雅典的民主政良性运转的时期，就是优秀的政治家们顺利地说服民众接受自己领导的时期。

说服民众（者）在希腊文中叫做"Demagogos"[1]。由 Demagogos 衍生出来的英文单词"Demagogy"和日语单词"デマ（流言）"，都带有"谎言"的负面含义，因此今天的人们提到 Demagogos 一词，就会联想到"口若悬河煽动民众的政治家"的形象。不过，原本 Demagogos 的含义只是"说服民众的领导者"。

让民众相信自己也是要凭本事的。古代希腊民主政治的黄金时期，政治家们都是用何种方法来收获人心的呢？

刚才笔者也提到过，克里斯提尼改革后不久，雅典虽然也提出了民主政治的设想，但在实际运行中并没有想象中的顺利。民主政治没能完全发挥功效的最大原因在于，社会底层群众的民主意识淡薄。

---

1. Demagogos 在希腊文中指民众领袖、政客、古希腊民主政治下的民众领导者。在热衷愚民政治、以雄辩煽动民众的政治家出现之后，转指政治上蛊惑人心者。

在市民的心中虽然平等意识初具雏形,可是没有当过兵参加过战争的人是没资格对政治发表见解的。因此,当时在政治上具有发言权的仅限于肩负国防重任的贵族和富裕阶层的市民。广大群众也并不是不愿意参与战争,只是当时参与战争的基本门槛是自己负担必要的经费,而普通人根本没有足够的经济实力支持自己武装从军。

希波战争为心有余而力不足的群众带来了转机。在希波战争中船只被投入使用,这时候"舵手"就必不可少了。而担当舵手一职在战争中发挥作用的就是底层市民们。成为舵手不需要花费大价钱武装自己,参与战争变得简单直接,民众(底层市民)的心中也开始萌生拥有政治发言权的想法。

从克里斯提尼改革到第二次希波战争的大约 30 年间,民众想要参政议政的欲望渐渐高涨,可是由于此前他们并没有参与政治的经验,故而欠缺一种看待事物的整体大局观。好在这时候有两名政治家——特米斯托克利和伯利克里,他们能够很好地将自己的政治理念灌输给民众,引导他们不要盲目摸瞎,于是希腊的民主政也得以发挥出积极作用。

譬如,在第二次希波战争打响的三四年前发生了一件事,希腊从马其顿引入了工人开采劳里昂银矿,由于此前缺乏技术一直没能实现的银矿开采,如今终于得以实现。关于开采出来的银矿如何使用,雅典内部也产生了很大的争议。目光短浅的民众主张将银矿分配给大家,如果就此项表决进行投票的话,结果一定是人数占优势的民众获胜,按他们的意见进行金银分配。

此时，特米斯托克利[1]很清楚地知道，银矿应该为即将到来的希波战争作准备，用来建造船舶才是物尽其用。可他不直接说是为了战争所用，而是发挥了他政治家的卓越演说口才。他明白第一次希波战争发生在10年之前，当时参与战争的只有富裕阶层，对于普通民众来说，波斯依旧是很遥远的国度，即使劝说他们把银矿用作希波战争的预备金，也一定不会在民众间产生共鸣的。

因此特米斯托克利不挑明要为希波战争作准备，而是以目力所及的爱基那岛上的城邦为借口，说服民众为了近旁的战争威胁而将金银备作不时之需。

特米斯托克利隐瞒了真实情况，某种程度上他是以谎言换取了民众的信任，或许有时候"谎言更加有效"。拜他善意的谎言所赐，雅典在第二次希波战争中取得了胜利。

特米斯托克利和其后的伯利克里都有能力引导民众走向光明的康庄大道，因此在他们执政期间，雅典的民主政一直顺利运行着。可是他们去世后，出现了口若悬河、虚张声势却无勇无谋的政治家之流，民主政在他们的引领下最终滑向了民粹主义的深渊。原本单纯表示"说服民众的领导者"含义的Demagogos，也顺应时代潮流被赋予了贬义，成了"煽动民众的政治家"之代名词。

由此可见，Demagogos一词本身无关褒贬，只是在民主政治的

---

1. 特米斯托克利（前524—前459），古希腊杰出的政治家、军事家。雅典人。公元前493年至前492年任执政官，为民主派重要人物。力主扩建海军，并着手兴建比雷埃夫斯港及其连接雅典城的"长墙"，旨在抵御（希波战争中）波斯侵略。前480年在萨拉米海战中大败波斯舰队，后被人民流放。辗转逃亡，终死于小亚细亚。

进程中，由于领导人的自身素质良莠不齐，目光短浅的民众也只能被动地在政治家们掀起的历史浪潮中或沉或浮。

主张独裁政治的柏拉图与推崇贵族政治的亚里士多德

我们学习希腊民主政治时需要知道，以柏拉图、亚里士多德为代表的后世哲学家们，对民主主义完全不抱期待。在他们的认知中，民主政并不是最佳选择。

那么他们理想中的完美制度是什么呢？柏拉图主张的是独裁政治，亚里士多德则推崇贵族政治。

人们倾向于为独裁贴上负面形象的标签，可柏拉图所说的"独裁"不是昏君的独断专政，而是明君领导下的独裁政治。柏拉图认为贤者领导下的独裁，将会成为最具优越性的政体。或许有人会觉得贤者独裁理论过于理想主义了，笔者倒是觉得它并非遥不可及，本书第 III 部分的罗马五贤帝时代，就是历史上最接近这种理想的例证。

不同于柏拉图，亚里士多德推崇的政体是贵族政，他认为贵族共和制[1]可以推动社会进步。为什么贵族可以引领国家发展？因为贵族不仅拥有符合身份的教养和气质，也是财富所有者。生活上的优渥赋予了贵族非同一般的眼界，滥用公款的行为在他们身上不太可能发生，因此亚里士多德认为贵族集团是领导民众的最佳人选。并不是说穷人就一定会行为不端，亚里士多德仅仅旨在表明贵族政

---

1. 贵族共和制主要由执政官、元老院、公民大会三层机构组成。

是最好的政体。

柏拉图也好亚里士多德也罢，他们都不太看好民主政，因为他们目睹了民主政衰落的全过程。

时代在发展，诚然他们的想法也有片面武断之处，不过对于将民主主义奉为圣经，将平等视为理想的现代人来说，他们的观点可以为我们提供一个宝贵的反思机会，重新审视当下的政体是否就是最优解。实际上，又有多少人敢自信满满地说今天的民主主义就是最好的政体呢？

当今世界的政客们都如履薄冰，因为只要稍有失言，就会被政敌们当作头号打击目标，甚至被逼到辞职的地步，即使那个人是非常优秀的政治家，也摆脱不了这样的定律。当然，很难说判断政治家优秀与否的基准是什么，笔者只是对如今仅凭个人丑闻和不当言论就全盘否定某个政治家的风气感到不解。以他人的不当言论为把柄、趁势打击的行为，使笔者联想到古代的陶片放逐，这种联想为民主主义与民粹主义存在共通之处又添一例证。

民主主义与民粹主义本质上是相通的，认清这一点可以拓宽我们的思路。以此为前提，现代人就不会哀叹民主主义滑入了民粹主义的轨道，也不会盲目认为民主主义就是最优越的政体了。既然终究摆脱不了民粹主义，倒不如超前思考如何建设更好的民粹主义，以带给民众更多的福祉。

罗马能够成为大国而希腊不能成为大国的理由

亚里士多德推崇的贵族共和制合适与否姑且不论，反正选择了共和政体的罗马发展成了大国是不争的事实，而选择民主政体的希腊却没落了。

自从公元前509年成为共和政国家之后，罗马吞并了附近的国家，逐渐统治了整个意大利半岛，最终其势力范围覆盖了地中海世界的全部领域。

相比之下希腊的民主政治平稳运行了半个世纪左右，随后就陷入了民粹主义的混乱时期，政治动荡导致希腊没能扩张疆域成为大国。

前文只是对罗马和希腊（特别是雅典）进行了比较，要知道当时的地中海世界少说也有成百上千个城邦（都市国家）存在，换言之，罗马不仅仅超越了希腊，还碾压了数以千计的城邦，在地中海世界中独领风骚。

为什么只有罗马能够成为大国呢？

这是研究那个时代所无法回避的诘问，对于后世的研究者如此，对于见证事件始末的同时代的历史学家们亦然。

公元前2世纪的历史学家波利比乌斯，以"政体循环论"为视角进行考察，给出了他的答案。

波利比乌斯是出身于希腊城邦麦加拉[1]的贵族，第三次马其顿战役中，他作为一名政治犯被带到罗马，从此在罗马生活了二十多年。虽说是人质，但波利比乌斯毕竟曾经拥有贵族身份，因此

---

1. 麦加拉位于科林斯以北雅典以南，它并不是一个特别重要的希腊城邦，也并不热心于各种争斗。

他在罗马并没有被当做奴隶驱使。于当时的罗马而言，希腊诸城邦属于发达国家，故而来自希腊的波利比乌斯受到了相应的尊重，得以在罗马贵族的保护下自由活动，以历史学家的身份各处进行考察。因为实地调查过，所以波利比乌斯对罗马的风土人情了若指掌，他认为罗马版图得以扩大的秘诀，在于它选择的政治体制使社会各阶层之间的力量达到了平衡状态。

希腊和罗马最初都起源于"王政"，可是希腊在之后的发展中选择了"贵族政"。贵族政治引发了社会动荡，僭主（Tyrant）的出现也使得局面更加混乱。意识到这一点的希腊开始驱逐名为僭主的独裁者，向"民主政"转型，不过好景不长，半个世纪以后希腊又陷入了民粹主义制造的混乱局面中，"独裁者"的势力再度抬头，这一次是马其顿的亚历山大大帝[1]掌握了国家权力。以上也是政体循环论的表现，即国家内部政治斗争频发，政权组织形式也来来回回地变化，新的政体取代旧的政体，而旧的政体又随时保持着复辟的可能性。

波利比乌斯认为，希腊政体频繁变动的原因在于，它不能将"独裁""贵族政""民主政"这三个要素一碗水端平。不管政体偏向于哪一种形态，国家内部都会出现权力之争导致政治停摆，从而使

---

1. 亚历山大大帝（前356年7月20日—前323年6月10日），即亚历山大三世，马其顿王国（亚历山大帝国）国王，生于古马其顿王国首都佩拉，世界古代史上著名的军事家和政治家。曾师从古希腊著名学者亚里士多德，以其雄才大略，先后统一希腊全境，进而横扫中东地区，不费一兵一卒而占领埃及全境，荡平波斯帝国，大军开到印度河流域，世界四大文明古国占据其三。征服全境约500万平方千米。

希腊不能够集中国力对外扩张。毕竟对于内忧都已经应接不暇了，何谈有余力去侵略他国、平添外患呢？

与之形成鲜明对比的是，罗马的内政却非常稳定。当然，罗马社会也会出现内讧，比如身份斗争与贵族之间的对立，不过这种小打小闹式的内部纠纷不会发展成动摇国家政治的阶级对立。

为什么罗马社会的内部纠纷就不会引发权力之争呢？波利比乌斯也说了，因为在罗马共和政的政体之下，具备了刚才所说的三个要素，即"两名执政官（独裁）""元老院（贵族政）"和"公民大会（民主政）"，虽然元老院很强大，可它也起到了保证这三个要素之间平衡关系的作用。

笔者认为，这是波利比乌斯在深刻了解希腊和罗马国情的基础上，准确捕捉到了它们各自的特性，才谨慎得出的考察结论。

第二章
击败强敌的罗马军强大的秘密

第二位建国者、名将卡米卢斯的爱国心

转型为共和政之后,罗马继续开疆拓土,最终成为庞大的帝国。当然了,开拓疆域只是侵略周边各国的文明说法罢了。在现代,侵略被视作罪恶的行径,可在古代世界,乘人之危、侵犯他国的情况时常有之,没必要过多地苛责罗马。

罗马军队在乱世之中打出了一片天下,因此在很多人心目中,罗马军虽谈不上战无不胜,但至少可以算是一支势如破竹的强大军队。可实际情况并不只有表面的光鲜亮丽,罗马在成为帝国的途中也经历过很多次惨痛的失败。

共和政初期的罗马还是一个小国,当时它与伊特鲁里亚人的多次交手,都是关乎国家存亡的重要战争。仅仅向攻势猛烈的敌人被动还击,罗马民众就已经感到疲敝不堪了。很快罗马人发现被动防守的一方即使拼命战斗,也未必能守护住自己的国土,于是他们决定主动对伊特鲁里亚的领土发起进攻,如果胜利了,就能扩张版图,还能收获丰厚的战利品。

罗马锁定的进攻目标,是位于罗马附近的一个叫维爱的地方,

它是伊特鲁里亚的一座广阔富饶的城市。然而，早有准备的伊特鲁里亚人，运用高超的土木建筑技术为维爱建立了防御的高墙，使之成为名声在外的难攻不破的城市，即使罗马派出远征军也未必能攻下。

但是，深信"进攻就是最好的防御"的元老院，为了鼓励市民参战，提出了一个大胆的议案。那就是，国家向服兵役的市民支付报酬。要知道之前参加战争的费用都是市民自理的，所以这项改革在当时算是一个创举吧。

对于市民来说，比起只有打赢战争才能获得战利品来说，从军的报酬虽少，但可以真真切切地收到，因此这项报酬的诱惑力还是挺大的。吸引了一批市民参军之后，罗马发起了向维爱的远征。可战争不会轻易就结束，罗马军一直攻不破这座城池，只得在维爱城外建了战壕，屈居在战壕之中度过了十几年的岁月。

罗马觉得双方一直僵持不下也不是办法，于是任命以英勇著称的卡米卢斯（前447左右—前365左右）担任独裁官。

一般情况下，共和政罗马的最高负责人是任期一年的两位执政官，当国家面临重大危机时，罗马会指定任期半年的"独裁官"，由他一个人领导整个国家渡过难关。曾经极力抵制独裁者的罗马也懂得变通，因为他们知道在非常时期指挥体系一化的重要性。

卡米卢斯上任后制定了行之有效的攻城策略，维爱终于陷落了，罗马人获得了大量的战利品与奴隶，并成功将领土扩张到了原先的四倍。

罗马的功臣卡米卢斯仿佛是正义使者的化身，他不仅拥有坚韧不屈的灵魂和清醒的头脑，也绝对不会行卑鄙之事。这是发生在维爱陷落后的故事了。卡米卢斯率领罗马军包围了位于伊特鲁里亚南部的法雷利城，一位教师正好在照看着法雷利城中的贵族子弟们，带着他们在城外的草地上嬉戏活动。罗马士兵们注意到了他们的存在，特地没有上前打扰，可那位教师居然主动凑到罗马兵的跟前，和他们悄声说道："把这些孩子们抓起来当人质的话，法雷利城很快就会被你们收服。"听闻这番话的卡米卢斯，对那位教师当头棒喝道："罗马的武士们都是堂堂正正战斗的，欺负毫无还手之力的孩子们居心何在！" 法雷利城中的人们听说了这件事，为敌将卡米卢斯的高尚气节所折服，于是自愿投降，归顺罗马。

罗马能够国泰民安、威震四方都是卡米卢斯的功劳，可是万万没想到功臣竟然也会被自己的国人弹劾。嫉妒卡米卢斯拥有超高人气的人制造谣言说："卡米卢斯将战利品据为己有。"人们会相信这种无稽之谈，当然也是有原因的。卡米卢斯用高尚的品格感动了法雷利城，并且他不允许罗马士兵在投降的法雷利城中肆意掠夺。因此，原本指望通过抢夺战利品大赚一笔的罗马士兵们期望落空，不满情绪也在军队里悄然蔓延，别有用心者便利用士兵们的不满情绪制造谣言、动摇军心。

胸怀坦荡的卡米卢斯不屑于为自己争辩，他想无视这些无来由的诽谤，可是这样一来，人们还是会以缺席审判的形式为卡米卢斯定罪，并判令他支付赔偿金。卡米卢斯明白自己因被小人暗算而失去了民心，悲痛欲绝之下，他下定决心离开罗马。

即便被国民所背叛，卡米卢斯在踏出城门的那一刻，还是向神明祈祷道："神啊，请让罗马人民为他们的忘恩负义而忏悔吧！等到将来他们再次需要我的时候，也请来找我吧！"

没想到一语成谶，数年后卡米卢斯的祈祷真的应验了。

多年以后，位于意大利北方的凯尔特人（高卢人）开始骚扰罗马，失去名将卡米卢斯的罗马节节败退，连首都都被凯尔特人攻占了。这事发生在罗慕路斯建国后的第366年，罗马有史以来第一次品尝到屈辱的滋味。

这时走到穷途末路的罗马人想起了卡米卢斯，似乎神灵果真在冥冥之中安排好了一切，罗马人果然又去请卡米卢斯回来担任独裁官。再次上台的卡米卢斯把七零八落的罗马士兵召集起来，组建了一支收复罗马的军队，因为他的回归又重获新生的罗马军，在卡米卢斯的带领下重振旗鼓将凯尔特人扫地出门。

国土是收复了，可被凯尔特人的铁骑践踏过的罗马大地已经满目疮痍，不复昔日光景，到处都是断垣颓壁、土地荒芜的颓唐景象。战后遭受重创的罗马民生凋敝，导致很多人产生了舍弃罗马而迁都的想法。这时又是卡米卢斯站出来力排众议，他说罗马人就应该坚守阵地，为罗马的复兴而努力。这就是即使曾经被祖国背弃，仍然满腔赤诚地爱着祖国的卡米卢斯啊，与他相比，所有产生过迁都念头的罗马人都应该自惭形秽吧。

罗马市民听了卡米卢斯的劝说放弃了移居的念头，在卡米卢斯的领导下全心全意地投入罗马的复兴建设中。可以说如果没有卡米卢斯，罗马也许从此就从世界史上销声匿迹了，所以时至今日，卡米卢斯一直都有着"罗马第二位建国者"的称号，并且当之无愧。

激励罗马人的"考狄昂之耻"

罗马驱逐了凯尔特人,在卡米卢斯的领导下完成重建。但这并不代表就一劳永逸了,从公元前4世纪到公元前3世纪,罗马人与萨莫奈人之间一直战火不断。萨莫奈人是居住在意大利半岛中央山岳地区的山岳民族,他们骁勇善战,罗马人只能硬着头皮与他们抗衡。

身为山岳民族的萨莫奈人,以占领富饶的平原为目标,同罗马在双方的边境线上不断产生小摩擦。为了消灭纠缠不休的萨莫奈人,罗马派出了远征军去攻打敌人们的根据地(前321年)。山岳地带的行军非常艰难,罗马历经千辛万苦终于成功侵入萨莫奈人的领土。这时,对当地路况不熟的罗马军,选择向途中遇见的牧羊人打听敌方阵营的情况。牧羊人告诉他们:"萨莫奈人去攻打罗马的同盟国了,所以不在根据地。"听闻这个情报,罗马军天真地认为机会来了,于是就请牧羊人带他们前往萨莫奈人的根据地。

殊不知,这是一个陷阱。

其实,萨莫奈人早就摸清了罗马人想要捣毁自己大本营的目的,他们在智将蓬提阿斯的指挥下,在名叫考狄昂的峡谷里埋伏,再让士兵假扮成牧羊人,故意散布虚假的情报诱敌深入。

蒙在鼓里的罗马军乖乖钻入设好的圈套,被出其不意的萨莫奈军包围得水泄不通。绝望的罗马军已然做好了必死的觉悟,但不知为何蓬提阿斯并不打算给罗马军致命一击,他向罗马军提议讲和,不过议和是有附加条件的。

蓬提阿斯提出的条件有两个,一个是"罗马将占领的土地还给萨莫奈人",另一个是"罗马认输,并举行仪式以示投降"。这个所谓"隶属的仪式",就是从长矛搭成的类似颈木的轭形门下俯首钻过。"颈木"就是使役牛马时套在它们脖子上的工具,罗马军必须以近乎半裸的姿态,在看似是牛马颈木的长矛下俯首鱼贯钻过完成这场仪式。

受到这样的耻辱,对于自尊心极强的罗马士兵来说,比死还痛苦。据说罗马士兵们曾拒绝讲和,希望与萨莫奈人拼个你死我活,谁知远征军的最高统帅,也就是执政官想忍辱负重、以屈求伸,于是选择了能够最大程度保证罗马兵生还的道路,结果就是被剥去衣服的罗马兵在萨莫奈兵的污言秽语中,接受了屈辱的仪式,最终被敌人放回罗马。

但是,"考狄昂颈木"事件,不会以罗马的耻辱溃败而告终。刚才笔者也提到了,罗马军从来不是连战连胜的常胜军,而是一支经历过很多次失败、很多次被钉上耻辱柱的军队。罗马之所以能发展成庞大帝国,是因为它从不沉湎于败北的耻辱中,反而会被激发起复仇心,待时机成熟再一雪前耻。

在考狄昂峡谷被迫接受了屈辱仪式刑的罗马士兵,灰头土脸地回到了祖国,此时罗马人民的心情悲愤交加,于是他们痛定思痛,元老院的长老们与罗马人民一起立下复仇的誓言:"残兵败将的愁云惨淡只是暂时的,总有一天我们要卷土重来,给萨莫奈人致命的反击,攻下他们的城池,让他们也尝尝从颈木之下钻过的屈辱。"

卧薪尝胆的罗马在新执政官的带领下重新编制了军队,最终真的打败了萨莫奈军，于是罗马人让敌军的将领蓬提阿斯及全体萨莫奈士兵从长矛搭成的颈木下钻过，完美地实现了复仇计划。

后世的文艺复兴时期，意大利思想家马基雅维利[1]，就"考狄昂颈木"事件，在《论李维罗马史》[2]的一书中评价道："这个事件为萨莫奈人的失败埋下伏笔。萨莫奈人当时就应该把罗马人赶尽杀绝，因为罗马是会被屈辱激发起强烈复仇心的民族。"

考狄昂事件中罗马人展现出惊人的对于胜利的执念。因为一心想要向蓬提阿斯复仇，以雪考狄昂之耻，罗马发动了第二次萨莫奈战争，并且在公元前304年与萨莫奈缔结了和平条约。然而事情并没有结束，直到第三次萨莫奈战争中罗马完全征服了萨莫奈人，双方的争斗才宣告终结。也就是说，考狄昂之耻发生后的30年中，罗马一直以屈辱为精神食粮，韬光养晦伺机反击。

笔者常常开玩笑说，如果中国的《三国志》中记载的著名军师——诸葛孔明率军与罗马打仗，那么一定是中国初战告捷，毕竟罗马人不会使用"瞒天过海"之类的战术。不过，以后的交战情况就说不准了，第二次交战之后罗马军的胜率就会显著提高吧，因为罗马人一旦经历过败北，心中就会燃起无论如何一定要雪耻的热血，执念驱使之下就有了第二次、第三次战争，且罗马人在胜利到手之

---

1. 马基雅维利（意大利文：Niccolò Machiavelli，1469—1527），通常译为尼科洛·马基雅维利，意大利政治思想家和历史学家。1469年诞生于意大利佛罗伦萨，其思想常被概括为马基雅维利主义。
2. 《论李维罗马史》是马基雅维利阅读李维《罗马史》开头10卷的心得，结合他个人在佛罗伦萨的从政经验和对于意大利当代历史的观察，从中归纳出政治哲学的理念。

前绝不会放弃,一定会顽强战斗到底。

汉尼拔出其不意的战术——第二次布匿战争

罗马人对于胜利的执念,在布匿战争中也体现得淋漓尽致。

布匿战争是公元前3世纪到公元前2世纪,发生在罗马和凭借地中海贸易而繁荣的迦太基(Carthage)之间的三次战争。"布匿"指腓尼基[1],而腓尼基是希腊人对迦南的叫法,在拉丁文中读作"布匿/Poeni"。

第一次布匿战争的焦点是迦太基和罗马争夺西西里岛的所有权。当时西地中海地区是迦太基的领地,而迦太基又受海洋民族腓尼基人管辖,东地中海则由希腊人统治,譬如叙拉古和墨西拿都是希腊人的居住地。西西里岛夹在中间,西半部分归属于迦太基,东半部分则由叙拉古和墨西拿治理。罗马之所以插手地中海霸权之争,是因为叙拉古开始进攻墨西拿,实力较弱的墨西拿向罗马请求支援。

起初罗马还在犹豫要不要介入这场战争,可如果罗马袖手旁观的话,墨西拿就会被迦太基收入麾下,最终地中海的霸权有可能成为迦太基的囊中之物。权衡利弊后,罗马于公元前265年,决定向墨西拿派遣援军。听闻罗马出兵后,原本就与叙拉古结成

---

1. 腓尼基,是希腊人对迦南的称呼,迦南在希腊文中翻译为腓尼基(Phoenicia),其在闪米特语中意为"紫红",起源于当地出产的一种紫红色染料。腓尼基文明对爱琴海文明有深远的影响,希腊字母便是源自腓尼基字母。

同盟的迦太基也决定参战，最终这场战役演变成了迦太基和罗马之间的较量。

公元前256年，被誉为罗马史上最大规模海战的埃克诺穆斯角海战[1]爆发了。在这场海战中，罗马取得了压倒性的胜利，可天有不测风云，胜利归来的罗马军在归途中遭遇海难，失去了六万名士兵。不过罗马很快重整旗鼓，又建立了新的舰队，并且在公元前241年的埃加迪群岛海战[2]中再次战胜迦太基。

至此，第一次布匿战争以罗马的胜利宣告终结，罗马获得了巨额赔偿金和西西里岛的制海权。

第二次布匿战争爆发在大约20年后，国库充足的迦太基偿还了巨额赔偿金，向罗马发起了复仇挑战。这场战役中迦太基军的统帅，是以勇猛著称的汉尼拔（前247—前183）。汉尼拔的父亲汉密尔卡是第一次布匿战争中的败军之将，受到父亲的影响，相传汉尼拔从小就在神殿前立誓与罗马终身为敌。长大成人的汉尼拔如愿以偿成为迦太基的将军，为了遵循幼时的誓言，他向罗马宣战了。

汉尼拔长途跋涉来到罗马的过程也是历经千辛万苦，他率领着50000名步兵、9000名骑兵、37头军象，出其不意地采取了翻越阿尔卑斯山强行进入罗马境内的策略。阿尔卑斯山海拔超过2000

---

1. 埃克诺穆斯角海战发生在公元前256年夏。第一次布匿战争 (The First Punic War, 前264—前241) 期间，罗马舰队和迦太基舰队在埃克诺穆斯角（西西里岛南海岸的海角）附近发生海战，以罗马获胜告终。
2. 埃加迪群岛海战是指公元前241年，在第一次布匿战争（前264—前241) 期间，迦太基舰队和罗马舰队在埃加迪群岛海区进行的一场海战，以迦太基战败告终。

米,且山的周围居住着高卢人,翻山途中汉尼拔不得不应付高卢人的抵抗。

所以,实际上汉尼拔抵达罗马境内时已经折损了很多兵马。根据波利比乌斯的记载,翻山越岭之后汉尼拔的军队人数锐减为步兵20000人、骑兵6000人、战象20头,行军途中遇到的艰难险阻由这个数据就可见一斑。传说在令人绝望的行军过程中,汉尼拔为了鼓舞士气,指着远处依稀可见的意大利平原为士兵们打气说:"那里终将成为你们的天下。"

罗马万万没有想到,敌军竟然会翻过阿尔卑斯山从天而降。当时罗马的主要军力刚刚踏上西西里岛和希斯帕尼亚(伊利比亚半岛)的战场,听闻兵临城下,只得手忙脚乱地撤军回来救场。趁罗马调动兵力的间隙,汉尼拔早已声势浩大地率军碾压过意大利的每一寸土地。

最让罗马人震惊的地方,在于迦太基拥有他们前所未见的"巨大武器"——军象。军象起初是驭手和士兵的坐骑,用来辅助他们从高处向敌军射箭。战争过程中罗马人逐渐发现军象由于体积巨大,本身就可以充当强大的武器,于是在后来的战斗中军象就由专门的驭手驾驭,用其巨掌踩踏敌兵。

公元前216年,罗马大军与汉尼拔交锋,会战地点是位于意大利东南部的坎尼[1](Cannae)。罗马军的兵力一共是76000人,

---

1. 坎尼,又称坎尼城。古罗马古城名。在今意大利东南部巴列塔附近奥凡托河入亚得里亚海口处。以坎尼会战著称。

其中有步兵70000，骑兵6000，而迦太基有步兵40000，骑兵10000。在骑兵数量上，迦太基略有优势，不过在兵力总数上还是罗马遥遥领先。加之迦太基的步兵阵营里来自高卢的雇佣兵占据了重要的中心位，在士气与凝聚力上迦太基也不能与罗马相提并论。

表面上胜负已分，可为何坎尼会战的结果反而是罗马一败涂地呢？区别在于两军的将领，率领迦太基军的是有勇有谋的名将汉尼拔，罗马军队的统帅则是一位名叫盖约·特伦提乌斯·瓦罗的人。

以人数取胜的罗马军，在排兵布阵上仅仅采用了普通的四角形阵型，他们掉以轻心地认为自己毕竟拥有将近80000的决决大军，迦太基人临阵都得闻风丧胆不战而退吧。轻敌是要付出代价的，迦太基以罗马的布阵为基准制定了相应的策略，他们在阵型中央安插了金字塔型的步兵阵营，步兵的两侧安排骑兵队进行保护。

首次交锋时，罗马一如往常地采取正面进攻法，罗马人一靠近，迦太基军队中央的步兵军团就顺势后撤，罗马人自然而然就被包抄到迦太基的阵型中央。此时的罗马人还以为对手是被自己势如破竹的气势吓退了，便乘胜追击，不断深入对方阵营。

殊不知，这一切都是汉尼拔的计谋。表面上迦太基人节节败退，实则是在引诱罗马的主力步兵部队一步步走进自己的陷阱。沉浸在追击快感中的罗马人，丝毫没有意识到自己不知不觉间已经走进了敌人的包围圈。等到他们醒悟过来觉得不对劲的时候，一切为时已晚。当骑兵与步兵相遇，毕竟还是骑兵的战斗力更强，罗马的主力步兵部队被迦太基骑兵团团围住无处可逃，最终被一举歼灭。

汉尼拔以少胜多的战术，被誉为世界最顶尖的战术之一，至今它仍然是日本的防卫大学[1]教育课程中援引的范例。

坎尼会战中罗马军的死亡人数约为70000，其中包括大约80名元老院议员。仅仅一天的战争就造成了如此惨重的伤亡，翻遍整部前近代史[2]，也找不到相似的范本。

给予战败将军将功补过的机会

坎尼会战中，迦太基人如有神助，他们翻越了常人眼中不可能跨越的天阻——阿尔卑斯山，靠军象的铁蹄踏遍了意大利的每一寸土地，凭借灵活的战术扭转了兵力上的劣势反败为胜，可为什么统帅汉尼拔就此收手，没有乘胜追击呢？况且，当时汉尼拔手下的很多军官都进言献策，认为"迦太基应该一鼓作气攻下罗马"，可为什么顽固的汉尼拔不听人劝呢？是什么让汉尼拔犹豫了？

其实汉尼拔自有他的考量，虽说当时的罗马军队遭受重创，罗马市民也因为败仗而深受打击，可是失败并不会击垮罗马人，只会让他们越挫越勇。罗马国内依旧保存着足够的实力来重新编制军队，以回击汉尼拔。汉尼拔冷静地判断局势之后得出了结论：坎尼会战的胜利只是一时的策略运用得当，迦太基军队并没有与罗马军队打持久战的余力。

---

1. 防卫大学是日本自卫队培养陆、海、空自卫队初级军官的学校，被称为日本"军官的摇篮"。
2. 日本史学界的断代方式。将"古代""中世""近世"合称为近代以前，或前近代，将近代和现代合称为近现代。

此时的汉尼拔，或许在等待能够助他上青云的"好风"。他心里的期望是，坎尼会战中迦太基完胜的消息传出去以后，罗马的同盟国和被罗马征服的周边国家会背叛罗马，继而投奔迦太基的怀抱。一旦罗马与同盟国之间的羁绊产生裂痕，迦太基就能看见一线胜利的希望，毕竟远征的迦太基之软肋就是缺乏兵站补给。

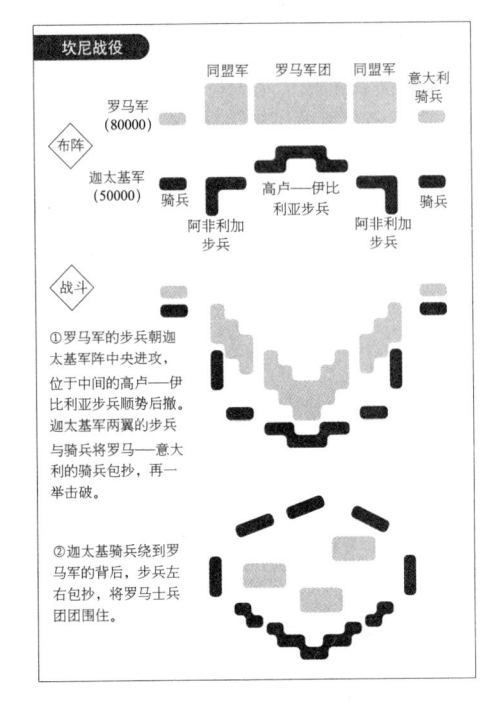

坎尼战役

布阵：
- 罗马军（80000）：同盟军、罗马军团、同盟军、意大利骑兵
- 迦太基军（50000）：骑兵、阿非利加步兵、高卢—伊比利亚步兵、阿非利加步兵、骑兵

战斗：
① 罗马军的步兵朝迦太基军阵中央进攻，位于中间的高卢—伊比利亚步兵顺势后撤。迦太基军两翼的步兵与骑兵将罗马—意大利的骑兵包抄，再一举击破。

② 迦太基骑兵绕到罗马军的背后，步兵左右包抄，将罗马士兵团团围住。

然而对手是越挫越勇的罗马啊。罗马强大的奥秘就在于，它深谙从失败中汲取养分韬光养晦的重要性，并且决不允许自己的结局是以失败潦草收场。最能体现这一点的是，罗马面对战败将军会展现出极大的宽容度。

在希腊，打了败仗的将领素来是没有资格回到祖国的，如果回国就要承担战败的责任，最好的结果是被流放，最坏的下场是被判处刑罚。虽然看上去没有人性，但是这就是古代世界里约定俗成的传统。

罗马却是一个异类。诚然，运用卑劣战术者，和为了保命临阵脱逃者还是罪不容恕，不过对于英勇战斗却败下阵来的勇者，罗马向来网开一面，不会施加惩罚反而会迎接他们回到自己的怀抱。

所以，坎尼战役中造成 70000 人死亡的败军之将——瓦罗，也能重归故国。

罗马不施加特别刑罚是有原因的。对于自尊心极强的罗马人来说，败北的屈辱感本身就已经给心灵戴上了无形的枷锁，这难道不是一种行之有效的社会制裁吗？况且，罗马不仅悦纳败军之将，还会给予他们雪耻的机会，如果时机成熟还会派他们再次率军出征，因为罗马相信，曾经的失败者一定会吃一堑长一智。

笔者认为，罗马不管经历过多么惨痛的失败都能夺取最终的胜利，原因在于，他们不仅知道从失败中学习的重要性，也永远愿意相信别人有东山再起的可能性。

罗马周边的各国大概也了解罗马的特性与强大的奥秘吧，即使坎尼会战中迦太基奇迹般地取得了胜利，背叛罗马的国家也寥寥无几。当时唯一有所动摇的国家是马其顿。马其顿处于希腊的统治之下，它担心罗马势力的壮大会危及希腊的政权，所以马其顿视坎尼会战中罗马之失利为绝佳时机，趁机向罗马宣战。

坎尼会战中元气大伤的罗马，为了防备汉尼拔再一次的进攻，当然无心与马其顿周旋，于是罗马提议签订对马其顿相当有利的和平条约，极力避免双方交战。马其顿的本意就是担心罗马入侵希腊，此刻的提案正中下怀，于是它发出回复签订了条约。第一次马其顿战争就这样和平收场了，没有硝烟，没有胜负。

败仗中藏着胜利之钥——扎马战役

罗马军重新整编了军队是不错，可是要找到能够与汉尼拔相匹敌的指挥官也是个难题。此时有一个年轻人毛遂自荐道:"请把这个任务交给我吧。"这位年轻人名叫大西庇阿(前236—前183),出身于名门望族——科尔内利乌斯氏族的大西庇阿家族。

可那时的大西庇阿只有二十五六岁,日本有句俗话叫"枪打出头鸟",元老院并没有爽快地授予他指挥权,并且暗地里想要刁难他:"既然你夸下海口,那我们就授予你罗马全军的指挥权。不过是有条件的,兵员的调配请你自己看着办。"说得轻松,简而言之就是让大西庇阿自己筹措军费。尽管条件苛刻,大西庇阿还是不甘示弱地组建了对抗汉尼拔的军队。

大西庇阿
击败迦太基军的英雄,被授予称号"阿非利加征服者"。

大西庇阿没有采取追击汉尼拔的策略,而是选择直抵敌方老巢——迦太基。迦太基人手忙脚乱地迎战大西庇阿,结果当然是败退了,措手不及的迦太基人赶忙把汉尼拔从意大利半岛召唤回国。

公元前202年,大西庇阿率领的罗马军与汉尼拔带回的迦太基军,终于在位于迦太基本国西南部的"扎马"发生了正面冲突。迦太基军有步兵36000人,骑兵4000人,军象80头。罗马军步兵人数虽少,只有29000人,但是骑兵有6000人,在骑兵数量上略占优势。

汉尼拔用80头军象打头阵以恐吓对手,大西庇阿的应对策略是让各军团不要紧密排列,在军团之间留有空隙,诱使军象走进预先留出的间隙里,且大西庇阿在军阵两翼也安排了数量可观的骑兵部队。这套眼熟的战术是大西庇阿从坎尼会战的失败中吸取的经验。最终迦太基的死伤人数大约是 20000 人，而罗马的死伤者只有区区 2000。这一战罗马军以压倒性优势获胜。

胜利的原因之一是，大西庇阿老老实实地研究过汉尼拔的战术，学到了他的精髓，并且据说大西庇阿曾经亲身经历过坎尼会战，虽然事实是否如此已无从考证，但至少可以确定的是，大西庇阿深刻诠释了什么叫吸取败仗的经验，再灵活运用到下一场战争中以取得胜利。

还有一个胜利的因素是，大西庇阿的作战准备非常周密。罗马的骑兵数量之所以能超过迦太基，多亏了努米底亚王国[1]的国王——马西尼萨[2]加盟到了大西庇阿的阵营里，撇开友军的援助，据说真正的罗马骑兵数量只有 2000 名左右。

努米底亚王国其实是迦太基的邻国，原本是要去支援迦太基的。可是大西庇阿事先击败了努米底亚迦太基联军，并将罗马的亲信——马西尼萨安排到努米底亚当国王。这样一来，扎马战役中，此前一直与迦太基统一战线、对付罗马的努米底亚骑兵，在新国王的引导下向罗马阵营倒戈，变成了罗马的援军。

大西庇阿拥有着莫名让人喜欢的魅力，当年他为了进攻迦太基，入侵了伊比利亚半岛，在他攻略过的地方流传着这样一个传说：大

---

1. 努米底亚王国，北非柏柏尔人古国（前 202—前 46）。"努米底亚"一词是古代罗马人对努米底亚人居住地区的称呼。努米底亚人骑马狩猎和从事游牧，他们的活动范围东达今利比亚地域。
2. 马西尼萨（Masinissa，前 240 或前 238—前 148）是努米底亚的首任国王。

西庇阿赢得了许多部落民族的人心,哪怕是曾经与他交过手的敌人,也不禁为他的魅力所折服。

有一个发生在伊比利亚半岛的故事。大西庇阿赢得了某场战役后,战败部落族长的女儿作为战俘被上交到大西庇阿手上,这位美丽夺目的姑娘,名义上是战争俘虏,实则是大西庇阿的战利品。当时约定俗称的规矩是,胜者可以从败者那里夺取女性当作战利品。换言之,大西庇阿有权将这位姑娘据为己有。可是,当大西庇阿知道姑娘有婚约在身时,竟然把她还给了未婚夫,甚至还将部落族长上交给自己的赎金当作"结婚贺礼"赠与了她。部落族长听闻此事,感激涕零,发誓从此效忠罗马军。

扎马决战之前,大西庇阿用他的人格魅力成功收买了迦太基周边各国的人心,使迦太基陷入了孤立无援的境地。迦太基在扎马战役中的完败,揭开了第二次布匿战争中罗马军胜利的帷幕。饱受战争之苦的罗马向迦太基提出了苛刻的议和条件:

返还逃兵及战俘

交出 100 名人质

只准保留 10 艘战舰,军象全部没收

未经罗马同意任何情况下不得发动战争

向罗马支付 10000 塔兰同[1]的赔偿金

---

1. 当用作货币单位时,塔兰同是指 1 塔兰同重的黄金或白银。

战前属于迦太基的领土依旧原封不动归其所有，但是由于失去了船只，客观上迦太基已经从地中海霸权之争的角斗场中被剔除出局了。

救国英雄们悲哀的末路

条约的签订给国内带来了巨大压力，迦太基的人民选择由汉尼拔来治国理政，毕竟他曾经与罗马打过仗，多少有些知己知彼。不过汉尼拔的改革方案触及了贵族阶级的利益，他们作为既得利益者否决了汉尼拔提案，甚至将他流放国外。一代英雄汉尼拔终究落得个流落异乡的下场。

汉尼拔虽然离开了祖国，但他一直没有忘记幼时立下的"一生与罗马势不两立"的誓言。在第一次马其顿战争中与罗马缔结和平条约的马其顿王国，多年以后与叙利亚王国结成了同盟，公元前192年叙利亚向罗马宣战，汉尼拔作为叙利亚的军师再次参与了战争。

然而，没有采纳汉尼拔战略的叙利亚在战斗中败下阵来，从此汉尼拔便踏上了被罗马追杀的逃亡之旅，据说他不想落入罗马手中，于公元前183年自尽身亡了，享年64岁。

相传迦太基的英雄人物汉尼拔自杀的同年，曾经在扎马战役中击败迦太基、被誉为"救国英雄"的大西庇阿，也在某个不为人知的角落静悄悄地去世了。

在扎马战役中立下汗马功劳的大西庇阿凯旋时，人们都称赞他为"阿非利加征服者"，以迎接救国英雄的排场庆祝他的回归。人们为了歌颂大西庇阿的功绩，多次提议让他担任终身执政官或终身独裁官，可是淡泊名利的大西庇阿都一概回绝了。因为他知道，卡米卢斯时期的人们起先也是如此狂热地追捧立功者，可群众越是狂热，越会催生对这种名人效应心怀不满的人，这在罗马都是有前车之鉴的。

果不其然，从古至今人性都是相通的，在大西庇阿受人追捧之际，一位被后人称作"老加图"（Cato Maior）的人出现了，他的原名叫波尔基乌斯·加图[1]（前234—前149），每次一旦有舆论追捧大西庇阿，他就会危言耸听道："大西庇阿是一个想要搞独裁政治的危险人物。"即便大西庇阿三番五次地以辞职来自证清白，加图还是不愿相信他。

在固执己见的加图的中伤与诋毁之下，大西庇阿渐渐开始收敛锋芒，不愿意做一些抛头露面之事。比如，在叙利亚同罗马的战争中，大西庇阿的弟弟卢基乌斯是当时远征军的统帅，大西庇阿以弟弟的参谋的身份随同出征，并没有担任指挥官。

尽管大西庇阿谨言慎行努力让自己不要引人注目，却终究还是没有逃脱被弹劾的命运。事情的起因是他的弟弟卢基乌斯被人怀疑有不正当的金钱问题。获得胜利的卢基乌斯，被人指认有从敌人叙利亚国王安条克三世[2]（Antiochus III the Great）那里收受贿

---

1. 马尔库斯·波尔基乌斯·加图（前234—前149），通称为老加图或监察官加图以与其曾孙小加图区别，罗马共和国时期的政治家、国务活动家、演说家，前195年的执政官。他也是罗马历史上第一个重要的拉丁文散文作家。
2. 安条克三世（大帝）（前241—前187），公元前223年至前187年在位，是塞琉古二世的小儿子。

赂的嫌疑，且这种怀疑也波及随军出征的大西庇阿。当大西庇阿被诬陷有罪之时，一直沉默的他终于忍不住开口为自己辩解了，他说："没有人关心15000塔兰同的赔偿金的来历，却一定要追究区区3000塔兰同的去向，这算怎么一回事呢！"

他的据理力争，使得针对大西庇阿兄弟的风言风语渐渐消失了，不过经历过世态炎凉的大西庇阿对政治已然不再留恋，他选择隐居远离俗尘纷扰，终身不再回到罗马，最终静静地度过了他53年的生涯。

关于晚年的大西庇阿，历史上几乎没有记载，他的死因人们也无从得知。唯一流传下来的故事是，大西庇阿拒绝被安葬在罗马先祖的祖坟中，并且他的墓碑上刻有这样的墓志铭："忘恩负义的祖国啊，你不配拥有我的尸骨。"

迦太基为何由复兴趋于式微？

在第二次布匿战争中完败的迦太基，表面上与罗马签订了和平条约，实则陷入了被罗马间接控制的状态。

迦太基原本是凭借地中海贸易而发家致富的商业国家，现在却被禁止造船，这等同于禁止通过海运发展商业。条约还规定了不管出于什么理由，迦太基未经罗马的同意都不得发动战争，换言之，即使迦太基被动受到他国的攻击，也不得以正当防御为理由动用武力。

做什么都被束缚手脚的迦太基，基本对罗马构不成什么威胁了，大多数罗马人对于迦太基的存在已经没有恐惧感了，只有一个人仍然保持着警惕，他就是曾经把大西庇阿逼到下台的加图。每当加图有机会当众演讲，不管内容是什么，他最后一定要用一句话来结尾："我们一定要毁灭迦太基！——Delenda est Carthago（拉丁文）！"

加图固执地呼吁人们歼灭迦太基的原因是他曾随罗马使节团访问过迦太基。原本他以为迦太基已经没有复兴的希望了，没想到第二次布匿战争刚过去没多久，迦太基就以惊人的速度恢复着国力，甚至提出要一次性支付当初约定为50年分期付款的10000塔兰同赔偿金。10000塔兰同的赔偿金意味着什么？当时迦太基近一年的农业产值是200塔兰同，所以按照每年的产值计算，10000塔兰同的赔偿金需要用50年来偿还，一次性付清（虽然此前已经支付了一部分）意味着迦太基的经济实力已经恢复如初了。

迦太基的经济快速复苏的秘诀何在呢？因为罗马禁止它再为战争准备军需用品吧。说来也讽刺，军事上的开销减少了，反而能一心一意进行经济建设，结果就自然而然提早实现了经济的复兴。

大开眼界的加图回到了罗马，在元老院面前一面高举着从迦太基带回来的无花果一面说道："能结出这么漂亮的果实的国家，从罗马出发只需三日的乘船旅行即可到达。"在演说的最后他总结道："我们真应该毁灭迦太基。"之后的演讲他也必定会重复这句话。

正所谓念念不忘，必有回响。罗马于公元前149年终于又向迦太基宣战了，这是享年85岁的加图去世后不久发生的事。

曾经辉煌的迦太基让罗马饱受战乱之苦，可如今日渐式微的迦太基已经无力与罗马相抗衡了，这是一场还没打响便已注定结局的战争。即便如此，迦太基人还是顽强抵抗、决不投降。第一次、第二次布匿战争中,罗马提出了百般刁难的苛刻条件、征收了巨额战争赔款,但至少它允许迦太基苟延残喘,可是第三次布匿战争中,罗马不会再网开一面了。战争打响后,许多迦太基人命丧黄泉,最后幸存下来的人也都被当作奴隶贩卖。迦太基的国土被付之一炬,化为了焦土,且罗马人为了让它寸草不生,还撒上盐碱,真可谓斩草除根、不留后路,用"歼灭"来形容一点也不过分。

罗马迄今为止与周边的许多国家都交过手,对他们中的大多数都采取了兼容并蓄的吞并手段以扩大罗马的地盘。这是大西庇阿时代的典型做派,即堂堂正正地胜利之后,罗马展现出宽大为怀的一面让战败国归顺自己。为何偏偏不给迦太基留条活路呢?笔者认为理由有二。

其一,向周边各国杀鸡儆猴,暗示不遵守与罗马之间的协定就会落得如此下场。其二,笔者觉得罗马对迦太基多少怀揣着一丝恐惧感吧。这恐惧感源自被汉尼拔摧残过留下的心理阴影,也源自对迦太基百折不挠的经济复苏能力的惊叹。

第一次布匿战争也好,第二次也罢,罗马都获得了最终的胜利,所以貌似它大可不必对迦太基感到恐慌,可是只要类比一下第一次、第二次世界大战中德国的表现,很多疑惑就会迎刃而解,读者们多少也能体会到罗马的恐惧了吧。德国在第一次、第二次世界大战中都是战败国,而且这两场战争背后德国都是始作俑者。一战后,获胜的联合国向德国征收了巨额赔偿金,这和布匿战争的战后处理类似。而且,无论是德国还是迦太基都完成了经济复苏,并再次发动了战争。

二战结束后的战后处理中，虽然依旧没有人主张歼灭德国，但联合国对其进行了分割统治。笔者认为当时的情形下联合国不单单考虑到了利益得失，也是担心德国会走上战争与复兴循环往复的老路吧。

改革派与国粹派之争——"内乱一世纪"的导火索

为什么加图与大西庇阿势不两立呢？事情的起因要追溯到大西庇阿被指定为扎马战役将领时的情景。

年轻的大西庇阿成为军队指挥官的候选人时，元老院的长老们举双手不赞成，虽然最终因为没有更好的人选只得任命大西庇阿为将军，但元老院却不愿意拿出公费，存心刁难大西庇阿让他自备战争费用。由此可见，大西庇阿在民众眼中确实是英雄人物一般的存在，广受欢迎，可是以加图为代表的元老院长老们却不待见他，因为大西庇阿是个狂热的"希腊文化爱好者"。

罗马面对希腊的先进文化，确实难以望其项背。建国之初罗马曾虚心汲取了希腊和伊特鲁里亚的文化精华，从中获益不断发展壮大。当新兴事物出现时，有人对它兴趣盎然，就自然会有人因循守旧、不知变通。同理，当先进文化传到罗马，悦纳者与排斥者兼而有之。

大西庇阿家族的特点便是拥有强烈的"进取心"，当希腊历史学家波利比乌斯作为人质被带到罗马时，正是大西庇阿家族给予了他无微不至的照顾与保护。当时希腊的人质不是传统意义上的人质，他们并不会戴上枷锁被强迫劳动，相反，除了不能离开罗马这一点,他们每天都能自由活动,因为罗马人将他们带来的初衷,就是想要学习希腊的先进文化。大西庇阿家族便是好学派的代表。在这样的家庭氛围中耳濡目染的大西庇阿·阿非利加努斯,长大后更是将他的家风发扬光大。

大西庇阿被元老院不情不愿地任命为指挥官后,新官上任三把火,前往西西里岛进行新兵的军事训练。前来视察的加图看见了令自己震惊的一幕,只见醉心于希腊文明的大西庇阿,穿着希腊风格的服装,站在阵营前面指挥着士兵操练。

如果说大西庇阿家族是学习希腊派的先驱,那么加图家族就是重视传统、墨守成规的代表。囿于两人成长环境的差异,要让两人达成共识简直是天方夜谭,加图眼中的大西庇阿只不过是一个没有根器的崇洋媚外者罢了,而且他认为大西庇阿军队的纪律松散,会将整个罗马军队的风气带往堕落的深渊。

加图对希腊的厌恶是根深蒂固的,他将罗马道德崩坏的原因全部归咎于奢侈风气的形成与希腊文化的传播,并对希腊文化进行了彻底的批判:

> 我想揭露那些希腊人的真面目。……他们是径直迈向堕落深渊的民族。如果我们沾染了他们的文明,我们所拥有的一切都将成为泡影。
>
> 摘自普林尼《博物志》

扎马战役中大西庇阿一战成名,成为了万众瞩目的救国英雄,诚然加图对大西庇阿的弹劾中也掺杂了嫉妒的因素，不过在那之前，加图就已经很讨厌热爱希腊文化、军纪散漫的大西庇阿了。

当然，无论加图的朝中势力多么强大，仅凭他一己之力也不能左右公费的去向，由此可以推测出元老院中对"改革派"抱有反感者甚众。于是改革派的灵魂人物大西庇阿就成了长老们的重点盯防对象，一面假意允许他远征迦太基，一面克扣公款、吝惜援助。

改革派与国粹派两方势力争论不休，也为将来共和政后期"内乱的一世纪"埋下了祸根。

详情请见本书第 II 部分，与大西庇阿家族有血缘关系的人中出现了提倡社会改革的格拉古兄弟，而以加图家族为首的坚守民族文化的人们极力阻止改革的进程，他们中的大多数属于贵族阶层，于是贵族派与改革派的争端又起，最终演变成了推动国政革新的恺撒派与反对革新的元老院派的两方对立阵营。

第三章
共和政法西斯主义与先代遗风

罗马的扩张得益于"共和政法西斯主义"

要想真正了解共和政时期的罗马,就必须知道这个时代的政治与军事是密不可分的整体。曾经无缘参与国政的市民,通过参加战争也能获得参政议政的机会,足以说明当时政治军事一体化的特点。

因此,强化军事力量变成了国家政治的重要课题,为了实现这一目标,罗马人在社会生活中非常重视组织性的军事训练和军规军纪。古代的"国家"既是市民共同体,也是战士共同体,"农耕市民=战士"的说法,是定义古代城邦[1]制度时不可忽视的关键词。

在此前提下,罗马的共和政并非我们现在熟知的共和政体(共和制度)。古代国家,市民平日里是从事农业耕作的农民,可一旦爆发了战争,同样一群人就化身成为保家卫国的战士。平素敦厚老实的农民,一到战争时期,就会出现暴力倾向,会做出抢夺战利品、

---

1. 城邦或称城市国家,是在一定历史条件下由原始公社演化而来的一种公民集体。通常是以城或市镇为中心,结合周边农村形成的经济政治共同体。军事上,实行公民兵制,无固定军队。

占领土地等行为。现代人或许会对他们表现出的两面性感到诧异，不过这是正常现象，战利品和新的土地才是他们拼命战斗的动力所在。

民众企图从战争中获得实际利益，而贵族则渴望获得比战利品更具吸引力的东西，那便是功勋。于他们而言，军功既是勋章也是他们为国效力的原动力。

功勋在罗马史上，被捧到了至高无上的地位。在罗马打了胜仗之后，人们会为立功的将领建造凯旋门并举办凯旋仪式，因此功勋对于罗马贵族来说就是至高无上的褒奖，得功勋者得权威。这里请不要混淆一个概念，军功带来的直接利益只是"权威"，并非"权力"。

要想理解罗马政治与军事之间的紧密联系，仅仅从"共和政罗马"的角度出发还不够，笔者认为从"共和政法西斯主义"的角度解读为宜。

我们在20世纪曾经历过"独裁政治法西斯主义"，于是一听到法西斯主义，马上就会想起墨索里尼[1]、希特勒等独裁者。因此，可能有很多人觉得"共和政治"和"法西斯主义"的结合有违和感，可原本"法西斯主义"这个词就没有独裁的意思，它的词源来自罗马象征权威的束棒斧头"Fasces"。在罗马，高级公职人员的随从将"Fasces"扛在肩上，"Fasces"的周围会绑一束笞棒，这种

---

1. 墨索里尼（1883—1945），意大利国家法西斯党党魁、法西斯独裁者，第二次世界大战的元凶之一，法西斯主义的创始人。

束棒最终成了权威的象征。

原本"法西斯主义"或"法西斯"一词仅仅代表权威，可随着 20 世纪涌现出的墨索里尼的法西斯政党和希特勒的纳粹政党，"法西斯主义"便被贴上了"独裁政治军国主义"[1]的标签，给世人留下了不可磨灭的印象。

笔者用"法西斯主义"来形容古罗马的共和政是有原因的，虽然独裁政体与共和政体是不同的政权组织形式，但是两者之间也存在共通之处。一言以蔽之，二者的相通之处就在于"先手防卫"的价值取向，也就是它们都认为"进攻是最好的防御"。因此或许把"共和政法西斯主义"换成"共和政军国主义"会更贴切，毕竟罗马社会也认可凭借军事力量取得话语权的霸权主义，我们应该时刻牢记罗马人有这样的心理特质。

现代的法西斯主义同独裁政治、军国主义联系在一起是有背景的。德国就是典型的例子。德国因为在一战中战败而背负着巨额赔偿金，对此它不得不进行彻底的社会改革，在改革的浪潮中希特勒出现了。从结果来看，我们会发现德国被苛以沉重的战争赔款是导致希特勒登上政治舞台的原因，甚至还是引发二战的导火索。英国经济学家凯恩斯早就预测到了结果，他曾经反对向德国征收巨额战争赔款，他说："不能肆无忌惮地征收战争赔款，不然会引发不可

1.军国主义，即指崇尚武力和军事扩张，将穷兵黩武和侵略扩张作为立国之本，将国家完全置于军事控制之下，使政治、经济、文教等各个方面均服务于扩军备战及对外战争的思想和政治制度。

设想的后果。"

如今我们对希特勒已经盖棺定论了,认为他就是一个罪大恶极、惨无人道的独裁者,可是希特勒并非从一开始就是独裁者。他曾经试图复兴德国,并在国民的拥护下取得了政权。其实,希特勒执政的最初几年,他一直致力于以经济复苏为重点的改革,也正是由于改革非常成功,希特勒才成为了德国的救世主,受到了国民的拥戴。

希特勒变得独断专行,是在德国经济景气恢复之后。经济迅速回暖的德国,不久后就打着"守护德国生存权"的名号,入侵了波兰等邻国。此时希特勒为了提高国内的共同体意识,将日耳曼民族的白种人与犹太民族明确区隔开来,并单方面宣扬日耳曼民族的优越性。通过别有用心的政治煽动,德国将自己的侵略行为与对犹太民族的肃清都正当化了。

需要注意的是,希特勒并不是因为被动受到了攻击后才侵犯别国的。他只是单方面认为德国人的生命危在旦夕,生命权利受到了威胁,于是就以守护"生存权"之名,行侵略他国之实。

这个情况同样也适用于"大日本帝国"[1]时代的日本。当时的日本认为自己是"神国"[2],不断强调本民族的优越性来粉饰侵犯中国的行径。日本提出了"满洲是日本的生命线",打着维护权益的旗号拼死战斗。换言之,德国和日本都将自己单方面发动的侵略

---

1. 大日本帝国,是1889年到1947年间日本所使用的国号。
2. 日本的"神国思想"是随着历史发展和受外来文化影响而建构起来的,指本国国土以及所有物都由神力所生并受众神保护的一种宗教理念,它并不是自古就有。

战争视作行使与生俱来的生存权利。

笔者说过要将共和政罗马理解为"共和政法西斯主义",虽然共和政的罗马和法西斯主义看似无关,可实际上在"通过侵略他国来维护本国的生存权"这一点上它们是有共同点的。古代的法西斯主义也好,现代的也罢,它们都认为以"先手防卫"为目的的侵略行为是合情合理的。但是,请不要对罗马存在偏见,在古代社会,实行军国主义和法西斯主义的国家不止罗马,这是许多国家都会采用的生存方式。况且,当时无论哪个国家,国库预算的七成左右都是用作军事之需。

古代是力量即正义的时代。如果侵略可以为本国带来收益,何乐而不为呢?如果对方有可能对自己构成威胁,那就必须先人一步将对手击溃,换言之,将危险扼杀在萌芽之中的行为都是正当的。

一旦嗅到一丝危险气息,不管对手有没有行动,为了自卫而发动的进攻都是正当且合乎情理的"先手防卫"。笔者认为,理清这一点,会对理解罗马史乃至整部古代史都大有帮助。

罗马的成长源自"集体"与"家国"意识

古代世界中,无论哪个国家都把先手防卫作为大政方针,可为什么偏偏是罗马取得了霸权,并成为帝国呢?这是从古代的波利比乌斯开始,至今为止无数学者反复思考的问题。促使罗马成长的因素有很多,笔者的关注点是优秀的罗马人"以国为傲的情感"。

说起对国家的骄傲之情,有人会说"希腊人也以国为豪",可是笔者认为,历史上最早出现"家国"意识,即对国家这一具有"集体"属性的事物怀有强烈归属感,这种现象最早出现在罗马人身上。

公元前 3 世纪,意大利半岛的北部居住着罗马人,南部则是希腊人的领地。希腊人在南部建立的一系列城邦被称为"Magna Graecia"(大希腊)[1]。

随着罗马霸权的扩张,大希腊与罗马之间也免不了霸权之争了,战争一触即发之时,大希腊向对岸的、统治希腊西北部的伊庇鲁斯王国[2]的皮洛士国王[3]寻求援助。皮洛士国王应大希腊之请求,派兵与罗马作战,结果是罗马战败了。输了战争以后,罗马国内要求与希腊议和的呼声很高。

皮洛士国王不想错过这个机会,于是派遣使节团前往罗马,洽谈议和事项。但是,就在此刻,罗马有一名男子发表了一番演讲,扭转了讲和的趋势。在元老院的会场上演说的人,是已经隐退且双目失明的老人——阿庇乌斯·克劳狄乌斯[4]。阿庇乌斯是著名的"阿皮亚古道"[5]的创建者,他平日里常说:"艰难时期的罗马人比和平时期更值得信赖。"

---

1. 大希腊,公元前 8 世纪至前 6 世纪古代希腊人在意大利半岛南部建立的一系列城邦的总称。
2. 伊庇鲁斯王国是位于巴尔干半岛的一个中世纪国家。
3. 皮洛士(前 319 或前 318—前 272),古希腊伊庇鲁斯国王。生于亚历山大大帝死后分裂的希腊化世界。
4. 阿庇乌斯·克劳狄乌斯(绰号"失明者",前 340—前 273),罗马共和国时代政治家。
5. 阿皮亚古道又称亚平大道,由罗马东南方向越过亚平宁山脉通往布林迪西,全长约 660 千米,开始兴建于公元前 400 年前后,用了 68 年的时间,它将罗马与南意大利连接起来,是通往希腊和东方的主干道。

元老院议事堂①

坐落在罗马城中的元老院议事堂。现存的建筑物据说是由恺撒大帝在开发的一个环节中建造的,后来由戴克里先改建。

元老院议事堂②

进入议事堂,右侧放着古罗马皇帝图拉真用过的演讲台。当时赞成派和反对派分别站在大厅的左右两边进行辩论。

双目失明、一个人走路都举步维艰的阿庇乌斯,听说元老院打算和希腊的皮洛士国王媾和,他坐立不安,在儿子的搀扶下来到会场要求发言:

我的眼睛已经瞎了,耳朵也快听不见了,可我还能思考。若是应皮洛士之邀媾和,会有损罗马一世英名的。平日里,诸位对人们宣扬的话都到哪里去了?你们说过"如果当初亚历山大大帝来到意大利,与我们的父辈战斗的话,现在的他非但不会被称赞为无敌,反而会败走甚至在途中溘然长逝吧。"各位那样的气势哪里去了?

(普鲁塔克《英雄传皮洛士传》)

阿庇乌斯的一番话振聋发聩，罗马战斗的热情重新被点燃，于是将使节遣送回了皮洛士国王身边。当皮洛士国王询问元老院的情况时，使节如实报告说："我觉得元老院就像是王者云集之地。"

此时的罗马，不仅是元老院（贵族）的内心被激起了强烈的交战意识，民众也沸腾了。这个现象很有趣，因为当时除了罗马以外，没有其他国家的民众会强烈地意识到"为了国家的名誉必须在战争中取得胜利"。譬如在希波战争的波斯军队中，几乎没有民众会为了祖国而达到不胜利不罢休的地步。

姑且不论这种心理是好是坏，总之能够做到让贵族和平民都对祖国、国家这一类"集体"怀有热切的献身精神，这真的是罗马人身上值得花费笔墨、大书特书的特质。

"先代遗风"对罗马人的精神渗透

为什么罗马人的"集体"意识根深蒂固呢？笔者认为这种意识源自"先代遗风"[1]的渗透。"先代遗风"在拉丁文中叫作"Mos Maiorum"。

前面提到罗马人非常在意军功，因为他们从小就被教育"勇气和名誉意味着什么"，并且，为了使这种观念铭刻于心，人们会反复讲述祖先的光荣事迹。笔者认为，这与曾经是日本人精神支柱的"武士道精神"有异曲同工之处。

---

1. 先代遗风是古罗马时期不成文的一种社会规范，它是罗马传统主义的核心概念。与现有的成文法有所不同，但二者之间具有互补性。"Mos Maiorum"是久经考验的精神原则、行为模式和社会习俗的集合，深刻影响了古罗马的私人、政治和军事生活。

"罗马人绝对不会忘记失败。"（同前）这是阿庇乌斯为了反对罗马与希腊媾和而讲的一句话。正如前章所述，罗马军队绝不是战无不克的常胜军。萨莫奈战争也好，布匿战争也罢，罗马起初都失败了，但结局都是罗马以屈辱为精神食粮、卧薪尝胆、反败为胜。果然还是深入骨髓的"先代遗风"，塑造了罗马人"雪耻之前绝不放弃"的精神气质吧。

在罗马贵族的家庭里，毫不夸张地说一定会有祖先的雕像。每当有事情发生需要一些说教登场时，罗马人就会拿出雕像，讲述祖先们的英勇事迹，都是些"爷爷曾经……""曾祖父曾经……"一类的故事。

现在因为有各种各样的娱乐活动，大谈特谈祖先的事迹孩子们会觉得无聊，甚至会反感，但在娱乐生活匮乏的时代，父亲给儿子讲述祖先的故事，是最让孩子们兴奋期待的娱乐活动了。通过反复聆听先祖的轶事，孩子们心中会渐渐形成名誉的价值判断标准，也会逐渐习得遇见问题时应该采取何种行为的行为规范。潜移默化中，子辈们就会自然地产生这样的想法：我要学习优秀的祖祖辈辈，或者要做出超越祖先们的业绩，让我的子孙们继续传颂我的事迹。

在日本，第二代议员经常会被别人说成"议员二代都是废柴"。罗马的元老院议员中基本不会出现二代、三代，并不是因为议员二代养尊处优、能力低下，而是因为子孙内心尚未具备对先祖的敬重和对自己的期许，所以不能胜任议员一职。

刚才说到"先代遗风"和"武士道精神"很相似，其实曾经的日本，不仅仅是武士，普通人也具备"不辱先祖、不玷污家名"的意识，并且在这种精神的指引下谁都不想虚度人生。当然了，日本和罗马都只是冰山一角，世界上的其他国家或多或少都有"以先祖为荣"的意识，只是这种精神特质在罗马人身上体现得尤为明显罢了。

代代相传的"先代遗风"作为罗马人的行为准则，指引着他们重视名誉、追求有尊严有目标的人生，但同时他们也保持着平等心，没有生出高人一等的民族优越感。笔者认为，罗马人不带民族优越感的自尊心，表现在他们的诚实和不耍阴谋、堂堂正正的战斗方式上，并不是说他们有勇无谋，只是表明他们不以在战争中使用小伎俩为荣。

罗马人并不像犹太人那样自诩为天选之子，而是靠自己的努力建功立业、获得名誉，这一点值得尊敬。也正因如此，罗马人形成了一种思维模式，那就是必须尽善尽美地去做一件事。换言之，罗马人愿意但行好事、为他人付出，并且能在此过程中找到自身价值之所在。无论是光明磊落地战斗，还是给战败将军自我救赎的机会，都是基于这样的价值观。

令同代人感叹的虔诚的罗马人

罗马的贵族、平民乃至下层人民都有为了"祖国"鞠躬尽瘁的强烈意识。

怀抱祖先胸像的罗马人
罗马贵族的雕像和他祖先的胸像。"先代遗风"是罗马人的行为准则。

贵族的意识来源于"先代遗风"的熏陶，而平民和下层人民本质上是受"虔诚的信仰心"之影响。

细细想来，罗马是不是凭借宗教而胜过其他国家的呢？即使其他国家视之为迷信，在罗马也变成了国家统一的纽带。在罗马，无论哪一种宗教仪式都会被盛大地举办，从公共领域到私人生活，市民生活的方方面面都被清楚地规制。宗教在市民生活中扮演的角色是不容替代的……如果民众都是明白事理的人就好了，然而民众很容易被情绪驱使而产生暴动，所以要抑制这种情绪，就需要制造恐惧。

这是波利比乌斯的著作《历史》中的一段话。波利比乌斯毕竟是希腊人，常常会拿罗马人与本国人进行比较，所以他会对罗马人虔诚的信仰与对神灵的敬畏之心感到吃惊吧。在罗马也有人意识到了自己的信仰会强于其他国家的人民，譬如哲学家西塞罗[1]（前106—前43）就说过下面的一番话：

"罗马的原住民在数量上不如希斯帕尼亚人（现在的西班牙、葡萄牙人），在体力上比不过高卢人，论多才多艺也输给迦太基人，在学问技术上也不及希腊人。不过，在对神灵的虔诚（pietas）和谦恭（religio）方面，罗马人是不亚于任何人的。"

身为希腊人的波利比乌斯，和身为罗马人的西塞罗，都强调了

---

1. 马尔库斯·图利乌斯·西塞罗（Marcus Tullius Cicero，前106年1月3日—前43年12月7日），古罗马著名政治家、演说家、雄辩家、法学家和哲学家。

罗马人对神明的虔诚和敬畏，足以印证他们说的是事实。

不过，笔者这么说并不是在比较优劣，也不想用罗马对宗教的虔诚态度把希腊比下去。信仰心的体现，不同的宗教有不同的表达方式，所以不能一概而论地说罗马人更虔诚。况且信仰的程度深浅并不重要，重要的是对于同时代的人们来说，"罗马人看上去有虔诚的宗教信仰"那就够了。

原本罗马人心中的神并不具有人的意识和感情，而是一种可怖的存在，能像"精灵"一般带来灾祸。现在罗马的神话是以"希腊—罗马神话"的形式出现，一个故事之所以冠以两个国家的名字，是因为罗马本土没有诞生出诸神传说，受到希腊文化影响后，才吸收了他国的文化与神话传说，并内化为了自身的东西。因此，我们无法在罗马神话中探寻罗马人虔诚的宗教信仰的根源。

那从哪里寻找答案呢？答案就在"罗马人向神灵祈祷了什么"。其实罗马人举行宗教仪式时并不会祈祷神灵的保佑。

现代人向神祈祷是一种"祈愿"，也就是"拜托神明的事"，我们无法理解除了愿望和保佑以外还能祈祷什么，可罗马人并不会祈祷"让好事发生"，而是祈祷"灾难不要降临"。具体来说，他们并不会祈祷"丰收"，而是会祈祷"没有天灾"。在现代人看来这种祈祷相当含蓄，但对于农耕民族罗马人来说，却具有非常现实而迫切的意义。

罗马面临的最大灾难是"天灾"。饥荒、瘟疫、地震、火山喷发，这些都是凭人类的力量不可控制的。对于不知道为什么会发生天灾的古代人来说，天灾就是神明在发怒。因此，他们会虔诚地进行祭祀，祈祷神灵的心能平静下来，天灾不要发生。谦虚祈祷的背后也体现了罗马人的质朴，只要不发生天灾，平平淡淡的生活也能甘之如饴，人力可为之事都会尽力去做。

不仅是罗马人，大部分的古代人民比起恩惠和保佑，更愿意祈祷平安。这种宗教观统治下的时代里，罗马人看起来对宗教尤其虔诚，这使得罗马人在别人眼中树立了一种纯朴诚实、自信努力的光辉形象，当然了，事实也的确如此。笔者认为虔诚的宗教信仰，也铸就了罗马人在战争中光明磊落、不耍花招以及屡败屡战、百折不挠的品格。

或许正因为罗马人对神明的敬畏之心，才塑造了他们压抑个性、愿意为国家和集体奉献的精神吧。

罗马军队中军纪为大而军功次之

心怀先代遗风和虔诚的信仰，这是共和政法西斯主义的背景下诞生的罗马军之特质。

古代世界终究是凭军事力量取得话语权的世界，如何让军事力量发挥良性作用，是国家优先考虑的事项之一。因此罗马人会反复向人民灌输军人精神的本旨，即"严格的纪律与协调的意识"。

譬如，公元前431年罗马人与埃奎人[1]战争时期，当时率军凯

---

1. 埃奎人，古意大利中部的居民集团。分布在罗马东北方的阿尼俄河（Anio）上游一带。其语言大概属奥斯坎语系统。与邻近地区的赫尔尼奇人、拉丁人及罗马人作过顽强的斗争，公元前5世纪其势力达到罗马市东南。前431年被古罗马征服。

旋的将领是辛辛纳图斯，他的儿子因为年少气盛，做出了擅自离开队伍的违纪行为。在罗马军队中违反军纪可是重罪，虽说应该按重罪处置，但对方毕竟是自己的儿子。很多人都认为辛辛纳图斯对儿子科处一定的刑罚后就会原谅他，没想到辛辛纳图斯铁面无私，竟然砍了违反军纪的儿子的首级。

再举一例，是关于公元前4世纪的军人曼利乌斯·卡皮托利努斯[1]与他的儿子的故事。一场战役中，担任骑兵队长的儿子被敌军队长挑衅，他为了与敌军队长一决高下，擅自冲出了战争队伍。曼利乌斯的儿子英勇战斗，漂亮地斩获了敌队长的首级。曼利乌斯迎接了得意洋洋归队的儿子，也夸赞了儿子的勇气，但却依旧公事公办，以"你的行为严重违反军纪"为由，将儿子斩首了。

话说回来，同样的故事，结局也不尽然相同。下面是一则发生在罗马与高卢战争期间的故事。

高卢人属于盎格鲁—撒克逊民族[2]，同拉丁民族[3]的罗马人相比，他们个子高，体格好，是让罗马人谈虎色变的有力对手。仗着体格上的优势，某天一个人高马大的高卢士兵向罗马军挑衅，一名罗马士兵看不下去上前与他单挑，结果竟然是罗马士兵胜利了。在

---

1. 曼利乌斯·卡皮托利努斯（？－前384），古罗马政治家、将领。公元前398年担任执政官。
2. 盎格鲁－撒克逊人通常是指公元5世纪初到1066年诺曼征服之间生活在大不列颠岛东部和南部地区的文化习俗上相近的一些民族，属于日耳曼民族的一支。
3. 原指古意大利中部拉丁姆（Latium）地区的古代民族。泛指受拉丁文和罗马文化影响较深的使用印欧语系－罗曼语族的民族，包括法兰西人、意大利人、卡斯蒂利亚人、加泰罗尼亚人、加利西亚人、葡萄牙人和罗马尼亚人。

众人喝彩声中归队的罗马士兵，没有受到任何责备，连队长都称赞了他。这名士兵为什么就能受到不一样的待遇呢？因为在他单枪匹马离开队伍之前，已经事先请示了队长并得到了许可。

种种这些事迹都表明，罗马军队视军纪重于泰山。

未经许可就擅自离队的人，即便是队长的儿子，即便有赫赫军功，只要违反了军纪都会被一视同仁地处罚。相反，如果遵守军纪，得队长许可而后行动，那么他立下的军功便会受到称赞。

由此可见，在罗马军队中军纪是排在第一位的，军功位列其后。

催生罗马军勇气的"十一抽杀律"

如前章所述，如果有证据表明曾为了罗马而勇敢战斗的话，即便是战败将军也能重归故国，甚至被给予复仇的机会让他们重返战场。在罗马，勇气与结果的胜负无关，是值得被称颂的优秀品质。正因如此，罗马人会对懦夫行为进行严厉的训诫。具有象征意义的制度就是罗马军队的"十一抽杀律"[1]（Decimation）。按照现在的说法，这是一种基于连带责任的刑罚。

假设有一支100人的队伍在战斗。即使每个人都在顽强拼搏，也不代表整体步调会整齐划一，统帅乱了方寸的情况也时而有之。抑或，队伍中有几个害群之马，因为自己散漫的态度影响了全军的凝聚力。以上这些情况出现时，罗马人就会从那100人的队伍中，

---

1. 十一抽杀律（拉丁文：Decimatio，decem的意思是"十"）是罗马军团中对叛乱或者大规模临阵脱逃的部队施以集体惩罚的一种手段。

随机抽选10个人处以刑罚。

如果是处死散漫战斗者和胡乱指挥者还可以理解，可是规定是随机选择10个人，即随机砍掉队伍的十分之一，某种意义上这也算不合理的刑罚。因此，勇敢战斗的人有可能被处以死刑，散漫战斗的人也有可能幸存下来。

可即便如此为什么没有人反对这项制度呢？因为这十分之一的人是用"抽签"方式选出的。抽签不会引发不满情绪，因为中签者都是神之旨意，换言之，对神灵极度崇拜的罗马人甘愿接受神之裁判，无论神灵安排哪10个人赴死罗马人都没有异议。

那起初罗马军为何会采取如此不合理的刑罚呢？因为比起简单的警告——"不拼命战斗的话就会被杀"，这种方式更有约束力，毕竟自己的错误或许会连累英勇战斗的同伴，这时候就不单单是为自己在战斗了。

这个刑罚客观上很有效果，从共和政到帝政时期都能看到十一抽杀律的执行记录。五花八门的制度和刑罚也是为了培养军人的组织意识吧，同时也让人更直观地感受到，罗马特色的共和政是如何在共和政法西斯主义的土壤上培育出来的。

城邦有千千万，为何只有罗马发展壮大，成为了世界帝国呢？笔者认为，从共和政法西斯主义的视角观察，会为读者解答这样的疑问提供新的路径。

II

胜利者的迷思、恺撒的经验
——格拉古兄弟改革、尤利乌斯·克劳狄王朝的结束

第四章
有产者与无产者之争

胜利导致的悲剧

公元前 146 年对罗马来说是一个伟大转折点。与迦太基长达一个世纪的战争，以罗马的胜利而告终，西地中海地区完完整整地被罗马收入囊中。同年，罗马攻陷了科林斯（Corinth）[1]———座处于马其顿（当时的马其顿统一了希腊各城邦）统治之下，一直顽强抵抗的城邦，从而将东地中海地区原属马其顿的领地，全都划为了自己的行省。

换言之，罗马在公元前 146 年，完成了称霸整个地中海的伟业。

此时还没有皇帝，所以罗马还不是正式意义上的"帝国"，不过笔者认为，罗马在这一年已经可以算得上事实上的帝国了。可称霸地中海未必完全是好事，它也为罗马带来了"胜利的后遗症"。

胜利导致悲剧的原因有很多，第一个原因就是"征服地区的扩大"。

---

[1] 科林斯位于伯罗奔尼撒半岛的东北，临科林斯湾。是希腊本土和伯罗奔尼撒半岛的连接点。同时又是穿过萨罗尼科斯和科林西亚湾通向伊奥尼亚海的航海要道。不仅是贸易和交通要地，同时又是战略重地。

罗马在不断占领他国领土的过程中获得了战利品、土地以及土地上的附带利益，如何将这些"财富"均等分配成了头等大事。当然，古今中外要想实现均等分配都是无稽之谈，于是罗马社会中，有产者（富裕阶级）与无产者（贫困阶级）的阶级差距就急剧增大。

常年征战导致的"农田荒废"，无形中也加剧了这种落差。男性服兵役期间，农地就交给了女性、老人和孩子种植。当时的农业并不像现在有机械和农药的辅助，净是些重体力劳动，缺乏男性劳动力的农田终究会荒废。而耕地荒芜又导致了农民的收成减少、经济困难，最终农民们只好放弃种田。

荒废的农田便都集中到了拥有财富的上流贵族手里。上流贵族将低价买来的土地，与他们通过战争而得到的"奴隶"相结合，创造了"奴隶制大地产所有制"[1]，此制度又进一步为上流贵族们敛财服务。

所谓"latifundia"，在拉丁文中是"大地产"的意思，"fundium"表示土地，它的复数形式是"fundia"，由此可知，"latifundia"不是一块广阔的土地，而是指土地所有者拥有散落在各处的土地。举一个现代生活中的例子，它就像在不同的场所拥有好几栋公寓的公寓经营者一样。

另外，生活困顿、流离失所的农民进入罗马等大城市，使得城市的无产市民迅速增加了。他们虽然是无产者，但也拥有罗马市民

---

1. 古代罗马的土地所有制。"大地产"一词的拉丁文为 latifundium，由 latus（意为广阔）和 fundus（意为地产）复合而成。大地产有的连成一片，也有的分散于多处。

权,且都集中在都市,因而形成了一股在政治方面不容忽视的势力。随着有钱人与无产者之间的阶级差距变大,波利比乌斯称赞过的混合政体(元老院、执政官、公民大会)维持下的社会平衡被打破了,阶级对立也渐渐发展成了内乱。

再者,人们意识层面的微妙变化也不容小觑。在对立与内乱背景下,阶级差异是客观存在的,这种对立构造也引发罗马人对国家的情感发生了变化。迄今为止罗马能够蓬勃发展,罗马人对祖国强烈的归属感功不可没。可如今罗马人舍身为国的爱国情怀被阶级斗争给消磨了,取而代之的是爱自己与自己的亲人,这种尊重个体的独立意识越来越明显。

价值观层面的变化使得罗马人不再顾全祖国大局,而是倾向于维护自己的阶级或自身相关的利益,因此笔者认为阶级对立是导致内部矛盾激化的罪魁祸首。

格拉古兄弟产生改革觉悟的原因

人们的价值取向从爱国转变为爱自己已成大势所趋,这时候格拉古兄弟勇敢地扛起爱国大旗,站上了罗马改革的舞台。

通过改革来扶危救困、谋求国家安定的格拉古兄弟,出生于罗马的名门望族。格拉古兄弟的母亲科涅莉娅,是大西庇阿(大西庇阿·阿非利加努斯)的女儿,大西庇阿曾在第二次布匿战争中击败了罗马的宿敌汉尼拔。兄弟俩的父亲森普罗尼乌斯·格拉古,有过两次担任执政官的经验。

森普罗尼乌斯和科涅莉娅年龄差距很大,但夫妻关系很好,一共生下了 12 个孩子。可是，古代婴幼儿的死亡率很高，12 个孩子中的 10 个都夭折了，平安长大的只有提比略·格拉古和盖约·格拉古。两个儿子还未成年的时候，科涅莉娅的丈夫就与世长辞了。

科涅莉娅的老家也是西庇阿家族所在之处，当时罗马的贵族中抱有先进改革想法的人都聚集在那里。格拉古兄弟改革意识的觉醒，某种程度上，可以说是受到了母亲老家的影响。格拉古兄弟的目标是恢复罗马的秩序，因此，他们上台以后的当务之急就是让弃农后在都市游荡的无产市民们，重新回去种田。

最先付诸行动的是格拉古兄弟中的哥哥提比略·格拉古（前162—前132）。提比略在第三次布匿战争中曾随军出征，亲眼目睹了迦太基的城池付之一炬后，他回到了罗马。他回国以后惊讶地发现，农田荒芜，满街都是弃农的无产者在游荡。

提比略意识到了危机，他说"如果这样下去，罗马也会像迦太基那样归于灭亡吧"。公元前 133 年，20 多岁的提比略担任了保民官，开始进行土地改革，他提出的土地改革方案是"限制大地产所有制"。

古罗马法中已经存在"李锡尼和绥克斯图法"[1]来限制大地产所有制了，法律规定："任何人都不能拥有超过 500 尤格拉姆（约 125 公顷）的土地"。可是旧法在现实中约束力并不强。

因此，提比略的改革只不过是"请大家遵守既有的法律"而已。

---

1. 李锡尼和绥克斯图法，罗马共和国前期的一项重要立法。公元前 367 年，李锡尼和绥克斯图担任平民保民官。他们在任期间提出了涉及土地、债务和政权三个问题的新法案。

不过提比略附条件地放宽了旧法的适用条件，如果有多个孩子的话可以提高农田占有面积的上限，即1000尤格（约250公顷），他请求元老院批准这个提案。

显然提比略想要通过修正旧法、适当让步的方式，改变法律被无视的现状，且他的主张合情合理。提比略想将上流贵族拥有的超过法定面积的土地收归国有，再将回收的土地平等分配给无产市民，让他们重新开始种田。可是这项改革遭到了上流贵族的强烈反对，他们已经从奴隶制大地产所有制中尝到了甜头，不愿放弃自己的既得利益。渐渐地，有产者和无产者的对立，通过贵族派（元老院派）与平民派之间党派斗争的形式呈现了出来。

提比略预料到了肯定会遭到反对，因此他在改革开始之际就担任了保民官[1]。保民官，是共和政初期的身份斗争下的产物。当时的身份斗争中，处于弱势地位的平民们，为了避免与贵族直接对决，就离开了罗马城，躲进山里，通过这种方式进行抗争。所谓"躲在山上"，简单地说就是罢工。平时是劳动力、战时充当士兵的他们如果躲在山里的话，周边各国就有可能瞅准机会进攻罗马。如果真的被入侵的话，单凭贵族们是无论如何也无法保卫国家的。

于是贵族们为了拉拢平民，接受了他们各种各样的要求。正如第一章所提到的那样，十二铜表法和保民官就是贵族妥协后的产物。

---

1. 保民官，古罗马时期维护平民利益的一种特殊官职。保民官其权力之大甚至可以否决罗马元老院的决议。除独裁官外，对其他任何高级长官的决定，只要违背平民利益，均有权予以否决。但其权力只限于罗马的城区和近郊。保民官在罗马共和国时代的平民反对贵族的斗争中曾起过一定的作用，但到帝国时代，它已形同虚设。

保民官的任期是一年，通过选举产生，限定人员是 10 人左右。当贵族们对平民提出无理要求的时候，保民官可以发动"拒绝权"，推翻贵族们的要求。例如，有一个平民被贵族不正当地押解的时候，如果保民官出面说"那是不合理的"，就可以阻止贵族的行动。而且根据规定，保民官的人身是神圣不可侵犯的，因此谁都不能碰。

提比略着手改革之前就担任保民官，就是考虑到即使元老院反对，他也可以行使否决权。而且，即便遭到反对势力的袭击，由于保民官的人身神圣不容侵犯性，他也能自我保护。当然，提比略主要目的还是为了向元老院行使否决权，确保改革顺利进行。

但是天有不测风云，提比略万万没有想到这次反对势力会要求罢免自己，于是矛盾进一步激化了。当提比略的保民官任期一届满，他就和一百多名志同道合的改革者一起被杀害，他们的遗体也被残忍地抛进了台伯河。

盖约的理想之焰因失策而熄灭

提比略的惨死点燃了民众的怒火，内乱爆发了。元老院万般无奈之下只得通过了提比略生前的提案，开始分配耕地。这个时期，很多用拉丁文记载的关于分配农田的碑文和界石都留存了下来。

尽管执行了提比略的遗志，但是贵族派仍然心有不甘，一直不停地找着提比略余党的麻烦。比提比略小八岁的弟弟盖约·格拉古（前 154—前 121）实在看不下去了，决定继承哥哥未竟的事业。公元前 123 年，盖约也担任了保民官，致力于国家机构的重组。盖约的改革，建立在兄长遗志的基础上，更加深入地触及元老院的统治地位,是一项大胆的举措。

他的改革中还发生了一些趣闻。当时罗马主要的粮食来源都是依靠进口的谷物,由于天气恶劣等各种因素,谷物价格会产生很大的变动,而谷物一涨价穷人就挨饿,盖约为了让贫困者能获得粮食补给,制定了谷物法。

有一次,在接受谷物补给的民众队伍里,排着反对谷物法施行的有势力的元老院议员。当被问到"为什么你会在这里排队"时,有权有势的元老院议员大言不惭地说:"因为我的财产被窃取了,所以我来排队,多少也要取回一点,这有什么问题吗?"在他身上,曾经被希腊人称赞为"好像是王者集会"的高尚品德和名誉感都荡然无存。这个小插曲体现出,罗马人的爱国之心已经完完全全被自爱取代了。

盖约是个怀揣着爱国心的青年,但是,后续事情的发展或许偏离了他的理想轨道。随着罗马国土扩张、行省增加,元老院议员中身居高位、有公职经验的人,开始被派去担任行省总督。而大多数的行省总督,都会强迫当地民众交纳过多的贡品以收取不正当的利益。为了应对这种不良风气,盖约也设立了审理此类案件的法庭,可是陪审团中也有很多元老院议员,他们互相包庇,实际上新设的法庭收效甚微。因此,盖约建议把元老院议员从陪审员队伍中剔除,仅保留骑士身份的人。

此项提议遭到了元老院的强烈反对,可陪审团改革方案还是以微弱的优势通过了,从此,盖约与元老院完全站在了对立面上。尽管如此,盖约的改革势头仍然不减,他还建议赋予意大利的居民罗马市民权。拥有罗马市民权,就等同于获得了公职人员选举的投票权、免税权等很多特权。当时意大利的居民很多都没有罗马的市民权,因此他们也常常抱怨。

这个提案对于地方城市里没有罗马市民权的人来说喜闻乐见,但是对于一直支持格拉古兄弟改革的罗马民众来说,自己拥有的特权地方城市的民众也能享有,对他们来说既不公平也不有利,因此他们表示了反对。扩大罗马市民权的范围一事,不仅是元老院议员,连曾经支持格拉古兄弟改革的普通民众也反对,于是这个提案最终搁浅了。

值此之际,反对改革的呼声不断高涨,盖约陷入了进退两难的境地。盖约身陷危难之中时,打开了一封母亲科涅莉娅给他留下的信。

杀害提比略的人暂且不论,比起敌人,你的改革给我带来了更深重的痛苦。我只剩下你一个孩子了,你要肩负起我所有的孩子们应该为我尽的义务,至少不要让我为你担惊受怕吧。余命所剩无几,我一直努力不想让国家颠覆,你能不要给我帮倒忙吗?……如果你实在做不到,也请等我去世后,再随心所欲地做你想做的事情吧。

(奈波斯[1]《断片》)

---

[1] 科尔尼利厄斯·奈波斯,古罗马传记作家。山南高卢地区人。与西塞罗等人交谊甚笃。曾写过不同题材的著作多种,主要有《编年史》《名人传》等,大多失传,后书系记述希腊、罗马的国王、统帅、政治家、诗人、历史学家、演说家的事略,今仍保存其中一部分。其传记写作,开古罗马人撰写传记之先河,对后世的罗马传记作家如苏托尼厄斯等人甚有影响。

信中写道:"为什么你一意孤行要改变国家制度?如果你无论如何都要这么做的话,也请等你风烛残年的老母亲去世后再开始吧!"这封信是否是科涅莉娅的亲笔已无从考证,可至少它能传达出一位悲痛的母亲对自己最后一个活着的孩子语重心长的劝诫。

然而母亲的愿望也落空了,盖约被反对派逼到绝境,最终自杀身亡。据说元老院对盖约相当厌恶,甚至不允许失去最后一个孩子的科涅莉娅身着丧服服丧。

平民派马略与贵族派苏拉的对立

格拉古兄弟死后,罗马平民派与贵族派(元老院派)之间的矛盾日益激化,内乱频发,周边各国纷纷趁机进攻罗马。在北非,曾经的同盟国努米底亚向罗马宣战(朱古达战争[1]),位于北方高卢的日耳曼民族也侵犯了罗马的边境。但是罗马军士气低迷,无力招架他国攻势,士兵们也不断地流血牺牲。

在这场危机中拯救罗马的是盖乌斯·马略(前157—前86)。马略是贫民百姓出身,但凭借功勋晋升为执政官。功勋不仅给马略带来了名誉,还为他带来了丰厚的战利品和领土,于是他纵身一跃跻身富豪的行列。

当上执政官的马略,允许从前没有从军资格的无产市民加入军队,一口气解决了失业和军队战斗力低下的问题,同时,他又重新

---

1. 朱古达战争。公元前111年至前105年间,罗马与篡夺努米底亚王位的朱古达发生的战争。

给退役军人分配土地，使他们退役后的生活得以维持，通过一系列的改革，马略成功地提高了军队的士气。

平民出身的马略横空出世，让元老院议员们感受到了危机，于是他们利用在朱古达战争中表现夺目的苏拉（前138—前78）的人气，结成了"贵族派"，与以马略为中心的"平民派"势不两立。

虽说苏拉是贵族出身，但是他没有财产，靠依附有钱的年长女性维持生活。后来他凭借着在朱古达战争和密特里达提战争（与位于小亚细亚的本都王国[1]（Pontus）之间的战争）中取得的胜利，收获了丰厚的战利品，才摆脱了贫困。拥有了金钱的苏拉和妻子离了婚，和有权有势的元老院议员的女儿再婚，从而得到了贵族派这个坚强的后盾来与马略对峙。

两人的争斗，以高龄的马略之去世而宣告终结，他死后苏拉就任独裁官。

贵族派的苏拉，为了让罗马回到以元老院为中心的共和政时期，致力于国内改革。为了强化元老院的权力，他把议员的人数从以前的300人，增加到了600人，并设立了各种新职位。他在加强元老院权力的同时，还缩小了平民派的守护者——保民官的权限范围。笔者认为，苏拉的本意是想废除保民官这一职务，但是囿于现实情况没能做到那一步。

1.本都王国,古国名,位于小亚细亚半岛,黑海东南沿岸(位于今保加利亚、格鲁吉亚、希腊、俄罗斯、土耳其、乌克兰等国境内)，公元前281年米特拉达梯一世建国,公元前65年被庞培征服,成为罗马共和国的附庸国。公元62年国家被罗马皇帝尼禄废除成为罗马帝国的一部分。

大约三年后，苏拉大刀阔斧地完成了改革后，马上干脆利落地功成身退。

苏拉不是皇帝，但某种意义上也算是独裁者。在漫长的罗马历史中，除了苏拉以外，从当政者的宝座上自己退位的例子，就只剩下公元3世纪末期收拾了军人皇帝时代残局的戴克里先[1]了。

隐退后的苏拉娶了年轻的妻子（此时元老院议员的女儿已经去世了），一边享受着狩猎乐趣，写着回忆录，一边过着平静的生活，两年后便去世了。帝政时期的历史学家普鲁塔克在《苏拉传》中，记录了苏拉的墓志铭。

在给予他人恩惠方面，任何朋友都不会超越他。在给予对手致命一击方面，任何敌人也都不会超越他。

换言之，他对自己的同伴表现出十足的温情，对敌人则是横眉冷对、坚决打击。苏拉既能明确区分担任独裁者的工作时间与退隐后私人时间，同样也能准确分辨他人是敌是友。

因镇压叛乱而声名远扬的克拉苏与庞培

苏拉隐退后，罗马国内贵族派与平民派的对立紧张关系仍然暗

---

1. 戴克里先（全名盖尤斯·奥勒留·瓦莱利乌斯·戴克里先，244—312），原名为狄奥克莱斯（Diocles），罗马帝国皇帝，于284年11月20日至305年5月1日在位。其结束了罗马帝国的第三世纪危机（235—284），建立了四帝共治制，使其成为罗马帝国后期的主要政体。

流涌动。长期忍受着奴隶制大地产所有制残酷剥削的奴隶们,为了返回故乡而发动了叛乱。这场叛乱,以领导者斯巴达克斯[1]的名字命名为"斯巴达克斯之乱"。叛乱军吸收了很多奴隶,其巅峰时期甚至拥有超过 10 万名的奴隶,他们多次击败罗马军队。

出身于名门贵族的马库斯·李锡尼·克拉苏(前 115—前 53),和年轻的武将格涅乌斯·庞培(前 106—前 48),镇压了这场叛乱。

克拉苏是贵族出身,在他 20 岁那年,马略对贵族派进行了肃清,在那场运动中克拉苏失去了父亲和哥哥,他只好一边逃往希斯帕尼亚,一边组建私人军队,投奔到马略的死对头苏拉的麾下,可见克拉苏是个内心强大、百折不挠的人。克拉苏在苏拉的手下崭露头角并不是凭借他的英勇,而是拜贪婪的敛财活动所赐。

克拉苏在苏拉要清除的政敌名单上,擅自加上了资本家的名字,以没收的形式夺取其财产,或利用罗马经常发生的火灾抢购土地,就这样,他用相当强势的手段贪婪地积累着财富。与之形成反差的是,克拉苏平时的生活很朴素,遇见平民也会打招呼,他直率、不拘小节的性格,使得他虽然富有,但却不会招人厌恶。此外,克拉苏还具备商业头脑。当时门第高贵者是禁止公开进行商业活动的,所以他们利用自己手下解放了的奴隶做生意,设立代理人经营银行业,通过放贷也积累了很多资产。

---

1. 斯巴达克斯(?—约前 69 年)。是一名古罗马色雷斯剑斗士,军事家,于公元前 73 年与高卢人克雷斯、埃诺玛依以及甘尼克斯一起领导了反抗罗马共和国统治的斯巴达克斯起义。

因此克拉苏被称为"大富豪",罗马市区的大部分土地都在他的手中,只有一样东西他没有得到,那就是"军功"。无论如何都想拥有军功的克拉苏,在镇压斯巴达克斯之乱的战役中,漂亮地取得了斯巴达克斯的首级。然而,镇压斯巴达克斯之乱的不仅仅是克拉苏,拥有数个华丽军功头衔的庞培,也参加了这场战斗。斯巴达克斯的军队,虽然很快就被克拉苏就地打败了,但是清除残兵败将则是由姗姗来迟的庞培军队完成的。

凯旋的克拉苏,以为自己理所当然能拿第一等军功,没想到半路杀出个庞培,他向元老院报告说:"打败奴隶叛乱军的功劳确实属于克拉苏,可是镇压叛乱的人却是在下。"结果就是克拉苏不得不与庞培分享功勋。

这件事在他们彼此心中都留下了芥蒂,然而内心暗藏的敌意并没有发展成表面冲突,于是在公元前70年,两人还一起担任了执政官。

恺撒登场——第一次三头政治

担任执政官的庞培,在公元前67年,奉元老院之命去讨伐当时在地中海东部肆虐的海盗,然而这并非元老院的本意。诚然讨伐海盗是当务之急,可由于元老院赋予了庞培很大的指挥权,所以他们担心庞培会走向独裁。不过,民众对庞培的呼声很高,元老院也只能顺应民意给他指挥权。

庞培没有辜负民众的期待,出色地扫荡了海盗,之后又花了两年时间,与威胁罗马的米德里达梯作战,再次获胜。而且,事实证明元老院的担心是多余的，庞培胜利后干脆利落地将指挥权返还给了元老院。尽管如此，元老院的担心还是没有消除，他们对战后处理事项置之不理，故意让庞培左右为难，使得庞培对元老院的不满也越积越多。

尤利乌斯·恺撒（前100—前44）正好在这个时刻登上政治舞台。恺撒当时手握镇压伊比利亚半岛的军功，以就任执政官为目标回到了罗马。

恺撒出生于尤利乌斯家族，它是罗马最古老的名门贵族。然而他刚出生家道便中落了，囿于经济条件，他们举家搬迁到罗马城中的贫民街居住。贵族出身的恺撒既没财产也没人脉，所幸他的叔母和盖乌斯·马略结婚了，恺撒抓住了这个机会，与马略派中心人物之一的秦纳的女儿——科涅莉亚结了婚，并利用这段助缘，年纪轻轻就当上了朱庇特神殿[1]的祭司[2]。

然而好景不长，马略死后政权转移到了他的政敌苏拉手里。在肃清平民派的运动中，恺撒被强制要求和科涅莉亚离婚。没想到恺撒违背了苏拉的命令，拒绝与科涅莉亚离婚。愤怒的苏拉撤了恺撒祭司的职位，甚至想要追杀恺撒，多亏了周围人的调解，恺撒总算保住一命。据说这时的苏拉说道："难道你们不知道，那个年轻人的家庭里有好几个马略家族的人吗？"

---

1. 朱庇特神殿位于罗马的卡比托利欧山，是古罗马最伟大的宗教庙宇。
2. 祭司，或司祭、祭师，是指在宗教活动或祭祀活动中，为了祭拜或崇敬所信仰的神，主持祭典，在祭台上为辅祭或主祭的人员。根据不同的信仰，祭司被认为具有程度不同的神圣性。无论是在实用的社会职能还是神秘的宗教层次，祭司都具有不可替代的重要性。

在危险时刻靠周围人出手相救的恺撒,似乎生来就拥有吸引人的特别魅力。恺撒在今后的人生中,也聪明地知道如何利用自身的优势建立人脉,再将人脉化作自己在政治上的助力,帮助自己在政坛平步青云。

恺撒没有什么固定资产,不过他为了出人头地也偶尔向他人行贿,要说他行贿的钱都是从哪里来的,那全都是借款。无论是谁都很难把钱借给没有固定资产的人,因为往往约定返还的条件是借款人的发迹或成功,那一旦借款人半途而废,出借人就什么都得不到了。出借人一定是被恺撒强大的魅力所折服,才愿意承担这种有风险的投资吧。恺撒能够取得别人的信任、让人愿意贷款给他,也侧面印证了他是个魅力无穷的人吧。

恺撒

共和政罗马末期的政治家、军人、作家。第一次三头政治之后,他将权力集中在自己手中成为了终身独裁官。元老院一直对恺撒强硬的政治手腕抱有反感,最终将其暗杀。(那不勒斯国立考古学博物馆。)

通过这种方式,恺撒在37岁的时候,就谋到了神祇官一职,这一般是经验丰富的年长者才能胜任的职位。之后他又担任了法务官,并在39岁那年于伊比利亚半岛之战中取得了军功,随后为了举行凯旋仪式而回到罗马。回国的恺撒想要举行盛大的凯旋仪式,并打算成为执政官的候选人。但是,元老院对恺撒的浮夸举止很反感,并没有允许凯旋仪式的举行,而是命令他直接去击退意大利的山贼。

　　这事发生在普通人身上也许会感叹自己时运不济，但是恺撒并没有放弃。他与一直以来赞助自己的罗马第一大富豪克拉苏，和对元老院抱有不满的庞培，缔结了密约来共同对抗元老院。成功拉拢克拉苏和庞培的恺撒，在公元前59年，顺利实现了自己的愿望，当上了执政官。

　　成为执政官以后，恺撒通过了将土地分配给退役军人的法案，这是庞培梦寐以求的结果，他甚至还将自己的女儿尤莉亚，嫁给离婚后恢复单身的庞培。据不可靠的传闻称，庞培离婚的妻子和恺撒有婚外恋关系，这人际关系也是相当复杂了。

　　因为庞培比恺撒还年长，所以对尤莉亚来说，丈夫比自己的亲生父母年纪还要大，但是两人的夫妻关系非常好，她的存在还成为了联结恺撒与庞培的纽带。

　　恺撒、克拉苏、庞培的第一次三头政治兼具权力、武力和财富这三种力量，然而三足鼎立的局面没有持续很久，随着庞培的妻子尤莉亚在公元前54年因产褥热而去世，他们三人的关系也出现了微妙的裂痕。后来在公元前53年，克拉苏在帕提亚远征中身亡，恺撒与庞培的对立局面大势已定。

恺撒与庞培缘何分出胜负

　　克拉苏和庞培原本就不太融洽，可是庞培和恺撒的关系并没有那么坏，甚至两人对彼此都有好感。尤其是恺撒，还把自己的女儿嫁给了庞培，并对女儿说"那家伙是个好人啊"。

尤莉亚尚且在世的时候，庞培与恺撒其乐融融，所以很多人无法理解为什么庞培会变得讨厌恺撒。导致两人势不两立的原因是什么呢？也许是庞培受了元老院的影响，担心恺撒搞独裁，无奈之下才站在了恺撒的对立面吧。如果当时尤莉娅还在世的话，历史的走向也许会截然不同。

庞培是一名非常优秀的军人，但是他不具备成为一名政治家的气度。或许在拥护共和制度的元老院的不断鼓动下，庞培产生了动摇，连他自己也没有想到，在恺撒离开罗马平定高卢的日子里，他会被推举为反恺撒一派的中心人物。

恺撒的族谱

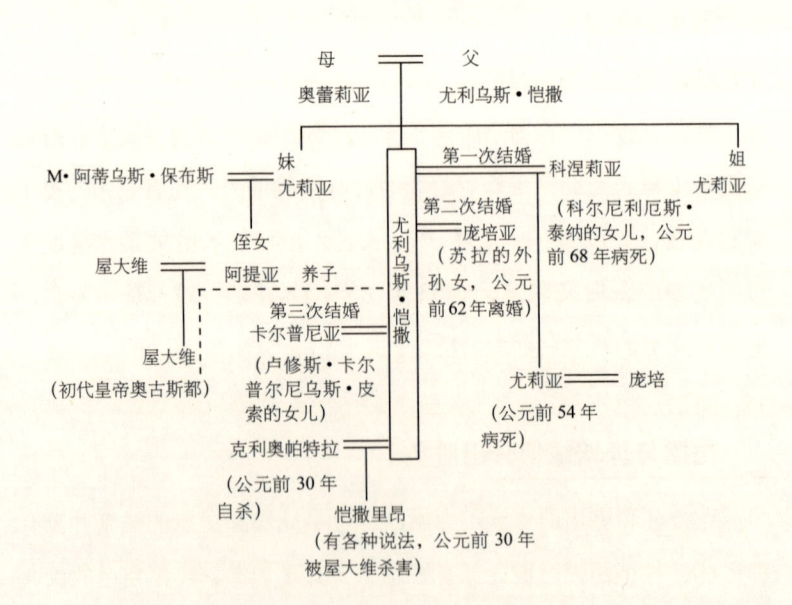

```
                              母         父
                            奥蕾莉亚   尤利乌斯·恺撒
                                │         │
                     妹          │  第一次结婚   科涅莉亚        姐
M·阿蒂乌斯·保布斯 ═ 尤莉亚      │                            尤莉亚
                     │          尤   第二次结婚  (科尔尼利厄斯·
                    侄女         利    庞培亚     泰纳的女儿，公元
屋大维 ═ 阿提亚    养子          乌   (苏拉的外   前68年病死)
         │    └────┐            斯    孙女，公元
         │         │            ·     前62年离婚)
         │     第三次结婚        恺
         │     卡尔普尼亚 ══════ 撒
      屋大维   (卢修斯·卡尔                尤莉亚  ═══  庞培
   (初代皇帝奥古斯都) 普尔尼乌斯·皮
                   索的女儿)               (公元前54年
                                             病死)
                克利奥帕特拉
                (公元前30年
                  自杀)
                    │
                 恺撒里昂
              (有各种说法，公元前30年
                被屋大维杀害)
```

094

公元前 49 年，远征的恺撒得知了国内反恺撒运动正在如火如荼地进行，于是他随同远征兵一起回国时，无视必须解除武装才能渡河的规定，全副武装地渡过了卢比孔河。

恺撒当然知道此行为代表着背叛罗马，但同时恺撒也清楚，只要自己拥有足够的军事力量就不怕回国遭遇迫害。顺提一句，恺撒渡过卢比孔河时，说出了那句名言："骰子已经掷出"[1]。

当全副武装的恺撒大军向罗马发起进攻，庞培也不得不迎战，可是由于准备不足，庞培决定暂时先撤离意大利半岛，逃到希腊重组军队，毕竟自东方远征以来，庞培的追随者大部分留在希腊。于是，恺撒军兵不血刃地迅速占领了意大利半岛，然后紧追庞培的脚步渡过了亚得里亚海[2]。双方在希腊北方的法萨卢斯平原上决一死战。

庞培军队有步兵 50000 人，骑兵 7000 人，而恺撒大军只有步兵 22000 人，骑兵 1000 人。恺撒军队明显处于劣势。但好在恺撒是一位非常会运用战术的军事人才，他最终凭借战术获胜，溃败的庞培乘坐商船逃到了埃及。然而，埃及并不想卷入罗马的内乱之中，于是庞培还没踏上埃及国土，正在换乘靠岸用小船的时候就被埃及人杀了。在庞培遇害的四天后，恺撒追随他的踪迹到达埃及。据说在埃及的宫廷里见到呈现在眼前的庞培首级时，恺撒悲痛万分、涕泪沾巾。

---

1. 意思是现在已经不能反悔，就像赌桌上骰子掷出以后就不能再摇了。罗马法律规定，任何将领未经元老院授权不能带兵渡过卢比孔河（罗马北面的一条河流），否则一律视为叛乱。说这句话的时候恺撒的部队正在渡河。
2. 亚得里亚海，是地中海的一个大海湾。在意大利与巴尔干半岛之间。

恺撒战胜了庞培回到罗马后，没有惩罚任何庞培的追随者，而是将他们全部赦免了。相传在两人不得不进行生死对决之时，庞培威胁人们说："不追随我的人就是我的敌人。"然而恺撒攻陷意大利时也曾经说过："不属于任何党派者视为自己人。"诚然，恺撒擅长制定战术是二者决出高下的原因之一，但或许恺撒海纳百川的胸襟更是他能够制胜的秘诀。

第五章
英雄恺撒与罗马皇帝的诞生

"义父义子关系"搭建了罗马的框架

考察共和政末期"内乱的 1 世纪"时，我们必须知道"保护者与被保护者"这一对具有私人性质的关系，给罗马带来了怎样的影响。保护者和被保护者，简单来说就是"义父与义子"的关系。在拉丁文中，"Patronus"是指保护者，"Clientes"是指被保护者，绝大多数情况下，保护者是经济宽裕的贵族，而被保护者则是平民。

保护者属于富裕阶层，通过照顾平民，从而与被保护者之间形成一种带有从属性质的关系，但这种关系的内涵并不局限于"保护与被保护"的字面含义，因为被保护者有自由选择保护者的权力。

Clientes 虽然是被保护的一方，但力量和金钱并不完全是他们服从于另一个人的理由，他们会倾向于选择可靠和值得尊敬的人。当被保护者遇到困难的时候他们会和保护者商量，保护者会给他提供帮助。通过这种互动，被保护者自然而然就会对保护者产生信赖。当然，被保护人也有顺心如意的时候，这种情况下被保护者就会去保护者那里打声招呼、报个平安，保护者见状就会说"你来得正好"，然后让他带一些特产回去。

正因为保护者平日里布施的恩惠，当他参加选举、竞选公职时，被保护者于公于私都会尽最大的努力帮忙。如此建立的情感羁绊非常稳固，亲密关系延续了好几代的例子也屡见不鲜。罗马有句话叫"权威治世"，保护者与被保护者关系的形成并不是基于"权力"的威压，而是在一方拥有"权威"的基础上构筑起来的信赖关系。

在共和政向帝政的过渡时期，皇帝权力形成的过程中，"保护者与被保护者"关系对社会变迁有着怎样的影响，现在罗马史的研究者大致提供了两种研究路径。

第一种研究路径是1902年凭借其著作《罗马史》获得诺贝尔文学奖的德国历史学家——特奥多尔·蒙森提出的，他认为"保护者与被保护者"的关系可以解释罗马皇权和公职制度的存在意义，以及行省的总督任命权是如何集中到皇帝手中的。

共和政的罗马的等级制度是以"公职"为形式体现的，随着罗马向意大利半岛以及地中海全域的扩张，产生了行省与行省总督的任命权，并且其重要性随着国土的扩张而与日俱增。那么皇帝是以何种办法将任命权据为己有的呢？这个问题是打开时代之门、深入了解罗马的钥匙。

公元前27年，奥古斯都成为了初代皇帝，罗马成为了名副其实的"帝国"，起初的一段时期内，行省总督的任命权一直由元老院和皇帝分别行使。权力分配的情况是，边境或需要配备大量军力的地方由皇帝任命总督，帝国内部较为和平的地方则是元老院拥有任命权。换言之，行省总督的任命权逐渐集于皇帝一身的过程，就是"保护者与被保护者"的关系在国家层面的体现。

另一种研究路径是，在罗马扩张疆域、形成帝国的过程中，"保护者与被保护者"在私人领域的关系，即"义父义子的关系"，促使罗马的社会各阶层不断整合，最终形成了以皇帝为顶点的、金字塔型的新型等级制度。

共和政末期的罗马，有产者和无产者的阶级差距在逐渐拉大，并且这种尊卑有别的关系，存在于不同的阶层中。换言之，在某一阶层中处于保护者地位的人，在更高的阶层眼里就变成了被保护者。所谓义父，在更高级别的人眼中也会转变成义子，山外有山，人外有人。于是在"义父义子关系"的影响下等级秩序不断重整，最终形成了以"皇帝"为顶点的等级制度。

两种研究路径虽然视角不同，但它们都认为"保护者与被保护者"对时代变迁有着举足轻重的作用。

这是非常有趣的发现，如果我们要研究中国历史上汉王朝的建立，我们也可以借用"义父义子关系"提供的两种研究路径去考察其制度的形成。总之，在一个庞大帝国诞生的过程中，制度层面上的规定与私人层面上的人际关系一定有着千丝万缕的关联。

将领与士兵间的强力纽带——罗马的军制改革

从恺撒时代到奥古斯都时代，保护者与被保护者的关系都呈现出了多重性，譬如某个阶级的保护者，在他上面还有更厉害的保护者，乃至还有级别更高的超级保护者。马略[1]时期开展的军制改革，就发生在这样的背景下。

马略将征兵制改为募兵制，允许此前没有入伍资格的无产者参军。对于失去土地、终日游荡的无产市民们来说，这项规定的颁布使他们有了归宿，入伍后不仅不用担心衣食住行，还能拿到工资，若在战斗中胜利还能获得战利品。

入伍制度的变化使得士兵宣誓效忠的对象也发生了改变。从前的他们向祖国宣誓效忠，为国而战，现在变成了向允许自己入伍的直属将军宣誓忠诚，为了将军和自己的利益而战斗。将军与士兵的关系某种程度上也变成了"保护者与被保护者"的关系。

募兵制在马略与苏拉对峙时期的意义非凡。曾经的罗马，即使政治家之间出现敌对关系，终究只是个人恩怨，但有了这种入伍制度后，就变成了武装组织之间的对抗。而且，不仅仅是马略与苏拉的时代有武装组织间的抗衡，在克拉苏、庞培、恺撒的三头政治时期，他们各自也以军队之名让手下追随自己，不同团体之间摩擦不断。

因此，要想在这个时期的政坛崭露头角，就必须深谙军人们的心理。譬如现在闻名遐迩的哲学家西塞罗，也是那个时代的权威人物之一，与政界或多或少也有一定的联系。他担任小亚细亚的奇里乞亚[2]

---

1. 盖乌斯·马略在罗马战败于日耳曼人的危难之时当选执政官，进行军事改革、实行募兵制，最终击败日耳曼人。
2. 奇里乞亚，又译基利家，位于今日土耳其东南部的小亚细亚半岛，塞浦路斯以北，西至旁非里亚，北至托鲁斯山脉，地处前往地中海的通道上，曾经是罗马帝国一个贸易非常繁盛的地区。

的总督的时候，也镇压过当地的叛乱，可即便如此，他还是没有染指三位巨头的霸权之争，因为他无法很好地揣摩部下的心理进而对他们施加控制。

如前文所述，罗马市民都去参加战争造成了耕地荒芜，经济贫困的市民被迫卖掉了土地，无产市民人数剧增。其实这样的悲剧不仅发生在罗马，也是意大利全境的普遍现象，因为当时意大利各地的农民们都被迫作为罗马的同盟军参战了。盖约·格拉古提出将罗马市民权授予意大利市民的议案，就发生在这样的背景下，毕竟意大利市民们同样支持罗马的扩张，却没有被赋予市民特权，也难免他们会抱怨不公平。

马略的军制改革使得罗马的无产者得到了救济，可是改革并不能适用罗马的同盟城市，同盟城市的市民们只有服兵役的义务，生活境况却没有得到任何改善，状况悲惨。然而盖约的提案又被元老院否决了，同盟城市的不满情绪积聚，终于在公元前91年，同盟城市爆发了起义，要求罗马授予他们市民权，罗马这才接受了同盟城市的申诉，并于公元前88年，将同盟城市并入罗马，授予他们市民权利。

同盟城市被罗马收编之后，城中的无产市民也加入了罗马军队。可由于出生地的差异，同盟城市的士兵们对于罗马并没有特殊的情感，比起国家，他们更愿意向接受他们入伍的将领宣誓忠诚，这也导致"保护者与被保护者关系"得到了进一步的强化。

追溯历史我们会发现，共和政诞生之前"保护者与被保护者"的关系就一直存在着。一直到公元前1世纪的共和政末期，军事改革使得这种古老的人际关系体现为将领与士兵之间强烈的羁绊,从此这种私人关系开始具有集体的属性,当然归根结底,他的终极服务对象还是以皇权为顶端的庞大的等级制度。

恺撒为何被暗杀

恺撒战胜了庞培,可是人们并没有马上归顺他。因为庞培的儿子们和残党仍然盘踞在埃及、小亚细亚、非洲等地中海东部地区和希斯帕尼亚岛上,势力依旧不容小觑。恺撒只得一一击败他们,花费数年时间才完全清除了庞培余党,他与著名的埃及女王克利奥帕特拉[1]之间的轶事,就发生在这段时间。

恺撒在日本知名度很高,但其实他掌握实权的时间很短,这可能会让人感到意外。恺撒武装渡过卢比孔河、镇压罗马异党发生在公元前49年。之后他击败庞培,又进一步清除庞培的残余势力,于公元前46年凯旋,而恺撒被暗杀的时间是公元前44年,所以他的统治时间最长也只有五年,至于在罗马的治世期间,也仅有两年之短。

凯旋的恺撒受到了民众的热烈欢迎,之后便成了名副其实的掌权者。回国后他进行了很多改革:将罗马军队的指挥权据为己有、

---

1. 克利奥帕特拉七世(约前70年12月或前69年1月—约前30年8月12日),被称为埃及艳后,是古埃及的托勒密王朝最后一任女法老。她让一条毒蛇咬死自己来同时结束自己和埃及的生命(不过,研究证明她死于屋大维谋杀的可能性更大一些)。从此以后,埃及成为了罗马帝国的一部分,直到5世纪西罗马帝国的灭亡。

整顿了长年战乱导致的混乱风纪、引入了儒略日[1]（Julian Day，太阳历）的计时方式、救助贫困人群……他还授予行省中有权有势者以罗马的市民权，还向伊比利亚半岛上的各个行省输送殖民者，建立起殖民城市。

恺撒的改革之所以能畅通无阻，是因为他已经成功地控制了元老院。那么，他是如何做到让元老院俯首称臣的呢？他增加了元老院议员的人数，乍一看好像元老院的力量增强了，实则巧妙削弱了元老院的实力。元老院原本就非常讨厌独裁者，对于恺撒的蛮横做法自然抱有反感。为了削弱反对者的力量，恺撒把意大利半岛各城市的新兴贵族们安排进了元老院，这样一来，元老院中恺撒的支持者增加，他的意见也更容易被通过了。

公元前44年，恺撒终于成为了终身独裁官。

笔者在第I部中提到过，讨厌独裁政治的罗马对维护共和政表现出了近乎偏执的坚持，不过非常时期也需要统一的指挥系统，因此任期半年的独裁官被创设出来。恺撒利用这项制度，最初只担任一年的独裁官，而后又延长到10年，最终变成了终身独裁官。虽说恺撒实现了事实上的独裁，但他并不以国王（Rex）自居。他没有背离共和政的政体，只是延长了独裁官的规定任期。

然而这个做法还是引起了旧元老院议员的反感，他们对恺撒的独裁积怨已久。于是刺杀独裁者的阴谋开始启动，街头巷尾开始传出谣言："恺撒想辅佐他从国外带回来的女人成为女王，想让他们

---

1. 儒略日是在儒略周期内以连续的日数计算时间的计时法，主要是天文学家在使用。

的孩子当皇子（埃及女王克利奥帕特拉，和她所生的儿子恺撒里昂）。"这些谣言煽动了人们心中的怒火，他们恐惧独裁者的出现，暗杀行动也在舆论的支持下不断推进。

终于，罗马迎来了公元前44年的3月15日。

过去曾经有占卜师对恺撒说过："3月15日之前你要小心。"因此恺撒在3月15日早上，对占卜师说："你真是技艺不精啊，这不是什么都没发生吗？"占卜师提出忠告说："3月15日还没有结束。"恺撒不相信占卜师的话，不要护卫跟随只身一人来到了元老院，没想到在这里自己被策划暗杀行动的一伙人包围，继而被残忍杀害。

这伙人中，有恺撒曾经提拔过的布鲁图斯[1]（前85—前42）的身影。恺撒被刺杀时说过："布鲁图斯，竟然是你。"这句话流传千古，然而没有多少人知道布鲁图斯暗杀恺撒的真正原因。

布鲁图斯的母亲是恺撒的情人，甚至有部分研究人员认为，布鲁图斯就是恺撒的私生子。但笔者认为可能性很低，因为他们只相差15岁。布鲁图斯是庞培一派的人，因此，恺撒与布鲁图斯发生过好几次冲突，不过每一次恺撒都大度地原谅了他。

然而，布鲁图斯却坚决站在恺撒的对立面，他认为恺撒是一个"有可能成为独裁者的危险人物"。这是庞培派一贯的想法，目的是维护共和政的传统。然而在恺撒看来，共和政虽然已经持续了

---

1. 奥勒留斯·尤尼乌斯·布鲁图斯·凯皮欧是晚期罗马共和国的一名元老院议员。作为一名坚定的共和派，联合部分元老参与了刺杀恺撒的行动。

500年，但这个政治体制"已经不能适应如今的罗马帝国了"。换言之，恺撒派的观点是如果不建立一个新的政体，就无法应对帝国时代的罗马出现的危机。

两派争论不休。布鲁图斯尚且年幼时恺撒就认识他，所以布鲁图斯成为议员后恺撒对他照顾有加。可以说布鲁图斯是唯一一个被恺撒原谅过无数次的对手，所以当暗杀的人群中出现他的身影时，恺撒说了一句"竟然是你"。言外之意是"为什么我原谅你无数次，你却恩将仇报"，这句话蕴含了恺撒临终前无尽的遗憾与悲怆。

恺撒拥有超高人气的理由

在元老院不受待见的恺撒，其实是个非常有人格魅力的男子。笔者认为，如果只能列出历史上五个受上帝眷顾的人，他绝对榜上有名。

恺撒的魅力点之一是卓越的口才。

他有许多名言，比如"骰子已经掷出""我来、我见、我征服""我不是国王，而是恺撒"等，他的口才被同时代的哲学家西塞罗称赞说："鄙人穷尽一生去学习修辞学也不能达到恺撒的水平。"关于他的口才还有一段轶事。

连年征战使得士兵们牢骚满腹。不满情绪在士兵之间发酵，军队中的小冲突日益发展为骚动。恺撒的部下曾试图镇压骚乱，但收效甚微。于是恺撒出面了，他只用一句话就平息了这场骚动，而且还消除了士兵们的不满。恺撒究竟说了什么呢？

恺撒对士兵们的惯用称呼是"诸位战士"，比起将军们称呼士兵时使用的"各位士兵",恺撒的叫法听起来更加亲切。这个称呼,能让人切身感受到保护者与被保护者之间的亲密联系,可以有效拉近恺撒与士兵们的距离。

可是这次,恺撒没有像往常一样亲切称呼"诸位战士",而是换成了"诸位罗马市民"。这个叫法无可厚非,但给人的感觉比"诸位战士"更加疏远。士兵们察觉到了称谓变化,他们对于突如其来的距离感到恐惧,瞬间平静下来并把心中的积怨都忘得干干净净。

被元老院称为独裁者的恺撒,其实胸怀非常宽广。罗马扩张领域侵占他国的过程中,恺撒并不会把罗马的制度和做法强加给征服地,而是给予它们一定程度的自由和自治。这种古代世界里罕见的宽容被称为"罗马式宽容"。拉丁文"Clementia"表示广义上的宽容,加上恺撒的名字就是"Clementia Caesaris",它的意思是"恺撒的慈爱",这个词经常被用来形容恺撒。

在前章庞培的部分笔者也提到过,恺撒不会处罚贵族派(元老院派)的敌对者们,而是选择原谅他们。不仅如此,他甚至还会特地安排自己的对手担任高官。恺撒的包容心为他在民众与军队中赢得了超高的人气,然而福兮祸所伏,他越是受欢迎,元老院派对他越是感到恐惧与憎恶,变本加厉地准备暗杀行动,人们对恺撒截然相反的态度形成了讽刺的反差。

恺撒面对反抗的异民族时会剑拔弩张,但面对同伴以及恭敬顺从、请求原谅者,会表现出毫不吝啬的宽容大度。另外,据说他不是一个执念很深的记仇者,即使一时痛恨别人,也会很快忘记。

当笔者试图在脑海中勾勒恺撒的样子时，就会想起约翰·F.肯尼迪[1]说过的一番话：

Forgive your enemies, but never forget their names.
（原谅你的敌人，但是永远不要忘记他们的名字。）

恺撒与肯尼迪的行事风格如出一辙，都会原谅敌人，也同样受到了民众喜爱，然而两人的临终遭遇也惊人地相似，都是死于暗杀。

罗马初代"皇帝"的诞生

元老院派的贵族们以为，普通民众应该也对恺撒的独裁政治感到恐惧。于是他们暗杀了恺撒后，就到处宣扬："我们为民除害，立了大功。"他们想当然地认为民众会对恺撒被杀事件喜闻乐见。但是，他们想错了。恺撒的葬礼上自发聚集了很多市民，彻夜悼念恺撒之死。

当时恺撒派的领袖人物马克·安东尼[2]（Mark Antony，前

---

1. 约翰·F.肯尼迪，出生于美国马萨诸塞州布鲁克莱恩，美国政治家、军人，第35任美国总统。1963年11月22日，他乘坐敞篷轿车驶过得克萨斯州达拉斯的迪利广场时，遭枪击身亡。
2. 马克·安东尼，全名马尔库斯·安东尼斯·马西·费尤斯·马西·尼波斯，约前83年1月14日出生于罗马，逝世于前30年8月1日，古罗马著名政治家和军事家。早期是盖乌斯·尤利乌斯·恺撒最重要的军队指挥官和管理人员之一。前33年后三头同盟分裂，马克·安东尼在与屋大维的罗马内战中战败，与埃及女王克利奥帕特拉七世一同自杀身亡。

83—前30），手中拿着恺撒遇刺时穿的血衣进行了演讲。安东尼和恺撒一起担任过执政官，并且，他在高卢战争和与庞培的战争中，都曾和恺撒并肩作战，是恺撒名副其实的盟友。

悲伤的悼念之夜过后，安东尼从神殿里取出恺撒的遗嘱，在市民面前宣读。预知到自己可能被暗杀的恺撒提前留下了遗嘱，遗嘱上写着，自己的宅邸将对市民开放，并且自己的大部分私人财产将分给罗马的市民。安东尼问在场的市民们："恺撒为什么逃不过此劫呢？他难道不够为民众着想吗？他为民众留下遗产时难道有所保留吗？"安东尼的话语直抵人心，民众开始转而声讨元老院派，最终将暗杀者们从罗马驱逐了出去。这是元老院不曾料到的结局。

不过，安东尼自己也有"失策"之处。安东尼之所以主持恺撒的葬礼，是因为他误以为遗书中载明恺撒的继承人是自己。然而，恺撒在遗嘱中指定的接班人，是他外甥女的儿子——盖乌斯·屋大维[1]（前63—公元14）。连自己的嫡子都没有眷顾到的恺撒，却对屋大维这个体弱多病但才华横溢的年轻人给予了高度评价，并收他为养子。

此时的屋大维才19岁，而安东尼已经39岁了。作为将军也好，作为政治家也罢，安东尼都正处于年富力强的年纪，对于他来说，

---

[1] 盖乌斯·屋大维·图里努斯，后三头同盟之一，罗马帝国的第一位元首，元首政制的创始人，统治罗马长达40年。屋大维是恺撒的甥外孙，公元前44年被恺撒指定为第一继承人并收为养子。

遗嘱的指名与他的预想有出入，不过既然恺撒在遗嘱上写明了"继承者是屋大维"，他也不得不遵从恺撒的遗志。

继承了恺撒庞大遗产的屋大维，慷慨地将财富分给士兵和罗马市民，一跃成为当红人物。当时的执政官马尔库斯·埃米利乌斯·雷比达（前70—前13）夹在屋大维和安东尼之间，察觉到他俩有敌对的迹象，就在两人之间做调解工作，雷必达提议由安东尼、屋大维与自己三个人来统治罗马。

安东尼与屋大维接受了这个提案，公元前43年，第二次三头政治翻开了序章。

他们将国土一分为三，屋大维负责意大利半岛和欧洲，安东尼治理埃及和希腊，雷必达则去统治非洲。然而好景不长，第二次三头政治很快就夭折了。首先是雷必达退位，紧接着是屋大维在阿克提姆海战[1]（公元前31年）中击败了安东尼，以西方为根据地的屋大维，最终在意大利地方贵族的支持下获得完胜。

屋大维取得内战的胜利果实，成为了事实上的独裁者，但此时他提出将"大权"归还给元老院和公民大会。因为屋大维了解暗杀恺撒事件的始末，他认为表面上拥护元老院、继续共和政不失为明智之举。即便有人极力劝他实行独裁统治，屋大维也严辞拒绝了，表现出誓死捍卫共和政的决心，元老院对他很是满意，

---

1. 公元前31年9月2日，阿克提姆海战爆发。罗马统帅阿格里帕率领400艘战船，在希腊西海岸迎战安东尼率领的500艘战船。由于安东尼和埃及女王克里奥佩特拉弃军而逃，导致安东尼的舰队几乎全军覆没。此次海战成为安东尼与屋大维斗争的决定性战役。

给予了高度评价。公元前27年,屋大维被授予了"奥古斯都"的尊称,代表"至尊至圣者",且国家政务由元老院和屋大维共同分担。

以奥古斯都为始,"皇帝"便诞生了。

一位成功人物诞生的背后总有复杂的人际关系与各种各样的因缘巧合。这一点在政治语境里体现得尤为明显,政治家并不单单凭借理念和政策在政坛立足,他们背后也隐藏着利害关系编织而成的复杂网络。当他们想要实现自己的政治理想与大政方针时,反对的声音就会出现,政敌与同伴们就会自动组成对立阵营互相博弈。这种时刻亲兄弟、家人、亲属、朋友、熟人的羁绊就尤其重要,在政治动荡期它甚至能左右博弈结果的走向。

格拉古兄弟的改革拉开了百年共和政之序幕,在此期间,人脉网络错综复杂,伴随着时代的洪流一起交织发展。要想搞明白复杂的人际关系网络,就必须采用人物调查学的研究方法,要想弄清是敌是友,就得从"亲兄弟到友人再到熟人"的基础关系出发进行考察。因为古代留存下来的史料有限,所以开展人物调查学的研究相当困难。好在共和政末期留下了西塞罗等文人政治家的论辩和书信,对于后世的考证大有益处。

从人物调查学的角度来看,恺撒派的屋大维(后来的奥古斯都皇帝)是如何发迹并建立政权的呢?公元前1世纪,曾经有权有势的罗马元老院贵族们都没落了,取而代之的是意大利地方城市的新兴权贵不断涌现。这些地方豪族被恺撒派当作"朋友"而拉拢过来,他们后来也成为了皇权背后的坚实力量。

人物调查学研究的代表性著作是罗纳德·塞姆[1]的《罗马革命》（岩波书店），无论是研究世界史上的哪朝哪代，人物调查学都不失为必备的探索方式。

皇帝的头衔折射出大祭司的重要性

奥古斯都的最终头衔非常长：

Imp.,Caesar,DiviF.,Augustus,Pontif.Maxim.,Cons.XIII,Imp.XX,Tribunic.potest.XXXVI,P.P.

这是他去世那年的正式头衔，翻译过来就是"最高司令官·恺撒·神之子·奥古斯都·大祭司·执政官十三次·最高司令官二十次·行使保民官职权三十七年·祖国之父[2]"。

打头的"Imperator"代表最高司令官，当时这个词并不表示皇帝。其后的"Caesar"，是恺撒名字的符号化，"Augustus"是屋大维的称谓"奥古斯都"，于是后来，"正帝＝奥古斯都""副帝＝恺撒"的称号就延续后世了。其他头衔就是屋大维的业绩，包括就任执政官的次数和担任保民官的经历，需要注意的是

---

1. 罗纳德·塞姆，被认为是"20世纪古罗马史研究最伟大的史学家"。1903年出生在新西兰，后移居英国。其主要著作有《罗马革命》《塔西佗传》《萨琉斯特传》《奥维德传》《奥古斯都元首制》等。
2. 祖国之父（拉丁文：Pater Patriae，有时也作 Parens Patriae，其复数形式为 Patres Patriae）是罗马共和国和罗马帝国时期，一个向其拥有者表示敬意的头衔，类似于近代的"国父"（如乔治·华盛顿）。但它并不意味着某人创建了一个新的国家，而是因为其拥有者在维护其祖国（罗马）的国家安全和领土完整等方面做出了杰出的贡献。

"Pontif.Maxim."（大祭司[1]），它是比共和政体中最高权力者"执政官"还要高的官职。

在第二次三头政治的时候，大祭司一职由三巨头中最年长的雷必达担任。后来雷必达想要背叛屋大维却惨遭滑铁卢，被屋大维驱逐出境，然而他却没有被撤销大祭司的职位，这表明大祭司一职没有任何实权。可是当雷必达在公元前13年左右去世时，被称为"奥古斯都"的屋大维还是成为了大祭司的继任者。为什么奥古斯都垂涎于貌似形同虚设的大祭司一职呢？其实，最开始意识到大祭司重要性的人是恺撒。

在这里请诸位读者们回忆一下，年轻时的恺撒最初担任的职务就是朱庇特神殿的祭司，他成为祭司是公元前84年，当时的恺撒才十五六岁。

在那之后，当权者从马略变成了苏拉，恺撒作为马略部下，被苏拉强制要求与妻子科涅莉亚离婚，但恺撒拒绝了，他丝毫没有与科涅莉亚离婚的念头。说到这里或许人们会误以为恺撒对科涅莉亚的爱情非常执着，可现实没有那么多浪漫色彩，恺撒执着的并不是科涅莉亚这个人，而是祭司这一宗教官职。

恺撒之所以能成为朱庇特神殿的祭司，都是拜科涅莉亚所赐。朱庇特祭司向来就有和名门贵族的女儿结婚的传统，因此恺撒特

---

1. 大祭司（拉丁文：Pontifex Maximus）全面控制着国家宗教。王政时期，他们构成王的宗教委员会，在国家祭祀活动中为其提供帮助。共和国时期，他们负责国家宗教的组织活动。大祭司也可以参加公共事务。在形式上，他们不负责个人敬神活动，但他们必须出席称之为"共食婚"（confarreatio）的神圣婚礼仪式。

意与当时的未婚妻分手，同秦纳的女儿科涅莉亚结婚了，毕竟秦纳是担任过四次执政官的政界权威人士。如果和科涅莉亚离婚的话，恺撒就会失去作为朱庇特神殿祭司的资格，故而他不愿意遵从苏拉旨意。但是，违背当权者的命令是有后果的，恺撒被剥夺了朱庇特神殿祭司的工作、妻子的嫁妆和从祖辈世袭的财产，过上了流亡生活。

然而悲惨际遇并没有浇灭恺撒对宗教官职的热情。公元前73年，恺撒终于又成为了祭司，找回了曾经被苏拉夺走的荣誉，公元前63年，当前任大祭司去世、这个职位虚位以待时，年仅37岁的恺撒又顺理成章成为了大祭司的候选人。

祭司的规定人数是10人左右，人员定额相对宽裕，所以如果能私下获得投票者们的支持就一定能当上，参加竞选只是走一个形式。可大祭祀是从那10位祭司中选出唯一一位，按照惯例，有过担任执政官或国家行政要职经验者才能够胜任，由此可见大祭司一职意味着名誉和地位。

当时恺撒还没有当过执政官，况且37岁的年轻人参加竞选，本身就是前所未闻的新鲜事。选举那天早上，恺撒对母亲说："妈妈，今天您的儿子，是成为大祭司呢，还是被流放呢？"据说他准备好了迎接最坏结局的准备，然后出门了。如果不能成为大祭司就必须被流放他国，从恺撒的这句话中反映出，年纪轻轻就参加大祭司的选举是一种鲁莽的行为，一旦落选就会招致人们的强烈反感。

可即便如此，恺撒毕竟是恺撒，他花了很多钱，周全地买通了别人，取得了众人的支持，最终如愿以偿当上了大祭司。从此以后，恺撒就一直担任大祭司并坚决不退位，最终他成为了终身大祭司。

奥古斯都效仿恺撒的做法，继任了大祭司。于是，这种做法被历代皇帝所承袭，如果当皇帝的话就一定要兼任大祭司，它逐渐成为罗马的一项传统。

如今罗马帝国消失了，但实际上"Pontif.Maxim."的称号至今仍在延续，传承的地方就是现在的梵蒂冈。日本可能很多人不知道，罗马教皇的正式名称是"Pontif.Maxim."，与大祭司同名。所以笔者有时会对学生说"恺撒大帝是罗马教皇"，这句话掺杂了玩笑，但也有部分源自真实。

普里马·波尔塔遗址上的奥古斯都像

那么，恺撒为何如此执着于"大祭司"的职位呢？笔者推测，令恺撒魂牵梦萦之物其实是"权威"，当然这只是笔者的一家之言。

罗马人对神灵的敬畏心是远近闻名的，大祭司的存在于他们而言象征着特别的权威。恺撒大帝或许发自本心地认为，自己处于万人之上，就应该成为拥有宗教权威、抑或能够向神灵传达谦恭之意的人。当恺撒的伯母尤莉亚去世的时候，恺撒在她的葬礼上宣称尤莉亚是众神的子孙，且恺撒所在的尤利乌斯家族也与女神维纳斯（象征爱与美的女神）有着血缘关系，其实他这么说的目的在于暗示自己的出生自带神圣光环。

后来恺撒的接班人奥古斯都也担任了大祭司，并且以他之名建造了众多和平祭坛与神殿。笔者之前提到过，奥古斯都头衔中的"DiviF."代表"神之子",这里的"神"就是指"恺撒大帝",这是恺撒去世后,元老院为了辅佐屋大维、防止后三头同盟中的马克·安东尼掌权,而将恺撒神格化的结果。这样一来,恺撒之子(养子)奥古斯都便可以凭借"神之子"的名号获得权威。

奥古斯都的雕像中也传递出同样的信息。他具有代表性的雕像是位于普里马·波尔塔的奥古斯都像(梵蒂冈美术馆收藏),在它的脚下有一个小小的埃涅阿斯(丘比特),这个设计是有寓意的,因为埃涅阿斯是女神维纳斯的儿子,相传维纳斯与恺撒所在的尤利乌斯家族又有血缘关系,而奥古斯都又是恺撒的儿子,因此它在变相暗示奥古斯都拥有神圣血统。

因为普里马·波尔塔的奥古斯都像声名远扬,所以人们一提到奥古斯都,就会联想到他身穿盔甲的形象,但其实从罗马发掘出来的奥古斯都雕像,大多是以托加长袍[1]盖着头部的形象面世的。

托加长袍是罗马市民的一种服装,由半圆形的长布组成。常见的穿法是,将长布搭在左肩上,让长布自然垂落,再将身后的长布绕到身前包裹全身,最后扎在弯曲的左臂上,整件托加袍上会出现自然的皱褶与纹路。托加长袍是罗马市民的正装,在宗教场合的穿法是用它包裹住头部,因此用托加袍盖住头部的奥古斯都像也与他

---

1. 托加长袍(拉丁文:Toga,简称托加,或称罗马长袍)是最能体现古罗马男子服饰特点的服装。它是一段呈半圆形长约6米,最宽处约有1.8米的羊毛制兼具披肩、饰带、围裙作用的服装。穿着时一般在内穿一件麻制的丘尼卡(拉丁文:Tunica),然后将托加搭在左肩并围绕全身。托加也是罗马人的身份象征,只有男子才能穿着,而女子只能穿斯托拉(拉丁文:Stola)及帕拉(拉丁文:Palla),而没有罗马公民权者更是被禁止穿着托加。

大祭司的身份相符合。从中可以推测，比起军人形象，奥古斯都或许更希望世人们记住他大祭司的"虔诚"形象。

无论是恺撒还是奥古斯都，都想证明在宗教氛围浓厚的罗马社会中，自己是最适合担任敬奉神明的大祭司一职的人。现代无神论者或许会觉得古代掌权者渴求神权附体的做法不可理喻，然而在古代社会中，人们对于神灵的存在深信不疑，譬如关于打雷的自然现象，现代人因为知道科学原理所以视为稀松平常，然而古代人囿于认知水平，碰见电闪雷鸣就以为是天神在发怒，他们将无法解释的现象都归结于神的行为，比如地震、火山喷发、水灾、旱灾、瘟疫，等等，而且他们并不知道"众神的愤怒"什么时候殃及自己，于是对神之存在既相信又敬畏。

考证历史，尤其是古代史，就需要结合当时人们的思维认知水平。如果不这样做的话，我们就无法理解为何恺撒和奥古斯都会执着于大祭司的职位，也无法探知大祭司所代表的权威究竟意味着什么了。

身穿托加袍的奥古斯都

这是一座披着象征罗马市民地位的"托加袍（外衣）"的雕像。奥古斯都为了迎合当时人们的心理，通过雕像展现自己作为大祭司而侍奉神灵的虔诚信仰。（罗马国立博物馆藏。）

第六章
继承者问题撼动了帝政的根基

慧眼识珠的恺撒发现奥古斯都的潜质

恺撒为什么要指定资历尚浅的屋大维作为自己的继承人呢？他没有直系的子嗣来继承王位、只能选择有血缘关系的屋大维固然是一方面原因，但真实原因不止于此。

或许恺撒大帝发现了屋大维身上所具备的"为政者的资质"吧，从屋大维十几岁的时候开始，恺撒就会带他上战场，并让他参加自己的凯旋仪式，对屋大维的成长相当上心。也许在那个时候，恺撒大帝就已经看好屋大维，并且希望他能成为自己的继承人了吧。

凯旋仪式是为胜仗中的立功者举办的仪式，让他们接受万众的瞩目与赞赏，能够参加本身就意味着莫大的荣誉。如果把它比作现代仪式的话，笔者认为它很像日本 GI 赛马大奖赛的闭幕式，相关人员会牵着马中之魁的缰绳，从观众席前走过接受人们的注目礼。理论上只有马的主人、骑手、驯兽师等与胜利直接相关者能够参加闭幕典礼，可实际运行过程中，上述相关人员的家人、朋友等没有为胜利做出直接贡献者也可以参加。

同理，罗马的凯旋仪式上也会出现并没有直接参战的人，不过只要他陪伴在恺撒左右，就会受到同样的礼遇。

如果说恺撒对屋大维有不满意的话，大概只有一点，那就是屋大维从小就体弱多病。那个时代的当政者，不仅要有政治家的能力，统率千军万马的能力也是不可或缺的。也许恺撒隐约感觉到屋大维的军事才能有所欠缺，才特意带他去战场以训练他的战斗素养吧。

所幸，屋大维的勇敢弥补了他体力上的弱势。随恺撒大军远征希斯帕尼亚的时候，屋大维与庞培的儿子们虽然都身负重伤，但他们仍然顽强战斗，并且即使遭遇海难、船只损毁，他也不会停下进军的步伐。种种逸闻都反映出屋大维一往无前的气魄。

恺撒非常看好屋大维，认为他未来可期，不仅任命他担任祭司，还以"进修"为名，送他去巴尔干半岛西部的阿波罗尼亚留学，留学期间，屋大维与阿格里帕的友谊迅速升温，在日后的人生中他们俩也一直是相互扶持的挚友。

还有一种可能性，那就是恺撒因为赏识阿格里帕[1]（前63—前12）的才能，才敢放心地指定屋大维作为继承人，毕竟阿格里帕是屋大维的左膀右臂，并且正因为阿格里帕将自己取得的赫赫战功尽数让给了屋大维，才使得屋大维功勋卓著，能够荣登皇位。这么一来

---

1. 阿格里帕出身平民，出生于罗马城郊，父亲是卢修斯•维普撒尼乌斯•阿格里帕，有一个姊妹维普撒尼娅•波拉。他与屋大维同龄，两人是童年时的挚友。公元前45年的蒙达战役中屋大维与阿格里帕同在恺撒麾下担任骑兵军官，随后阿格里帕参加了对抗加图以及在阿非利加的共和派的战斗。恺撒在战役结束返回罗马后，收养了屋大维。当恺撒在罗马巩固权势之际，他派遣阿格里帕与屋大维随同马其顿军团前往阿波罗尼亚学习。一并前往的还有恺撒的一位友人之子盖约•梅塞纳斯。

就更能理解恺撒的选择了。

政敌安东尼利用屋大维依靠阿格里帕的辅佐取得战功这一点讽刺道："那个男人只用躺在床上凝视天空就好了。他只需保持一副垂死的样子一动不动，拼死杀敌的阿格里帕自然会把军功送到他手中。"

与屋大维和阿格里帕一同留学的，还有将来在文学、政治方面辅佐屋大维的盖约·梅塞纳斯[1]（前70—前8）。梅塞纳斯不图元老院议员的身份和高官厚禄，他只是作为屋大维的私人秘书一直暗中支持他。

能够让有才华的亲信们一直心甘情愿为他卖命，笔者猜想屋大维一定是一个公私分明的人吧。据说私下生活里的屋大维是一个非常热情、温厚的人。

屋大维成为奥古斯都后的某一天，他和会计正在散步，会计被突然蹿出来的猪吓了一跳，不小心撞到了奥古斯都后仓皇而逃。作为侍从，他的失态本应该受到惩罚，但是当时的奥古斯都笑着原谅了胆小的会计。然而，奥古斯都并不会滥用宽厚之心，当他的侍从与元老院议员家的女性发生通奸丑闻的时候，他严惩了当事人，将侍从的脚砍断了。

---

1. 盖约·梅塞纳斯是罗马帝国皇帝奥古斯都的谋臣，著名的外交家，同时还是诗人和艺术家的保护人。诗人维吉尔和贺拉斯都曾蒙他提携。他的名字在西方被认为是文学艺术赞助者的代名词。

列举这些事例并不是说屋大维有两副面孔、喜怒无常，相反它们恰恰反映出了他的理性，他会冷静地审时度势，区分公私场合、事态的严重程度以做出合适的判断。恺撒就是公私分明的人，而屋大维在这方面还要更胜一筹。这便是至关重要的"皇帝的资质"了吧。

以恺撒为鉴的奥古斯都

当恺撒死于暗杀者的刀刃下时，盖乌斯·屋大维还只是个19岁的青年。不过后来，屋大维在阿克提姆海战中击败了政敌安东尼，成为了罗马事实上的掌权者，完美地回应了养父恺撒的生前期待。

笔者在前章也提到过，掌权后的屋大维选择了一条与恺撒完全不同的路。

恺撒在公元前49年到公元前44年的五年统治期间，获得了各种各样的特权。当然，这些权力并不是恺撒自己争取来的，而是周围人为他加冕的。然而当恺撒真正接受了所有的好处，成为了终身独裁者的那一刻，他又被当作"蔑视共和政的独裁者"而被杀了。亲眼目睹了恺撒下场的屋大维，即便元老院和公民大会想把种种特权加诸其身，他都拒绝了，只接受了一部分的行省总督任命权和保民官的职权。

屋大维成为奥古斯都以后，对保民官一职情有独钟，每年在保民官改选时都要续任。同一届保民官有好几位，且规定任期为一年，奥古斯都并没有成为终身保民官，而是始终担任几位保民官中的一位，只不过任期无限延续。

为了避免与元老院产生对立，当时的屋大维还把手中的所有特权都返还给了元老院，始终以"第一公民"[1]（Princeps）自称，以示对共和政的坚守。就这样，在公元前 27 年，屋大维被授予了象征"至尊至圣者"的称号"奥古斯都"，随后他就以奥古斯都之名，表面上维护共和政之形式，事实上却在施行帝政的那一套。

奥古斯都与恺撒的区别在于，奥古斯都学会了表面功夫，看似权力没有集中在他一人身上，其实不然。奥古斯都的聪明之处是，在他治世的 40 年期间，在共和政时期的国家制度几乎不变的情况下，他又创造出了新的机制。不改变国家原有的运营制度，却在版图扩张后的帝国实行实质性的独裁统治，能够掩人耳目做到这一步着实厉害。而且，奥古斯都不仅顺理成章地完成了这一切，还获得了民众极大的信任，真不愧是天生当皇帝的料。

看似奥古斯都以恺撒为反面教材走上了与之相背离的道路，但其实他也继承了恺撒的思想，即"如今现存的体制已经无法治理庞大的帝国罗马了，如果不建立新的政体，恐怕就无法应对帝国时代的危机"。恺撒的终极目的其实也并不是自己称王，而是在认清罗马社会现状的基础上，想要构筑更好的政治体制。

具体而言，"建设殖民城市"就是奥古斯都继承恺撒遗志的标志吧。布匿战争中经历过烈火燎原般洗礼的迦太基国土变成寸草不生，奥古斯都继承了恺撒未完成的心愿，在迦太基的断壁颓垣上建

---

1. 第一公民是罗马皇帝的正式头衔，被某些历史学家视为在古代罗马决定皇帝归属的头衔。皇帝奥古斯都在公元前 23 年首次采用此头衔。

立了新的殖民城市。建设殖民地的同时，奥古斯都还实行了赋予行省人民以罗马市民权的政策。如此一来，罗马的价值观就会推及各个行省，以便罗马对它们进行控制，并且奥古斯都此时也效仿了恺撒的做法，对有归顺之意者展现出"Clement"的一面，绝不会将罗马的做法强加给各行省。结果就是，行省的人们对罗马满怀憧憬，自己纷纷主动模仿罗马的制度。

另外，奥古斯都意识到把罗马建设成类似世界首都的壮丽都城，也是帝国罗马发展的必然趋势吧。罗马原本是个防洪防火能力极弱的城市，几次遭受天灾之后街道便呈现破败之势，身为堂堂帝国首都，这番景象太寒酸了。

奥古斯都在自己的著作《神皇奥古斯都功德录》(*Res gestae divi Augusti*) 中写道："要把罗马建设成砖瓦之城和大理石之城，并传承下去。" 正如这句话所描述的那样，罗马在奥古斯都的整治下，脱胎换骨，化身成为配得上帝国名号的壮丽都城。

恺撒曾有言，罗马社会需要什么我们就做什么，要以建设更好的罗马为目标。一言以蔽之，就是"罗马的安宁、帝国的和平"。

战乱持续了百年之久，恺撒最迫切希望看到的就是罗马的和平。奥古斯都在成为事实上的皇帝时，举行了只有在战争结束时才举行的"亚努斯[1]神殿"的关门仪式。笔者猜想他通过这个仪式，向民众传递一个信息——内乱的漫长时代终于结束了。

---

1. 亚努斯，罗马最古老的神之一。他起初是太阳和光明之神，掌管天门的启闭，给大地带来光明，使季节、月、日更迭，后来成为守卫一切门户、通道的门神和象征一切事物开始的神。

罗马的统治体制

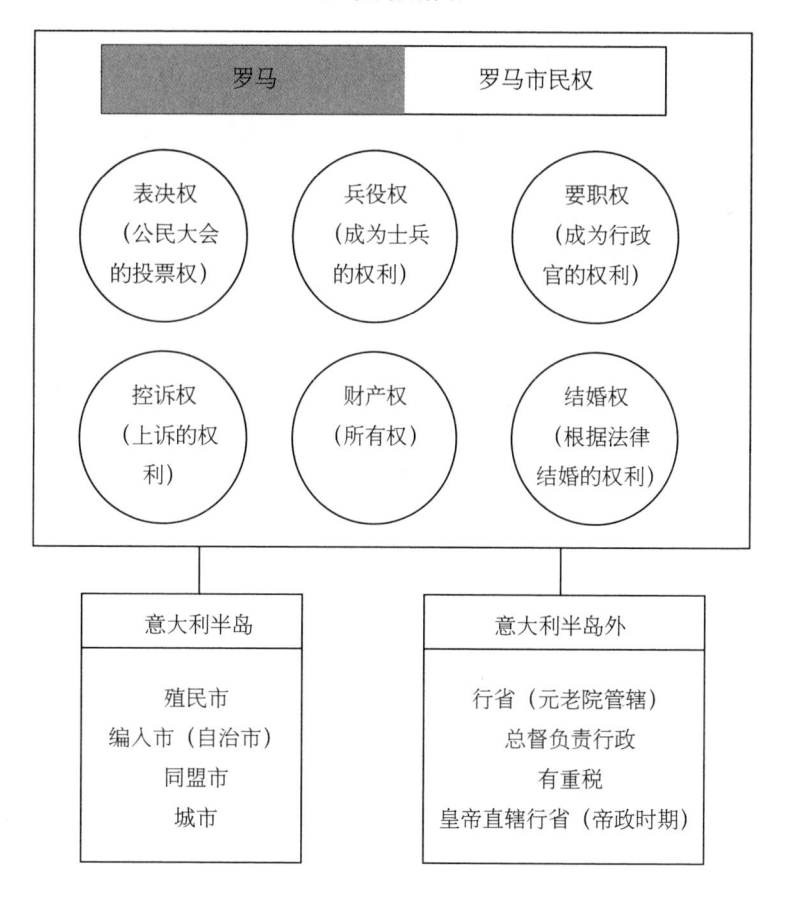

```
┌─────────────────────────────────────────────────┐
│   ███████ 罗马 ███████   │    罗马市民权         │
│                                                 │
│   ┌─────────┐   ┌─────────┐   ┌─────────┐      │
│   │ 表决权  │   │ 兵役权  │   │ 要职权  │      │
│   │(公民大会│   │(成为士兵│   │(成为行政│      │
│   │ 的投票权)│  │ 的权利) │   │ 官的权利)│     │
│   └─────────┘   └─────────┘   └─────────┘      │
│                                                 │
│   ┌─────────┐   ┌─────────┐   ┌─────────┐      │
│   │ 控诉权  │   │ 财产权  │   │ 结婚权  │      │
│   │(上诉的权│   │(所有权) │   │(根据法律│      │
│   │   利)   │   │         │   │结婚的权利)│    │
│   └─────────┘   └─────────┘   └─────────┘      │
└─────────────────────────────────────────────────┘

┌──────────────┐      ┌──────────────────────┐
│  意大利半岛  │      │    意大利半岛外      │
│              │      │                      │
│   殖民市     │      │  行省（元老院管辖） │
│ 编入市（自治市）│   │  总督负责行政        │
│   同盟市     │      │  有重税              │
│   城市       │      │  皇帝直辖行省（帝政时期）│
└──────────────┘      └──────────────────────┘
```

当罗马的街道焕然一新的时候，新的数量庞大的公共建筑也拔地而起，其中有数不清的神殿，大概身为大祭司的奥古斯都想向神明祈求罗马的和平吧。我不知道建造神殿之举，是继承了恺撒的遗志还是奥古斯都自己的想法，总之有一点很确定，那就是恺撒所期望的罗马和平，最终由继承人奥古斯都实现了。

唯一困扰奥古斯都的继承问题

看似一切都在预定的轨道有条不紊地运行，但有一个问题一直萦绕在奥古斯都的心头。那便是"继承问题"。

奥古斯都虽然结过三次婚，但都没有亲生儿子。亲生的孩子只有和前妻斯克里波尼亚所生的女儿——尤莉亚。

奥古斯都之妻，提比略之母

因此，最初奥古斯都对第三任妻子利维亚在前一段婚姻中所生的两个儿子——提比略[1]（前42—37/14—37在位）和德鲁苏斯，抱有很大的期待。然而，他们俩与奥古斯都没有血缘关系，因此被视为不属于圣尤利乌斯家族，被排除在候选人之外。

于是，后继无人的奥古斯都让女儿尤莉亚与他姐姐的儿子，也就是他的外甥马尔库斯结婚，但马尔库斯却在十几岁的时候就英年早逝了。失去继承人的奥古斯都决定让女儿尤莉亚再婚，并把希望寄托在女儿生的孩子身上。可尤莉亚的再婚对象也会对王位构成威胁。今后出生的孩子长大之前，如果奥古斯都遭遇什么不测，女儿再婚的对象就会来争夺帝位。

---

1. 提比略，全名提比略·恺撒·奥古斯都（前42年11月16日—公元37年3月16日），原名提比略·克劳狄乌斯·尼禄或提比略·尤利乌斯·恺撒，中文又译作提庇留或提贝里乌斯。罗马帝国第二位皇帝，尤利乌斯·克劳狄王朝第二位皇帝，公元14年9月18日—公元37年3月16日在位。

再三考虑之下，奥古斯都选择了与自己并肩作战多年的朋友，同时也是自己心腹的阿格里帕。奥古斯都特意让已婚的阿格里帕离婚，与尤莉亚再婚。阿格里帕比尤莉亚年长25岁，但两人却生下了三个儿子和两个女儿。奥古斯都乐于将外孙盖乌斯和卢修斯收做养子，作为继承人候补。

然而公元前12年，阿格里帕去世了，面对尚且年幼的孩子们，奥古斯都开始被不安之感所攫住。如果现在自己也一命呜呼，年幼的孩子们别说是继承皇位了，有没有人能保护他们都不知道。

于是，奥古斯都逼迫第三任妻子利维亚的成年儿子提比略与妻子离婚，再与尤莉亚结婚，强迫他成为年幼的外孙们的监护人。深爱妻子的提比略虽然不满这个自私的命令，但皇命难违。公元前11年2月，提比略不情不愿地和尤莉亚举行了婚礼。

这场婚姻对尤莉亚和提比略来说，都是不幸的。因为是被迫与不喜欢的对象结婚生活，提比略无论如何也无法爱上尤莉亚，两人的结婚生活很快就破裂了。尤莉亚与其他男人传出了绯闻，但提比略对此既没有责备，也没有提出离婚。究竟是讨厌千疮百孔的结婚生活，还是不想被卷入继承人之争中，又或许这两方面兼而有之吧，总之公元前6年，提比略一个人去了罗德岛隐居。

奥古斯都的外孙盖乌斯和卢修斯，在民众中也很受欢迎，特别是长外孙盖乌斯，貌似可以顺利步入继承帝位的道路。然而天不遂人愿，公元2年弟弟卢修斯暴病而亡。两年后的公元4年，盖乌斯也因为在战争中受伤而生病去世了。其实，自古以来就有一个传闻，那就是，利维亚为了让自己的儿子继承帝位而杀了奥古斯都的两位外孙。虽然没有确实的证据，但这也并非空穴来风。

实际上奥古斯都还有一个外孙，他是尤莉亚和阿格里帕所生的第三个儿子——阿格里帕·波斯杜姆斯，所以在盖乌斯和卢修斯死后，他和提比略一起被奥古斯都收为养子，但是因为他性情粗暴，且一事无成，仅仅三年就被终身流放到普拉纳群岛了。

就这样，尤莉亚的儿子一个一个地离开了自己，奥古斯都也最终将没有血缘关系的提比略指定为继承人。虽然提比略有不错的军事才能，但奥古斯都似乎不太喜欢他。最终指定提比略作为继承人，只不过是因为其他候选人都死了，没有办法才选择他的。

因为提比略的亲生父亲是一个名叫提比略·克劳狄乌斯·尼禄的人，所以从奥古斯都到后世的尼禄，大家都拥有相连的血脉，这些皇帝们的元首政治也是历史上著名的"尤利乌斯·克劳狄王朝"。

笼罩在日耳曼尼库斯阴影下的提比略帝

提比略 55 岁时成为了奥古斯都的继承人，结束了困恼奥古斯都许久的继承难题，可当他登上了帝位以后，也开始因为后继无人而烦恼不已。

与尤莉亚婚姻生活破裂的提比略，虽然和前妻有儿子，但那个孩子并没有继承尤利乌斯家族的血统。于是，提比略就把弟弟德鲁苏斯的儿子日耳曼尼库斯[1]（Nero Claudius Germanicus，前 15—公元

---

1. 日耳曼尼库斯，是罗马贵族称号，指代人名时一般是指小日耳曼尼库斯（公元前 16/15 年 5 月 24 日—公元 19 年 10 月 10 日）。小日耳曼尼库斯是尤利乌斯·克劳狄王朝的一位王室成员，也是罗马帝国皇帝卡利古拉之父，生前颇受群众爱戴，他的名字日耳曼尼库斯来自他的父亲尼禄·克劳狄乌斯·德鲁苏斯，以纪念其父在日耳曼尼亚的军功。

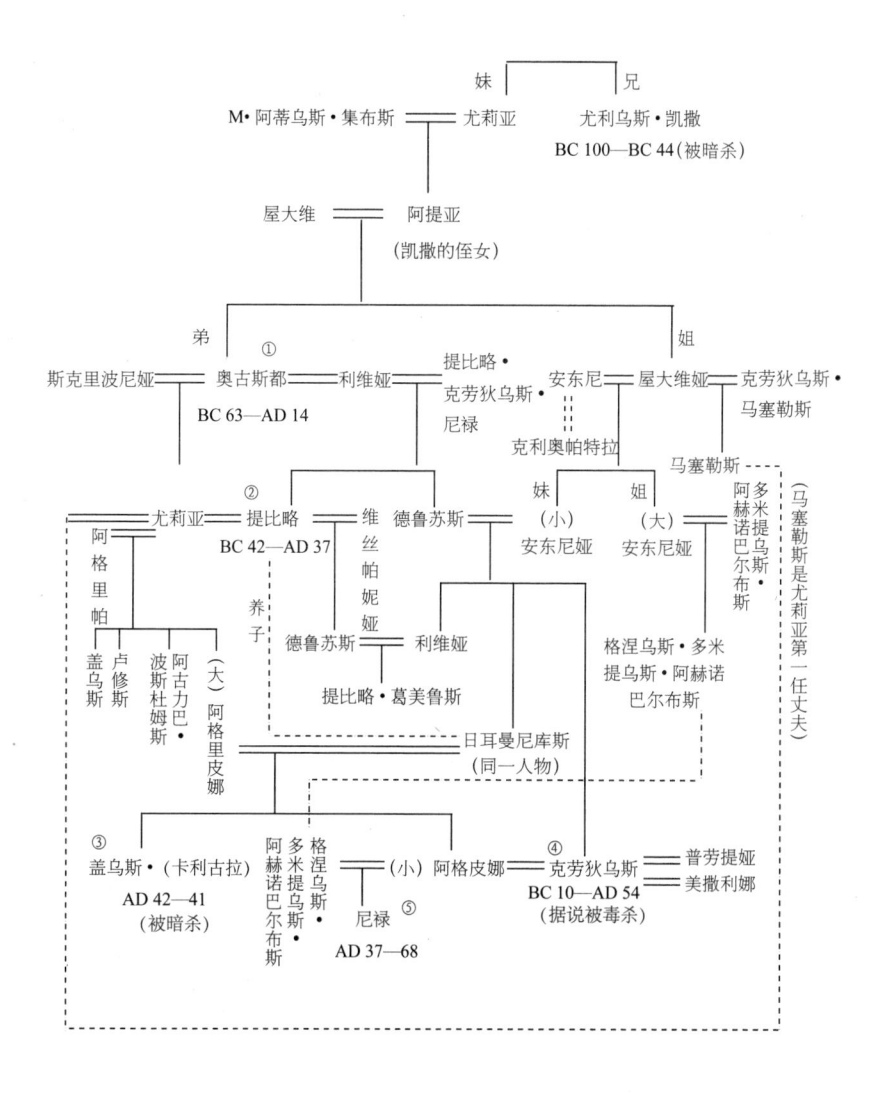

尤利乌斯·克劳狄乌斯王朝的族谱　　　　　　　　　　　　　　　　**数字是皇帝的顺序**

```
                          妹─────兄
M·阿蒂乌斯·集布斯 ═══ 尤莉亚    尤利乌斯·凯撒
                                BC 100—BC 44（被暗杀）
                │
         屋大维 ═══ 阿提亚
                  （凯撒的侄女）
                      │
   ┌──────弟──────┬───────────┬──────姐──────┐
斯克里波尼娅═══奥古斯都═══利维娅   提比略·   安东尼═══屋大维娅═══克劳狄乌斯·
              ①BC 63—AD 14     克劳狄乌斯·              马塞勒斯
                              尼禄     克利奥帕特拉    马塞勒斯 ┈┈┈┈┐
                                                              │ （马
       ┌──────────────────┬───────┐                          │ 塞
       尤莉亚═══② 提比略  维丝    德鲁苏斯═══妹   姐          阿 勒
   阿             BC 42—AD 37 帕              （小） （大）    赫 斯
   格                         妮               安东  安东  多   诺 是
   里                         娅  养           尼娅  尼娅  米   巴 尤
   帕                              子                      提   尔 莉
                              德鲁苏斯═══利维娅            乌   布 亚
   ┌────┬────┬────┐                                       斯   斯 第
   盖 卢 阿 波 （大）         提比略·葛美鲁斯   格涅乌斯·多米                一
   乌 修 古 斯  阿格里皮娜                     提乌斯·阿赫诺                任
   斯 斯 力 杜                                 巴尔布斯                    丈
         巴 姆                                                              夫
         · 斯                  │                                          ）
                    ┌─────日耳曼尼库斯─────┐
                              （同一人物）
                                │
   ┌─────┬──────┬──────┬──────┬──────┐
   ③盖乌斯· 格  多  （小）阿格皮娜 ④克劳狄乌斯═══普劳提娅
   （卡利古拉）涅 米  尼禄             BC 10—AD 54   美撒利娜
   AD 42—41  乌 提   ⑤               （据说被毒杀）
   （被暗杀） 斯 乌  AD 37—68
             · 斯
             阿 ·
             赫
             诺
             巴
             尔
             布
             斯
```

19) 收为养子，当作自己的继承人。

提比略登上帝位之时，日耳曼尼库斯刚好28岁，他的父亲是现任皇帝的亲弟弟德鲁苏斯，母亲是先帝奥古斯都的姐姐屋大维娅与先帝的政敌安东尼所生的小安东尼娅，并且，日耳曼尼库斯的妻子是奥古斯都的外孙女——大阿格里皮娜。因此，日耳曼尼库斯拥有着成为继承人无可挑剔的血统。

似乎奥古斯都在世时就已经注意到了日耳曼尼库斯的存在，于是奥古斯都让提比略收养他作为养子，或许奥古斯都真正看好的皇帝人选是日耳曼尼库斯，提比略只是日耳曼尼库斯就位前的一个起承上启下作用的皇帝。

日耳曼尼库斯不仅血统优越，而且勇猛过人。他身材魁梧、眉清目秀，有学识，善雄辩，功勋傍身让他熠熠生辉，然而他却从不炫耀自夸，待人接物都传递出友善与温暖，这些优点足以使他成为一名优秀的君主。罗马人民也非常喜爱这位集美德、勇气和才华于一身的年轻人，他的人气不断高涨。

然而，在公元19年，提比略登上帝位还不到五年时间，日耳曼尼库斯就被派去叙利亚解决行省问题，最后病死在叙利亚。享年33岁。

日耳曼尼库斯的讣告在民众中引发轩然大波，据说罗马市民悲痛欲绝，亲眼见过他的行省人民泪流满面，异国的国王也表示惋惜，甚至就连敌人都暂时休战来哀悼他的离世。

因为讣告来得太突然，人们开始怀疑日耳曼尼库斯的死因，不知从哪里传来了他被毒杀的流言。犯罪嫌疑人是叙利亚的总督、与日耳曼尼库斯势不两立的皮索。结果，皮索因为被人怀疑毒杀日耳曼尼库斯且洗不清嫌疑，被逼无奈只得自杀。然而，即便皮索死了，人们对于真凶的搜查还没有结束。后来的风向逐渐变成认定皮索是实行犯，幕后黑手应该另有其人，甚至谣言越传越夸张，最终发展成了提比略因为嫉妒日耳曼尼库斯的人气而让皮索杀了他。这种谣言当然是空穴来风。

虽然无法探知提比略的内心真意，但至少他在人前人后都表现出了无尽的惋惜之情。可即便如此，人们还是私下议论说，提比略明明巴不得日耳曼尼库斯早点去世，却还戴着一副痛心疾首的假面。

在奥古斯都和日耳曼尼库斯二位的光辉形象衬托之下，提比略的功绩显然黯淡不少，然而笔者却认为他是一位非常优秀的行政官员。他之所以相形见绌，是因为他在为政的最初 10 年间就已经实施了许多有力的行政举措，剩下的 10 年统治期间，他便离开了罗马，隐居在了卡普里岛。换个视角来看，他能够在治世的前 10 年就建立起一个顺畅运转的行政体统，而后功成身退，足以证明他卓越的执政能力了。

实际上提比略隐退之后也并不是完全不理朝中之事，他指定当时的近卫军长官谢雅努斯替他料理罗马事务，然而谢雅努斯在政治上随心所欲、恣意妄为，远在卡普里岛的提比略发现之后，认为扰乱朝政者虽远必诛，于是将谢雅努斯处以死刑。

提比略不是恺撒和奥古斯都那样的开先河之人，所以在人气和超凡魅力方面不及二位先皇，然而在笔者眼中，他作为第二代的皇帝，已经尽职尽责地完成了他的使命，不应该被埋没。

日耳曼尼库斯之死也引发了各种各样的问题，迫使提比略重新考虑继承者。候补者有两位。其中一位是日耳曼尼库斯的遗孤盖乌斯，另一位是德鲁苏斯之子——提比略·葛梅鲁斯。这道选择题终究变成了，皇位传给日耳曼尼库斯的儿子还是自己的孙子。

最终提比略指定日耳曼尼库斯的儿子盖乌斯作为继承人。这个盖乌斯也就是后来的卡利古拉帝（12—41/37—41在位）。

公元37年，提比略在卡普里岛对岸的坎帕尼亚巡视时，身体状况急转直下，在海边的别墅静静地驾鹤西去了，享年79岁。

可悲的是，当他的死讯传到罗马的时候，罗马市民并不感到悲伤，相反都是喜极而泣。因为民众受到谣言蛊惑，一直认为提比略是杀死日耳曼尼库斯的幕后黑手，相传甚至有人提议把提比略的遗体扔进台伯河。无论是先帝奥古斯都、提比略之妻尤莉亚、还是罗马市民，他们都不待见提比略，被众人曲解的提比略就这样抱憾而终。

沉迷于"面包和马戏"的罗马人

提比略不受罗马市民喜爱的理由之一是，他总是给人一种"阴郁的印象"。与恺撒和奥古斯都面对市民的口若悬河、慷慨解囊相比，提比略就低调多了，在他统治的后10年中，提比略一直隐居于卡普里岛，几乎没留下什么让人印象深刻的政治举措。

虽然中规中矩的提比略多少给人留下了小气的印象，但民众对提比略不满的最大的原因是，提比略不愿举办剑斗士[1]表演和战车比赛等竞技娱乐项目。罗马历史上素来有"面包和马戏"一词，这句话出自讽刺诗人尤维纳利斯[2]。

曾经关注权势、国威和军事的罗马市民们，如今变得安于现状，只把两件事放在心上，面包和马戏。

"面包"是指提供给市民的谷物，"马戏"是指供市民观赏消遣的各种节目。换言之，尤维纳利斯在感叹罗马市民依赖粮食供给变得不愿工作，一味沉迷于娱乐生活，开始不问政治。顺便一提，这里所说的"马戏"并不是杂技，在英文中对应的单词是"circus"，表示战车赛跑中使用的椭圆形路线。

"面包和马戏"在提比略当政时代已经相当普及，虽然不清楚具体起源于何时，但是有记录显示，早在共和政末期的公元前133年，当时提比略·格拉古当上了保民官，开始进行土地所有制度的改革。当时社会上有产者与无产者的阶级差距急剧增大，都市中因

---

1. 剑斗士，又译"角斗士"，古罗马时代从事专门训练的奴隶、被解放的奴隶、自由人或是战俘，他们手持短剑、盾牌或其他武器，彼此角斗，博得观众的喝彩。在大约2000年之前的罗马帝国，类似的娱乐项目备受欢迎。
2. 尤维纳利斯，罗马伟大的讽刺诗作家，19世纪资产阶级革命高涨的年代，他的作品受到了极大的欢迎。人们认为他是揭露罗马贵族和暴君的战士。席勒、海涅、雨果都给予他很高的评价，称他为"一个最伟大的罗马人"。

为失去土地而游荡的无产市民也与日俱增。我们知道帝政时期是由皇帝为市民提供"面包和马戏",然而早在没有皇帝的共和政末期,这个艰巨的任务就落在了贵族头上。起初,这些也并不是免费提供的,而是以低于市场的价格有偿卖给市民。换言之,有产者通过"面包和马戏"无形中实现了对无产者的财富再分配。

"面包"确实是贫困的无产者赖以生存的必需品,然而为什么还要提供类似于剑斗士表演的"马戏"呢?

剑斗士竞技最初起源于坎帕尼亚[1],是在葬礼上举行的仪式。也许读者们会问,为什么举行葬礼会需要这种仪式?因为当时人们的观念中认为,亡者的灵魂需要活人血液的滋养才能获得永远的安息。因此葬礼上的剑斗士比武,不是以一方的死亡来结束战斗,只要一方流血受伤、胜负已分即可停止。

罗马的记录中最古老的剑斗士竞技,发生在公元前264年,是在尤利乌斯家族里一名叫佩拉的人的葬礼上举行的。当时并没有固定的竞技场,举办的场地就是广场或个人宅邸。

从"宗教仪式"到"观剧演出"的转变发生在共和政末期。通过奴隶制大地产所有制完成了财富积累的贵族,为了炫耀自己的财富,就训练自己的奴隶,让他们参加剑斗士比赛。公元前73年,众所周知的斯巴达克斯叛乱的中心人物——斯巴达克斯,就曾经是一名剑斗士。当时的剑斗士大部分都是奴隶或者战俘。

剑斗士表演频繁举办的结果,就是专用的竞技场被建造出来,

---

1. 坎帕尼亚,位于意大利半岛南部、亚平宁山脉南麓、濒临蒂勒尼安海。

剑斗士表演也变成了市民固定的娱乐项目。因此，想要登上权力宝座者，会为了讨好民众、收获人气而投民众所好。恺撒当年就花了一大笔钱多次举办剑斗士表演。奥古斯都也沿袭了恺撒的做派，于是到了提比略时代，皇帝为市民提供娱乐表演好像成了一项义务。

那个时代既没电视也没电影，所以看见人与人或人与野兽在眼前的战斗场面是很刺激的，可为什么罗马人会对此类血腥表演感到兴奋、狂热呢？更有趣的是，随着时间推移，罗马迎来了和平时代，可是和平时代的剑斗士演出中，剑斗士的死亡率反而变得更高了。

剑斗士之间的对抗起初死亡率并不高，因为如果每次比赛一定要拼个你死我活，那么每场演出过后，剑斗士的人数就会减半，幸存者也会身负重伤。因此通常情况下，当一方失去武器、胜负已分的时候，胜利者就会一边作势要杀对手，一边问观众们："要不要杀了他？"虽然决定失败者生死的权力在主办方手上，但由于主办方的目的就是取悦观众，因此可以说实际上是观众在主导失败者的去留。勇敢战斗的剑斗士，即使输了也会被观众原谅，但消极战斗或使用卑劣手段者会被观众讨厌，多数情况下会被杀掉。剑斗士群体本身也深谙这条潜规则，因此实战中，大约平均每五场战斗会被观众处死一人。

以上都是公元3世纪的记录。然而从那不勒斯到罗马的路途中的某处，后人发现了一块石碑，上面记载着："进行了11组决斗，死亡人数11人"，也就是说，失败的一方无一例外都被杀死了。

为什么和平年代里剑斗士死亡率反而更高呢？笔者也没有明确的

答案，或许和平年代的罗马人，需要通过观看残酷的表演，才能维持对于战斗的热情和勇气吧。无论社会多么和谐稳定，罗马这个国家的本质，都是在共和政法西斯主义的基础上建立的军国主义国家啊。

罗马的市民兼有士兵的身份，因此无论生逢何时，统治者都会希望他们做好随时战斗的心理准备，残酷的竞技比赛也是为了让他们保持战斗的热血吧。

因病而性情大变的暴君卡利古拉

嫌弃提比略的罗马市民们，终于欢喜地迎来了新的皇帝——盖乌斯，仅仅因为他是日耳曼尼库斯的儿子。

日耳曼尼库斯和大阿格里皮娜原来有六个儿子和三个女儿。小儿子盖乌斯出生的时候，已经有三个哥哥去世了，剩下的两个哥哥，也在提比略在世时被卷入阴谋和肃清的风暴中而丧命。换言之，盖乌斯是日耳曼尼库斯唯一幸存下来的儿子，所以他理所当然继承了皇位。

人们期盼着这位继承了日耳曼尼库斯血脉的24岁的年轻皇帝，能够一扫提比略时代的阴沉气氛。他有一个通称叫"卡利古拉"，这并不是正式的名字，而是当年日耳曼尼库斯带着年幼的盖乌斯远征日耳曼时，士兵们为他取的绰号，意思是"小军靴"。

> 卡利古拉帝出生于军营，与军团的士兵们相伴长大。他像个小战士，战士们给他起了个外号叫"卡利古拉"（小军靴）。因为他平时会根据下级军官们的喜好穿小军靴。
>
> （塔西佗《编年史》）

据说盖乌斯本人很讨厌这个外号,他成为皇帝后说不允许别人叫他"卡利古拉",否则就会受到惩罚。然而,他的名字却以"恶名昭著的卡利古拉帝"的方式而永载史册。

恶名远扬的卡利古拉,登上王位的最初半年里,也展现出了皇帝的风范。他大赦政治犯,给士兵增加礼金,给民众减税,还给士兵分发了皇帝的恩赏。其中最得民心的举措是,他恢复了在提比略时期几乎绝迹的剑斗士等观剧演出。

然而好景不长,卡利古拉当了半年皇帝,他的统治风格就发生了翻天覆地的变化。虽然不清楚具体病名,但总之卡利古拉患上了某种重病。两个多月后他就康复了,可是从此以后性情大变,传说中的种种卡利古拉式暴虐行为,就是自那以后发生的。鬼门关前走一遭的卡利古拉陷入了被迫害的妄想,每天都怀疑周围人在密谋暗杀自己,于是他滥用弑君罪罪名,判处了很多人死刑。

华丽的演出最初也让民众兴奋,然而当听说自己喜爱的赛马过着非同寻常的奢侈生活后,大家也渐渐意兴阑珊。据说赛马生活在大理石的马厩里,里面放着象牙做的桶,用镶嵌着宝石的紫色毛毯作头巾,可谓是穷奢极欲的生活。

卡利古拉千金散尽的花钱方式,将提比略留下的30亿塞斯特尔提乌斯[1]的遗产很快挥霍一空。钱财用尽以后,卡利古拉就给富裕的贵族冠上莫须有的罪名处刑,目的是没收其财产,他还制定了

---

1. 塞斯特尔提乌斯是罗马的铜币。

新的税收制度。据不可靠的传言称,卡利古拉还在宫殿的一角里开了卖淫店,收钱营业。

卡利古拉的斑斑劣迹直接导致了他与元老院关系的恶化,他在民众中也失去了地位。于是公元41年卡利古拉就被暗杀了,他的统治期只有短短四年,也许这就是理所当然的报应吧。

暗杀卡利古拉的计划非常周密,他的亲信自不必说参与了暗杀计划,很多元老院议员也加入其中。卡利古拉是在看戏中场休息期间退席时被杀的。据说他的遗体上有三十多处的刺伤,由此可见卡利古拉的罪行真是罄竹难书。

初登皇位努力做一名贤君的卡利古拉,与生病后疑心重重、残暴无常的他判若两人,因此现在很多学者认为,卡利古拉也许是因病才导致了精神异常。

没人爱的克劳狄乌斯

暗杀卡利古拉的计划成功以后,元老院趁皇位虚位以待的时机,企图复兴共和政。然而一旦共和政复兴近卫军们就会面临失业,于是在元老院还没有决定具体事项之前,近卫军就让这项计划夭折了。

阻止了共和政复辟的近卫军急需树立新皇帝,有一天他们碰巧在宫廷中遇见了克劳狄乌斯[1](前10—公元54/41—54在位),于

---

1. 克劳狄乌斯是罗马帝国尤利乌斯·克劳狄王朝的第四任皇帝,公元41年至54年在位。他的统治力求各阶层的和谐,凡事采取中庸之道,修补了卡利古拉时期皇帝与元老议员之间的破裂关系,提高行省公民在罗马的政治权利,并兴建国家的实业。后期史学家认为,罗马帝国初期政治的中央集权统治形式,是在他的手中和平地转移完成的。

是就极力劝说克劳狄乌斯登基，并且在克劳狄乌斯同意的当天就宣布新皇帝即位。克劳狄乌斯的哥哥是受人爱戴的日耳曼尼库斯，因此元老院也就勉勉强强承认了新皇帝。

克劳狄乌斯做梦也没有想到自己有一天会成为万众瞩目的皇帝，因为他从小就没有得到很多关爱。他的相貌难看到就连亲生母亲都称他为"长成人类模样的怪物"；他的祖母非常瞧不起他，甚至不愿与他说话；他的姐姐还公开宣称："克劳狄乌斯成为皇帝，真是罗马国民之悲哀啊。"的确，克劳狄乌斯小时候曾得过怪病，且留下了后遗症，长大后的他动作不自然，口吃很厉害，还经常流口水和鼻涕。

连亲生母亲都不爱的克劳狄乌斯，周围人也不待见他，但他即位后就施展出了优秀的政治手腕，大致上建立起了罗马帝政时期的官僚体制。另外，日本人可能对克劳狄乌斯不太熟悉，不过他在英国的知名度很高，因为在他统治期间，不列颠岛成为了罗马的行省。20世纪代表性的英国作家罗伯特·格雷夫斯[1]写的《克劳狄乌斯自传》还成为了畅销书。

而且克劳狄乌斯是个具有前瞻性想法的领袖，当时的元老院议员一职规定只能由罗马人担任，高卢人不得染指，然而克劳狄乌斯打破了习惯做法，不拘一格降人才。

---

1. 罗伯特·格雷夫斯，英国诗人、小说家、评论家。第一次世界大战时任军官。因发表战争回忆录《向一切告别》(1929)而成名。战后移居西班牙。其历史小说和传奇小说有《克劳狄乌斯自传》(1934)、《克劳狄乌斯封神记》(1934)、《白色女神》(1947)、《荷马之女》(1955)等。

如此这般，克劳狄乌斯展现出了高超的执政水平，可是他却在与女人们的爱情方面频频失意。从没体验过爱情滋味的克劳狄乌斯也非常渴望爱情，终于他喜欢上了名叫美撒利娜的绝世美女并娶她为妻，可是当克劳狄乌斯知道妻子曾和其他男人结过两次婚后，非常生气，把美撒利娜和她曾经的结婚对象都处死了。后来，克劳狄乌斯和日耳曼尼库斯的女儿、卡利古拉的妹妹——小阿格里皮娜结婚了，但囿于两人的叔父侄女关系，这段婚姻在当时被视为乱伦。即便如此，克劳狄乌斯还是想方设法获得了元老院的特免状，冒天下之大不韪与她结婚了。

其实小阿格里皮娜愿意结婚是为了实现自己的野心，那就是，阻止克劳狄乌斯和前妻美撒利娜所生的儿子布列塔尼库斯登上王位，而让自己的儿子卢修斯取而代之。小阿格里皮娜说服了克劳狄乌斯，让他把卢修斯收为养子，后来卢修斯被赐名"尼禄"。

因为尼禄（37—68/54—68 在位）比克劳狄乌斯的亲生儿子布列塔尼库斯大三岁，所以在公元 51 年，尼禄顺理成章地成为了克劳狄乌斯的正式继承人。

至此，妨碍小阿格里皮娜的只有克劳狄乌斯了。此时的克劳狄乌斯已经卧病在床，可也许小阿格里皮娜等不及了吧，她在克劳狄乌斯的食物里下毒杀死了他。那是公元 54 年，克劳狄乌斯治世第 14 个年头遇见的多事之秋。

暴君尼禄为何受民众欢迎

上文说道，在母亲小阿格里皮娜的谋划下，尼禄于 16 岁那年登基。

虽说古代人的思想比现代人成熟得早，但再怎么早慧，16岁的少年是不具备基本的政治判断能力的。对此小阿格里皮娜早就预料到了，她将当时流放异国的哲学家塞尼卡[1]召唤回国，来给尼禄当家庭教师。于是在塞尼卡的辅佐下，尼禄平稳地开始了他的统治生涯。

尼禄和卡利古拉一样作为暴君闻名于世，但在他治世之初也曾努力做一名好皇帝。也许是当时年轻，所以他会虚心接受身边优秀人才的进言献策，比如塞尼卡的劝告。但是仅仅过了五年，尼禄的暴君苗头就出现了。

尼禄生来喜欢华丽排场，想要引人注目，于是他频繁地举行娱乐演出，除了举办传统的剑斗士竞技和战车比赛、享受万众瞩目的感觉以外，他还以艺术家的姿态举办音乐会，亲自在人前演唱歌曲。他的亲信们都对皇帝的玩物丧志感到担忧，不过他在民众中倒是很有人气。

尼禄与亲生母亲小阿格里皮娜的关系恶化也是从这个时期开始的。尼禄讨厌母亲总是对政治指手画脚，于是制订了将母亲杀死、再伪装成溺水而亡的计划。详细计划是，宴会结束后，小阿格里皮娜会坐船从湖上回来，这时尼禄让人故意制造翻船事件，让母亲溺水。没想到水性极好的小阿格里皮娜却游回了岸边，尼禄的计划泡汤了。无奈之下，尼禄只好派刺客去刺杀逃到别墅的小阿格里皮娜。

---

1. 塞尼卡，帝国罗马时期的哲学家、政治家。曾任皇帝尼禄的导师。

杀害亲生母亲，是尼禄罄竹难书的罪行中最恶劣的一条。在那之后，尼禄的两个妻子也死于非命。

尼禄的第一任妻子是克劳狄乌斯的女儿屋大维娅。屋大维娅明明没有过错，却被冠以莫须有的罪名而处死。据说当时的尼禄迷恋上了美丽的人妻波比娅，杀死屋大维娅便是波比娅怂恿尼禄做出的恶行。然而波比娅与尼禄再婚后，她怀孕时被大发雷霆的尼禄踹了肚子，于是也落得惨死的下场。

从那以后，心狠手辣的尼禄将自己讨厌的人一个接一个地处死，甚至连塞尼卡也不放过，要知道塞尼卡从尼禄登基之初就一直在辅佐他，即便尼禄杀了亲生母亲，他也公开发表了总结小阿格里皮娜罪行的演讲来为尼禄辩解。这样一位忠心耿耿的导师最终被尼禄命令自杀，可见尼禄有多么六亲不认了。

具有讽刺意味的是，把很多人逼死的尼禄，最后也自杀了。

即便是罪孽滔天，但最初尼禄在民众中的人气还是很高的。直到罗马市内到处张贴着"尼禄杀了母亲"的告示，尼禄的人气才急剧下降。最终听闻罗马近郊的军队叛变的消息后，尼禄深知自己的大势已去，于是以自杀的形式结束了生命。

相传，临死前尼禄说过："伟大的艺术家就要从世界上消失了吗？"

尼禄真的迫害了基督教徒吗？

说起尼禄的恶行时，欧洲人会首先提到"迫害基督教徒"一事，笔者对此事是否真实存在抱有疑问。

事情起源于公元 64 年罗马发生的一场大火灾。

因为尼禄平日里就表达过要整改罗马街道的想法，于是有传言称："那场大火是尼禄放的，因为他想按照自己的喜好改造罗马的街道。"尼禄为了阻止流言的传播，将纵火罪嫁祸于基督教徒，从此便踏上了迫害基督教徒的不归路。当然以上是欧美对罗马大火给出的结论。

但是如果仔细翻阅史料的话，就会发现这个结论不一定属实，其中存在着诸多疑点。毕竟欧美属于基督教世界，所以不排除它们给出的解释具有片面性，与真实情况有所出入。

原本，尼禄迫害基督教徒的证据，出自意大利蒙特卡西诺修道院的塔西佗的书（12 世纪抄本）里，其中有部分记录了基督教徒被迫害的内容，据说是尼禄迫害了他们。

但是从这本抄本中可以明显看到，表示基督教教徒的单词"Christiani"，原本应该写"e"的地方"e"消失了，改写成"i"的痕迹清晰可见。换言之，原来的抄本中，这个单词并不是"Christiani"（基督教徒），很可能是"Chreitiani"。

为什么要进行这样的改写呢？因为被改写处的文字下，有一个"Christos"（克里斯托斯）的字样，所以人们推测，抄写者联想到了"Christos"代表基督，也就是耶稣的尊称，于是就把上面单词中的"e"改成了"i"。

然而，令人感到困惑的是，同一时期的克劳狄乌斯时代里，出现了一个名叫"Christos"（克里斯托斯）的犹太教骚乱者，这是其他史料中明确记载的史实。而且，如果骚乱者的名字是"Christos"

（克里斯托斯），那就意味着他的同伴的名字很可能是"Chreitiani"，塔西佗有可能将基督教徒"Christiani"与骚乱者同伴的名字混淆了。而且，尼禄在世时，塔西佗还是个孩子，所以他记录这场迫害事件是在 50 年后。

综合考虑这些因素的话，可以得出如下结论。其实尼禄并没有下令对基督教徒进行迫害，而是对骚乱者克里斯托斯一派进行了肃清。犹太人出身的克里斯托斯，当时多次引发骚乱，于是尼禄经过充分考虑后，决定下令对他进行抓捕。

毕竟塔西佗的记录是在事件发生的 50 年后，所以塔西佗有可能将引起骚乱者的名字误写成"Christos"，当那本书被基督教徒抄写的时候，为了配合写错的"Christos"，抄写者就将"Chreitiani"改写成"Christiani"，于是便诞生了尼禄迫害基督教徒的传说。

笔者之所以这么想，是因为当时在罗马的基督教徒并不是一个很庞大的群体，无法想象如此小众的团体值得皇帝兴师动众去追捕。

据说耶稣被钉在十字架上是发生在公元 30 年左右的事，所以耶稣去世后只过了 30 年就是尼禄的统治时期。当时彼得[1]和保罗[2]来到了罗马，所以可能有一部分基督教徒跟随他们来到了罗马，但人数不会很多，并且在罗马人眼中，基督教徒和犹太教徒几乎没有

---

1. 西门彼得，具体年龄不详，原名西门巴约拿，耶稣十二使徒之一，初期基督教教会领袖之一。西门彼得被倒钉十字架而死。死后被罗马天主教追任为第一任教皇。
2. 圣保禄（圣经人物），亦称为使徒保罗，即圣保罗（3—67），天主教翻译作圣保禄，原名扫罗（Saul），因家乡为大数，所以根据当时的习俗也被称为大数的扫罗（Saul of Tarsus）。悔改信主后改名为保罗。称圣是因为天主教廷将他封圣，但新教则通常称他为使徒保罗。

区别。正因为两教派区别不大，所以对小众的基督教徒进行迫害的可能性极低。

日后的罗马迫害基督教徒确有其事，但在尼禄时代，基督教徒只不过是没什么存在感、比犹太教徒还小众的一群人。相比之下，骚乱者克里斯托斯一伙人则更为出名。

尼禄

罗马帝国的第五代皇帝。统治初期，他受作为家庭教师的哲学家塞尼卡等人的辅佐，政治稳定。在那之后，暴君的一面出现了，一个接一个地杀死了自己讨厌的人。临死时他说："伟大的艺术家就要从世界上消失了吗？"最终自杀。（从左向右依次藏于：罗马国立博物馆，卡皮特利诺美术馆，卡皮特利诺美术馆。）

况且，尼禄以制造火灾的罪名抓捕基督教徒的记录，除了塔西佗的抄本之外，再翻阅不到其他史料记载。不管是同时代的史官，还是历代后人，都无人记录相关史料，12世纪的塔西佗抄本成为了孤本。

虽然史料模糊不清，但不知为何尼禄迫害基督教徒的故事在人们脑海中深深扎根，大概因为欧洲是基督教社会，而尼禄恰巧又是暴君，这样的搭配能增强历史的戏剧性吧。

尼禄或许被冤枉了，不过在欧洲人眼中，"尼禄"的名字是暴君的代名词这一点不会变，毕竟他杀害了自己的母亲，还有迫害基督教徒的嫌疑。尼禄本就爱吸引众人的眼球，即使被冠以一个连自己都不知道的恶性，黄泉之下的他也并不会在意吧。

III

"世界帝国罗马":和平与失却的遗风
——五贤帝的清明之治与后世的混乱

第七章
恶帝图密善的出现

韦帕芗以"法律"平息混乱

> 尼禄之死代表着持续了百年的尤利乌斯·克劳狄王朝迎来了终结,罗马人民所追求的日耳曼尼库斯幻影也宣告破灭,罗马再次陷入了无人继承皇位的混乱局面。
>
> 尼禄之死会短暂地让人们感到欣慰,但首都里的元老院议员、国民和守卫兵,以及行省的军团士兵和将军们,会产生各种各样的心理活动。因为帝政的秘密暴露在了光天化日之下:元首在罗马以外的地方也能诞生。
>
> (《历史》塔西佗著,国原吉之助译,筑摩出版社)

正如塔西佗所言,尼禄死后,最先自立为皇帝的是罗马行省塔拉哥(现在是西班牙的主要部分)的总督——塞尔维乌斯·苏尔皮基乌斯·加尔巴[1](前3—公元69/68—69在位)。不过,由于加尔

---

[1]. 塞尔维乌斯·苏尔皮基乌斯·加尔巴,罗马帝国第六位皇帝,"四帝之年"(四帝内乱期)时期第一位皇帝,公元68年6月9日至公元69年1月15日在位。

巴没有例行皇帝登基时的惯例——给人们分发钱财，所以没有得到民众和军队的支持。

之后，年事已高的加尔巴领养了名门出身的皮索（与暗杀日耳曼尼库斯的犯人皮索不是同一个人），他公开宣布了自己的继承人后，此前一直支持着加尔巴，且认为自己会被选为继承人的马尔克斯·萨尔维厄斯·奥索[1]（32—69/69在位）举旗造反。

接着，奥索讨伐了加尔巴和皮索，登上帝位，不过仅仅三个月后就被日耳曼尼亚军团所拥护的维提里乌斯[2]逼迫自杀。这个维提里乌斯（15—69/69在位）随后也被东部的行省所拥立的提图斯·弗拉维乌斯·韦帕芗[3]（9—79/69—79在位）所讨伐。

从尼禄之死到韦帕芗就任帝位仅仅过了一年时间。在此期间，三位皇帝相继被拥立而后又被杀死。

虽说韦帕芗的家乡与罗马相距不远，但他毕竟出身于萨宾地区乡村的名人家族——弗拉维乌斯家族，所以他并不是与尤利乌斯·

---

1. 马尔克斯·萨尔维厄斯·奥索，古罗马皇帝。原为尼禄宠臣，被派往鲁西塔尼亚任职，直至尼禄去世返回罗马。旋取得近卫军的支持而称帝，并谋杀加尔巴，元老院被迫确认其皇帝地位。不久即在比德赖孔战役中被维提里乌斯部队击溃，遂自杀。
2. 奥鲁斯·维提里乌斯·日耳曼尼库斯（15年9月24日－69年12月20日），罗马帝国的皇帝之一。在公元69年的"四帝之年"中，他的部队击败了皇帝奥索，奥索自杀，维提里乌斯进入罗马城，成了该年的第三位皇帝。但在69年年底，支持韦帕芗的部队进入罗马，维提里乌斯兵败被杀。
3. 韦帕芗出身军伍，最终在皇帝尼禄死后引发的内战中夺得皇位，结束了纷扰的"四帝之年"，开创了弗拉维王朝。韦帕芗在位期间，积极与罗马元老院合作，致力改革内政，恢复因内战而受到影响的政治、经济等社会各方面的秩序；同时也进一步加强了皇帝的专制权力，使元首制日趋发展成熟。公元79年6月23日，韦帕芗病逝，其长子提图斯顺利继承皇位。

克劳狄王朝血脉相连者，其祖上的世世代代也没有担任过元老院议员。与其说他是贵族，不如说他是地方的名人。

这场内乱让罗马人领悟到，成为皇帝已经不需要高贵的门第了，而是需要拥有"军事力量"。

加尔巴、奥索、维提里乌斯和韦帕芗的在位时间都短，但他们都是被元老院认可的正式皇帝。然而虽说被认可了，但他们全员都是由军队拥立，元老院是事后追加承认的，也可以认为元老院迫于军事力量上的软肋才不得不承认这几位军人皇帝的地位。

其中，韦帕芗以"法律"的形式证明了自己帝位的正当性，这一点值得关注。

> 正如神皇奥古斯都、提比略·尤利乌斯·恺撒奥古斯都，及提比略·克劳狄乌斯·恺撒奥古斯都·日耳曼尼库斯所受到的待遇，军人皇帝与他国缔结的同盟应该被承认。
>
> 并且，正如神皇奥古斯都、提比略·尤利乌斯·恺撒·奥古斯都，及提比略·克劳狄乌斯·恺撒·奥古斯·都日耳曼尼库斯所受到的待遇，应当同意军人皇帝召集元老院，自己或者通过委托提交议案，以报告和表决形式通过元老院决议。
>
> (《西洋古代史料集》东京大学出版社)

以上《关于韦帕芗皇帝最高指挥权的法律》是刻在14世纪的青铜板上出土的文物，虽然开头有点缺损，但是详细记载了皇帝最高指挥权的内容。它将一直以来默认的皇帝权限明文化，并且颁布法律的方式也是前无古人。

从初代皇帝奥古斯都到尼禄，皇位的继承人虽然包括养子，但基本上是在"父子"的关系中传承下来的。然而这并不是单纯的父子传承，而是在罗马自古以来就有的"保护人和被保护人"的"义父义子"关系框架下所进行的皇位继承。

这种形式的皇权继承体系因尼禄的死而崩溃，以韦帕芗为始，皇权的正当性开始由法律明文规定，这是非常大的转变。

有趣的是，在各条款的开头，反复出现了"正如神皇奥古斯都、提比略·尤利乌斯·恺撒·奥古斯都，及提比略·克劳狄乌斯·恺撒·奥古斯都·日耳曼尼库斯所受到的待遇"这样的句子。这么写大概旨在表明军人皇帝们应该与奥古斯都、提比略、克劳狄乌斯享有同等的"皇权"，不应该厚此薄彼，此时没有出现卡利古拉和尼禄的名字，大概是觉得他们的恶行使得他们不配被列入法律。

换言之，韦帕芗并不想穷尽列举所有的先帝，仅仅列出了声名卓著的奥古斯都、提比略、克劳狄乌斯，表达了自己对暴君卡利古拉和尼禄所处时代的否定，以及想创造全新时代的愿望。

连小便也上税的财政重建措施

韦帕芗整顿了尼禄时代蔓延的骄奢淫逸之风，恢复了从古至今的严格风纪。

重振了严格风纪的最大功臣是韦帕芗。他本人的生活态度和服装都很古朴。因此，人们对元首产生了恭顺之念，并且产生了比基于法律惩罚和恐惧心理更有效、更强烈的效仿欲望。

(塔西佗《编年史》)

通过这段记述，可以发现塔西佗对韦帕芗的治世评价很高。

确实，韦帕芗是一个光明磊落、不做作、朴素而温厚的人。正因为前一个时代刚刚成为过去式，所以他的治世有一种开创局面的紧张气氛，不过这也无可厚非。

但是，韦帕芗也不是没有缺点，他的缺点体现在他被称为"贪婪"的"吝啬鬼"。先前由于尼禄的千金散尽、对贵族相继处刑并没收财产以及罗马争夺皇位的内乱，导致韦帕芗登基时面对的是罗马财政一塌糊涂的残局。因此，韦帕芗的当务之急是财政重建，不过他的做法也确实让人瞠目结舌。

派遣税务员到各地严格征收税金是应该的，但是税务员的官职被非法以高价拍卖的现象就不合理了。其中最让人吃惊的是，韦帕芗下令到处建设公共厕所，为的是给罗马人民的小便上税。

当时，尿液被用于毛织物的染色和洗涤，对于染料业者来说是必不可少的东西。韦帕芗发现了这一生财之道，便向从公共厕所收集、使用尿液的染料业者收取使用费。现在，意大利文中把公共厕所称为"Vespasoano"，这个名字就来源于当时的政策。

对于这一政策，韦帕芗的两个儿子提图斯 (39—81/79—81 在位) 和图密善 (51—96/81—96 在位) 也很吃惊，他们讽刺韦帕芗说："这个税玷污了皇帝的品位。"然而韦帕芗不以为意，还从收集到的税金中捞出几枚金币，凑到他们跟前说"闻闻味道，怎么样？是不是很臭?"。韦帕芗真是个幽默的人呢。

韦帕芗残酷的税收政策,给人留下了他"贪婪"的印象,然而他征收而来的钱并不像尼禄那样奢侈挥霍,而是分给在内乱和各种战斗中受害的人们,所以人们对他的税收政策也是听之任之。

关于韦帕芗还流传着一个与钱有关的趣事。身为皇帝的他有一个情人。无论是过去还是现在,都是一样要支付给情人"小费"的,但韦帕芗的小费是从国库支取的。每次韦帕芗约会后,会计都认为他应该自掏腰包,便会询问他支取公款的理由,韦帕芗每次都毫不客气地回答说:"这是奖励人家对我深情的谢礼。"

看了雕像便能明白,韦帕芗不是世俗眼光中的美男子。他的身体僵硬,气质也不是受欢迎的类型。

韦帕芗这句话的意思是:"她为我这样丑男的皇帝竭诚服务,这无疑是为国家服务。所以她的报酬从国库支取也是理所当然的。"虽然笔者也觉得他富有幽默感,但还是无法忘记他吝啬的形象。

一直以守财奴著称的韦帕芗,也曾奢侈了一回。那便是关于古罗马的代表性建筑物"罗马斗兽场"的建设,如今那里也游人如织。

据说他之所以想到要建设罗马斗兽场,是因为他发现了奥古斯都有在罗马市中心建造圆形竞技场的计划。当时,在罗马举行剑斗士公演的场地只有容纳一万人左右的木造竞技场,所以市民强

韦帕芗
结束了尼禄时代的混乱,开启了弗拉维王朝。

烈支持建造能容纳五万人的罗马斗兽场。

建设场所选在了尼禄的黄金宫殿（Domus Aurea）的人工池所在的地方。很遗憾，韦帕芗没能看到斗兽场的完工（公元79年12月），不过当时的人们把这个场地冠以了韦帕芗的氏族名，称之为"弗拉维圆形竞技场"。

公元79年罗马斗兽场建成后，提图斯继承了父亲的皇位，他为了纪念罗马斗兽场的落成，举办了长达100天的大演出"百日竞技会"。在这场旷日演出中，9000头猛兽被杀。提图斯举办了多场剑斗士比赛，甚至还进行了模拟海战，盛况空前。

有仙鹤之间的战斗和四头大象的战斗，饲养的动物和野生动物都被残忍地杀害了，数量高达九千之多。地位低下的女人们被赶出来收拾动物遗体，男人们则以一对一或集团对战的形式进行陆战海战。海战得以进行是因为提图斯皇帝设法让斗技场充满了水，并在里面放进了马、牛和其他家畜，这些动物也接受过水路训练，船上的人们也进行了海战。

（卡西乌斯·迪奥《罗马史》）

顺便一提，在罗马斗兽场落成的公元79年，又发生了一件大事。由于维苏威火山喷发（公元79年8月），那不勒斯近郊的庞贝被掩埋了。

这场天灾也给罗马市民带来很大的打击。提图斯在此时举行盛大的剑斗士演出，也是有意鼓舞对旷古未有的天灾而感到绝望的市民。

罗马斗兽场

圆形的竞技场——罗马斗兽场是观光名胜。它的外观是排列着美丽拱形的四层建筑,每一层分别用样式不同的拱形进行装饰。

虽然韦帕芗被认为是吝啬鬼,但他自己却一直过着简朴的生活,在10年的治世(69年7月—79年6月)期间,他重建了财政,建设了名垂青史的罗马斗兽场,恢复了国家的秩序,所以关于塔西佗对韦帕芗的评价,笔者觉得他当之无愧。

提图斯的善治与图密善的恶政

韦帕芗去世后,他的两个儿子提图斯和图密善中的哥哥——提图斯,登上了皇位。当提图斯步父亲之后尘成为皇帝时,很多人都在担心他会不会成为第二个尼禄。因为他曾经在父亲韦帕芗的手下担任亲卫队队长，并且利用职权将父亲的政敌陷害成冤，用相当卑劣的手段处理了政敌。

不过他成为皇帝以后，没有变成人们所"期待"的形象。他的治世虽然只有短短的两年零三个月，但在那短短的时间里，他为救济庞贝的受灾者而奔走，并举办了百日竞技会来鼓舞士气。

提图斯死于公元81年的夏天，当时他还在为受灾地的复兴而努力。有记录称，提图斯高烧不退、非常痛苦，病情严重到传统的冷敷法完全不起作用，即便把身体浸在冷泉里也无法退烧，因此后人猜测提图斯患了疟疾。相传民众听闻提图斯的死讯后，有如亲人去世般悲痛欲绝。

然而，后世的历史学家卡西乌斯·迪奥[1]（Cassius Dio）并没有直接认可提图斯的善政，而是唱了反调说："如果统治的时间再久一点的话，提图斯还会保持优秀吗？到时候假面就会脱落了吧？"他发出这番言论可能是受到了卡利古拉和尼禄的影响吧。卡利古拉的善政持续了半年，尼禄在治世前五年也努力做一名好皇帝，他们俩都是在刚登上帝位的时候励精图治。

不过，两位恶帝与提图斯的区别在于，卡利古拉24岁登基，尼禄十几岁时就成为皇帝，因此相较于他们的年轻，提图斯登上帝位时都年近40了。况且，在他登基前，很多人都预测他有可能成

---

1. 卡西乌斯·迪奥（150—235），古罗马政治家与历史学家。著有从公元前8世纪中期罗马王政时代到公元3世纪早期罗马帝国的历史著作。出身于贵族家庭，后参加政治事务，曾担任执政官。他的著作现仅存残篇，风格模仿修昔底德，内容质朴翔实，为后世提供了极为重要的参考资料。

为暴君，所以笔者认为他想努力做一名明君来证明自己。

提图斯去世后，他的弟弟图密善继承了帝位。

后世的历史学家中，有人怀疑提图斯的突然死亡是图密善毒杀所致，也有人猜测，图密善用为兄长退烧作借口，把提图斯放进冰柜里，加速他的死亡，然而笔者认为这些都是无稽之谈。

后世的历史学家们这么想也情有可原，毕竟图密善最终成为了臭名远扬的恶帝。在罗马，通说认为五贤帝时代之前有过三个恶帝。那三个人便是愚帝卡利古拉、暴君尼禄，以及残虐的图密善。

尽管图密善遗臭万年，但在他内心也有非常敬重的先皇，那便是提比略皇帝，并且图密善的行政能力与军事能力本身也不差。

或许因为提比略没有贯彻"面包和马戏"的传统，并且他有一半的统治时间都不在罗马而在卡普里岛隐居，所以同时代的罗马人对他的评价不高。当然，他的性格阴郁，总是愁眉苦脸，不怎么在人前抛头露面也是风评不佳的原因之一。

一千个人眼里就有一千个哈姆雷特，自然也有人对提比略赞誉有加。提比略不是奥古斯都那样的开先河者，而是第二代皇帝，那第二代自有第二代的辛苦。

第二代做得好是理所当然的，只要有一点点差强人意，马上就会被人与第一代进行比较，然后被批评"那家伙不怎么样"。况且，第二代所追求的与其说是开拓创新，不如说是在初代皇帝奥古斯都所打造的地基上，把政体塑造得更加稳固罢了，所以第二代做的净是些不起眼的修修补补的工作。

从这个意义上来说，正如笔者前章所述，提比略把罗马帝国引入了平稳发展的轨道，故而笔者认为他是有能力且优秀的第二代皇帝。

图密善对提比略的务实能力赞赏有加，一方面是出于尊敬，另一方面也是他自己想要借鉴吧。虽然提比略的事迹并不像先帝一样熠熠生辉，但是图密善对他非常尊敬，并且在他身上找到了共鸣，或许是因为两人的性格都有朴实无华的一面吧。

不过，他们两个人也存在着本质差异。提比略终究没有踏上暴君之路，他对斗争视若不见、充耳不闻，选择隐居在卡普里岛上远离尘嚣。提比略的性格消极避世，而图密善却非常具有攻击性，他会一个接一个地处死那些不顺自己意的人。

图密善登上皇位以后开始整肃纲纪，以通奸罪的罪名处罚了好几对贵族男女，还处分有同性恋嫌疑的元老院议员和骑士身份者。历史上有一件事情表现出了他在风纪上的"洁癖"。根据罗马的规定，巫女维斯塔在其任职的30年间，必须保持贞洁，可她却违反规定与别人发生了情爱关系，尽管自己的父帝和哥哥都放过了她，图密善还是将她处以死刑。

图密善的父亲韦帕芗虽然被称为贪婪的吝啬鬼，但由于他自己就过着简朴的生活，所以并没有引起民众的反感。然而图密善是严于待人、宽于律己的典范。

当他发现自己的妻子多米提雅和官吏通奸时，便立刻与妻子离婚并将她流放，还将与她通奸的官吏处以死刑。如果说上述行为都很正常，但之后他的做法就令人匪夷所思了，他和侄女尤莉亚（提图斯的女儿）同居了。当人们对他口诛笔伐时，他又召回多米提雅与自己复婚，民众对他的无常行为都表示不解与反对。

而且，图密善的猜疑心很重，对阴谋和叛乱过于警惕，他对于有叛变嫌疑的元老院议员、骑士、宫廷官员都接二连三地施加刑罚，使朝廷笼罩在一种恐怖政治的氛围下。

终于在公元 96 年 9 月，即图密善统治的第 15 年，被恐惧感束缚住的人们揭竿而起，将图密善暗杀了。

最初袭击图密善的是侍从帕尔特尼斯。他事先拔出了图密善一直藏在枕头下的短剑，然后当他们两个人在卧室里独处时袭击了他。据说图密善拼死抵抗，抓住了对方的短剑，还打算用被切断的手指，剜出暗杀者的双眼。对负隅顽抗的皇帝发出致命一击的，是暗中等待弑君机会的其他暗杀者们。图密善的暴政触发了众怒，因此他的性命也早已被好多人给盯上了。

罗马在共和政与帝政之间摇摆

图密善是一个心思缜密、很有洞察力的人，并且行政手腕和军事手腕都很高明。只是不得不说，这种性格的劣势便是神经过于敏感。

在周围的人看来，洞察一切、爱指手画脚的图密善着实招人厌烦。因此，当他的细致和洁癖超过别人能忍受的程度时，反图密善的行动也就蓄势待发了。

可惜图密善生来就神经敏感、疑神疑鬼，于是他也敏锐地察觉到了周围人的敌意。每当有暗杀的谣言传出，他的猜疑心便增强一分，时时刻刻都活在自己随时可能一命呜呼的恐惧之中，在"坐以待毙的话就会被暗杀"的念头驱使下，图密善不断进行着名为肃清的虐杀行径。

充满危机感的图密善曾经吐露过心声，他说："为政者真可悲啊。只要一天不被暗杀，别人就不相信我说的阴谋论。"

长期被恐惧感攫住的后果就是，图密善原本只是有点神经质，后来开始变得神经过敏、草木皆兵。最终演变成，图密善只要觉得对方对自己也有一点点反抗态度，或许只是某些言行不当，他就会立即将那个人处死。显然图密善跳不出怀疑与虐杀的恶性循环。

被判刑者大多不是普通市民，多数是富裕阶层的元老院议员，因此图密善的行为招致了他们的反感，最后整个元老院都以图密善为敌，使得他陷入了孤立无援的境地。据说，皇后多米提雅也在暗中帮助元老院实施暗杀计划。

当图密善被暗杀的消息传出时，元老院议员们欣喜若狂，广大民众却处变不惊，觉得这是意料之中的结果。或许只有图密善手下的军队，为他的死而默哀了吧。

无人去追责暗杀皇帝的犯人，相比之下，商议今后如何重建罗马貌似才是当务之急。罗马在短短100年之间，就出现了卡利古拉、尼禄、图密善三位恶帝，此时罗马人心中的天平开始动摇，他们在想"是不是让罗马回归共和政比较好"。以元老院为首的一派人，当时认真地就废除帝政、复辟共和政一事进行了讨论。

然而，最终讨论的结果是"维持帝政，让优秀的人成为皇帝"，于是，元老院用与过去完全不同的标准，选择了新的皇帝。这套新标准不论血统，也不论有没有军队的拥立，只看新皇帝的"人品"。简言之，元老院和军队都倾向于选择拥立有亲和力的"优秀者"。

当选的是涅尔瓦[1]（30—98/96—98在位），他是元老院议员中长老级别的人物。涅尔瓦为人宅心仁厚，但是年事已高且体弱多病，还没有亲生儿子。因此他登基以后最头疼的议题便是指定接班人。

---

1. 马库斯·科克乌斯·涅尔瓦，罗马帝国第12位皇帝，安东尼王朝第一位皇帝，五贤帝时代第一位皇帝，公元96年9月18日至公元98年1月27日在位。

第八章
五贤帝时代——人类史上最幸福的时代

涅尔瓦——整顿乾坤的 "誓言与选择"

马库斯·科克乌斯·涅尔瓦在他 66 岁那年成为了皇帝。虽然以他的年纪在当时足以被称为"老人"了,但他凭借优越的家世背景、健全的人格修养以及丰富的经验业绩,获得了民众的拥戴。

涅尔瓦出身意大利中部城市纳尔尼的贵族家庭,从共和政时期开始,他的历代家族成员中就一直有人担任元老院的议员。他的曾祖父曾是第二次三头政治中,马克·安东尼手下的将军,他的父亲是法律专家,母亲是尤利乌斯·克劳狄乌斯家族的远亲,母亲的祖父还曾担任过执政官。

涅尔瓦和父亲一样是法律专家,辅佐过几代皇帝。在尼禄时代,他阻止过皮索的叛乱,因而获得了功勋;到了韦帕芗时代他被提拔为执政官;图密善时代来临后,他还继续担任着执政官。

从尼禄到图密善的政治动荡期内,涅尔瓦一面在皇帝身边工作,一面与世无争、风平浪静地生活,由此可见涅尔瓦是一位审时度势、不事张扬的人。

当时的罗马,在很短的时间内出现了卡利古拉、尼禄、图密善三位暴君，因而就"是否应该回归共和政"的话题引发了社会性的议论。然而纵观这段历史会发现，贤君并不比恶帝少，譬如奥古斯都、提比略、克劳狄乌斯、韦帕芗、提图斯等皇帝，都为罗马带来了清明的政治。

于是这一场关于共和政与帝政的博弈，最终还是帝政的支持者们略占上风。元老院也赞成坚持帝政，当然这种帝政是建立在挑选优秀人才的基础之上的。当暗杀图密善的计划成功时，元老院早就已经选定了下任皇帝。为什么笔者敢如此断言呢？因为在图密善被刺杀的当天，涅尔瓦就在元老院的拥护下登基了。

人们期盼年长又德高望重的涅尔瓦当皇帝，当然是想摆脱图密善的恐怖政治。不过原因不止于此，元老院希望以涅尔瓦为范本，以后的皇位继承人都通过"指名"的方式来产生，让贤君统治能够源远流长。

涅尔瓦年事已高时日无多，且他没有亲生儿子，所以他的当务之急是找到一名接班人。涅尔瓦的统治时间实际上只有短短的一年零四个月，但恰恰在有限的时间里，他聪明地判断时局并果断地采取行动，扼杀了内乱的萌芽，稳定了罗马的政局。当时他的"不杀誓约"也发挥了很大的作用。

涅尔瓦成为皇帝后，曾经一直反对图密善的元老院议员们，争先恐后地揭发过去为图密善卖命、陷害元老院议员的告密者们，要求涅尔瓦处死他们。涅尔瓦虽说拜元老院所赐才能当上皇帝，但是他并不会无脑站在元老院的一边。

涅尔瓦在他治世期间曾立下了"不杀誓约"，即无论存在何种罪证，他都不会处死元老院的议员们，这个誓言使得先前的告发、处刑机制完全失灵。或许这也恰恰体现了他从先皇奥古斯都、恺撒大帝那里继承下来的"宽容为怀"吧。

可是在元老院中享有权威、一呼百应的涅尔瓦，也有他的软肋，尽管他极力避免内乱的发生，可最终还是不得不屈服于军队的叛乱。刚才提到过，图密善手下的一支军队为了图密善之死而默哀，就是这支亲卫队将涅尔瓦软禁了起来，威胁他查出暗杀图密善的真凶并对幕后黑手判处死刑。

涅尔瓦面对元老院尚且能说一不二，但却抵抗不了拥有武力威胁的亲卫队。如果接受他们的要求，涅尔瓦的皇帝权威就会丧失，于是他巧妙地利用自己的燃煤之急"选择接班人"，摆脱了这场危机。

涅尔瓦指定的继承人是，日耳曼尼亚行省的总督图拉真[1]（53—117/98—117在位）。因为图拉真有军队的支持，所以亲卫队也对这个结果感到满意，叛乱也逐渐趋于平息。

据说这是涅尔瓦为了不被亲卫队杀死，无奈之下走了一步险棋，但从结果来看，这无疑是一个最优解。拜图拉真所赐，罗马的版图进一步扩大，罗马市民讴歌着繁荣与和平，被称作"Pax Romana"（罗马和平）的时代也向人们迎面走来。

---

1. 图拉真，古代罗马帝国安东尼王朝第二任皇帝，98年至117年在位。五贤帝中的第二位。

图拉真——第一位行省出身的皇帝

涅尔瓦将图拉真收为养子，指定为自己的继承人，而他自己于公元 98 年驾鹤西去。去世之前，他说："我居于庙堂之高，为了明哲保身，已经几乎没有私人生活了，我自愧身为皇帝却一事无成。"

与图拉真同时代的小普林尼（盖乌斯·普林尼·采西利尤斯·塞孔都栢）也说过："证明统治者优秀与否，要根据他选择的继承人的资质来判断。"以这句话为依据，仅凭涅尔瓦选择图拉真作为继承人这一点，就足以说明他是一个够格的贤君。而图拉真日后果真成为了罗马最好的皇帝。

假如要在世界史中选择一个人类最幸福、最繁荣的时期，大概人们会毫不犹豫地选择从图密善之死到康茂德即位的一段时期吧。那时幅员辽阔的罗马帝国，在美德与智慧所的引领下，由贤明的绝对权力者统治着。

（爱德华·吉本《罗马帝国衰亡史》）

"Pax Romana" 一词，是 18 世纪的英国历史学家爱德华·吉本创造的新词，他将五贤帝时期，即从涅尔瓦到马可·奥勒留的统治时期，称作"人类最幸福的时代"。顺便说一句，"Pax"是罗马神话中象征和平与秩序的女神。

涅尔瓦将图拉真选为继承人，从而为"Pax Romana"的出现提供了铺垫，图拉真建立了真正的"Pax Romana"，之后的三位皇帝都致力于维护罗马的和平。

"Pax Romana"的关键人物马尔库斯·乌尔皮乌斯·图拉真，出生在现在的西班牙南部，是当时位于希斯帕尼亚行省的塞维利亚近郊，一个名叫伊大利卡的地方。换言之，图拉真是第一个行省出身的罗马皇帝。

虽说是行省出身，但据说他的祖先是意大利中部乌尔皮乌斯家族里的贵族。父亲在提图斯时代取得战功，被提拔为军队干部。图拉真也和当时许多军人之子一样，从青年时期就在父亲的手下辅助军务。或许是他天赋异禀，在军事方面很有悟性，图拉真年仅22岁时就被提拔为军团指挥官的候补人员，之后的仕途也平步青云，年仅38岁（公元91年）就当上了执政官。

当年涅尔瓦登基后不久，图拉真就担任了日耳曼尼亚行省的总督，但涅尔瓦和图拉真之间没有任何亲戚关系，图拉真完全是靠自己的实力上位。

当时的日耳曼尼亚是罗马国境的最前线。正因为如此，日耳曼尼亚的总督需要有高超的军事能力。而图拉真年纪轻轻就军功赫赫，在政界崭露头角，确实是管理日耳曼尼亚的最合适的人选。

初代皇帝奥古斯都的业绩之一，便是明确界定了罗马的国境。

恺撒征服了位于罗马北部的高卢，然后规定了莱茵河是北边的天然国境。在罗马的东北方向，奥古斯都征服了阿尔卑斯地区，平定了巴尔干半岛的北部，并以多瑙河为天然国境。奥古斯都还想把这条国境线扩展到易北河，试图进军却惨遭滑铁卢，于是这项计划搁浅。

奥古斯都在去世的时候痛定思痛，向提比略留下遗言，让他维持以莱茵河为"天然国境"的现状，不要轻易再事扩张。

奥古斯都的遗志其实是不需要再扩大罗马的疆域，可是这个愿望因为克劳狄乌斯与不列颠（现在的英国）的合并而被打破了，不过北边的国境线确实一直没有越过莱茵河。此后，国境线附近也一直小摩擦不断，不过在罗马看来，那都是为了防止蛮族入侵而进行的保卫战，并非扩张领域之争。

日耳曼尼亚和罗马之间的国境线，便坐落在莱茵河之上，如果防守稍有闪失，敌人就会乘虚而入，因此国境线附近经常会陷入骚乱。

最佳元首——"Optimus Princeps"

图拉真担任日耳曼尼亚总督的第二年，便在行省接受了涅尔瓦的"收养"仪式，收到了皇帝"任命为自己的继承人"的亲笔信。

收到亲笔信的图拉真，并没有马上回复。因为他明白涅尔瓦屈服于亲卫队的软禁，自动退位了，这也使得皇帝的颜面尽失。于是图拉真想了一个办法，他找了个借口，说需要亲手交付特殊委任状给亲卫队。骗取叛军的领袖来到日耳曼尼亚，他们刚一踏上这片土地，图拉真就将他们处死了。

公元98年1月图拉真收到了涅尔瓦的讣告，但图拉真此时还不打算回到罗马。在他即位一年半以后，公元99年的晚夏，他才回到罗马。

在外逗留期间，图拉真巡访了在莱茵河和多瑙河周边驻守的军队。这些地区位于罗马的最前线，配备了大量军力，然而军队中却有很多士兵对去世的暴君图密善忠心耿耿。笔者认为图拉真来前线视察的目的是想收拢人心，他或许已经预见到将来这片土地上会掀起腥风血雨。

图拉真掌握了边境将士们的军心以后，以皇帝的身份回到了罗马，受到了罗马人民的热情欢迎。回国的图拉真翻身下马，走在罗马街道上，与熟悉的人们亲密拥抱，不知不觉间他就融入了人群当中。身材高挑、体格健壮的图拉真有一股不怒自威的风范，可他也展现出了谦虚与平易近人的一面，这种反差感使得民众越发喜欢这位皇帝。

图拉真被群众称为"最佳元首"（Optimus Princeps），因为他对民众的温柔是发自内心的，绝不掺杂半点虚伪。图拉真对民众展现出了极大程度的宽慈，表现之一就是他设立了名叫"Alimenta"的贫困儿童养育基金。"Alimenta"原本是涅尔瓦的构想，图拉真将他的愿望变成了现实。

曾经的罗马由贵族建造图书馆，或以贵族的私人名义举办教育慈善活动，然而自从"Alimenta"成立以来，育英基金成为法律规定的国家政策，并且在此后约200年间继续发光发热。

除此之外，图拉真还为需要救济的贫民提供了生活必需品，铺平了泥泞的意大利的道路，在河上架起了桥梁，为人们的生活带来了诸多便利。

图拉真一面对贫困人群施以援手，一面不忘为民众们带来欢乐。

他为市民提供了能够丰富他们娱乐生活的"马戏"表演,特别是在政治平稳的统治中期,他举办过很多场盛大的剑斗士竞技。

另外,图拉真在内政方面也展现出了不俗的实力。他继承了先帝涅尔瓦的"不杀誓约",杜绝告密和匿名告发的行为,并且对元老院议员保持着一份敬意,因此他不仅很受军队的欢迎,元老院也始终如一地支持他的决策。

如果一定要说图拉真有什么小癖好的话,大概就是爱饮酒和同性恋吧。或许有人会对他另眼相看,但笔者认为大可不必,毕竟他的酒量很好,无论喝多少都不会醉,况且就算他喜欢美少年,也是他的个人选择,只要他真诚待人、绝不会伤害别人的心就很好了。

"图拉真面对民众时温暖慈爱,面对元老院时则充满威严,因而所有人都爱戴他,没有人会对他感到恐惧。当然了,敌人除外。"

这是后世历史学家卡西乌斯·迪奥评价他的话,图拉真的确俘获了所有罗马人民的心,被称为"最佳元首"。

将版图扩张到极限的罗马

军人出身的图拉真,果然还是有着一颗想要建功立业的心,他在统治期间发动了三场战争,其中的两场都是和位于多瑙河北岸的达契亚王国(现在的罗马尼亚附近)的战斗。

达契亚王国和罗马在韦帕芗统治时期缔结了条约,约定互不侵犯彼此的边境,可是到了图密善时期,达契亚王国单方面撕毁了条约,向罗马进攻。

图密善和亲卫队队长科尔内里斯一起应战，却抵不住达契亚的猛烈攻势，最终败下阵来，科尔内里斯也战死了。图密善为了雪耻，多次出兵攻打达契亚。通常罗马的雪耻战都会成为翻身之仗，这一次也不例外，最终双方进行了和平谈判，达契亚答应成为罗马的守护国，不再随意侵犯罗马。

可是边境安稳了没多久，达契亚又开始无视讲和条件，反复侵占罗马的领土。面对不守诚信的达契亚，在公元101年，图拉真终于开始率军远征。这便是第一次达契亚战争。

翌年，图拉真在塔帕伊之战中战胜了达契亚，达契亚国王德西巴卢斯[1]向罗马缴械投降。这次胜利使得罗马获得了多瑙河下游北面的广袤领土。此时罗马军为了庆祝胜利，在多瑙河上架起了一座宽18米、有20个桥墩的巨大桥梁。

第一次达契亚战争大获全胜以后，图拉真回罗马举行了盛大的凯旋式，元老院授予了他"达契克斯"（Dacicus）的称号，系指"征服达契亚之人"。

图拉真纪念柱
为纪念图拉真皇帝战胜达契亚而建造，采用了大理石的多立克式圆柱。

---

1. 德西巴卢斯又名狄乌尔帕尼乌斯，是达契亚历史上极具魄力的硬汉国王。

然而没过多久，在公元 105 年，达契亚军又一次渡过多瑙河入侵罗马。图拉真再次亲征，这次毫不留情地追捕德西巴卢斯，一直把他逼到自杀方才罢休。据说德西巴卢斯的脖子被切断，被挂在罗马示众。第二次达契亚战争的胜利，将达契亚王国变为了罗马的行省。

如今的罗马尼亚语是东欧罕见的拉丁文系语言，就是因为达契亚战争导致这个地区成为了罗马的行省。罗马尼亚这个国名，起初的含义就是"罗马人的国家"。

图拉真兼并了达契亚王国后，在罗马建立了"图拉真广场"，并在那里建了一座高达 38 米的"图拉真纪念柱"。整个广场的设计师阿波罗多拉，也是第一次达契亚战争后在多瑙河上设计桥梁的建筑师，除此以外，他遗留下来的优秀作品还包括许多大规模的公共浴场。

图拉真纪念柱的柱身由 29 个圆柱形的大理石组成，柱体外侧通过浮雕细致地描绘了达契亚战争的场景，柱体内侧建造了螺旋楼梯直通楼顶，这种构造堪称精妙绝伦。游客可从底部的入口进入，沿着里面的螺旋阶梯向上走，就可以通往柱顶的展望台，纪念柱的周身也设计了采光的缝隙，登顶途中会看见从外面透进来的光线，这座建筑就像是当年的一个奇迹。

图拉真纪念柱落成后的第二年——公元 114 年，图拉真就踏上了新的征程。他的下一个目标是罗马的东部——帕提亚。

帕提亚和罗马之间隔着一个名叫亚美尼亚的国家，当时的亚美尼亚国王是由罗马派遣的人担任的，而帕提亚国王推翻了亚美尼亚国王的统治，安排自己的亲信坐上了亚美尼亚国的王位。

于是图拉真又兼并了亚美尼亚，将其设为罗马的一个行省，来共同对抗帕提亚。吞并了亚美尼亚后，图拉真依旧没有停止南下的步伐，他继续往南一鼓作气征服了美索不达米亚。

就这样，罗马在图拉真的带领下将版图扩大到了史无前例的规模。

但是，东方远征的胜利并没有持续很久。公元116年，美索不达米亚对罗马发起反抗。公元117年，扩张的野心依旧没有得到满足的图拉真，又向沙漠之城哈特拉[1]发起进攻，遗憾的是以失败而收场。

据说从这个时候开始，图拉真的健康状况开始亮起红灯。在远征地感觉身体不适的图拉真决定返回罗马。公元117年8月，他在返回罗马的途中去世了，享年64岁。"最佳元首"长达20年的统治结束了，接力棒交到了下任皇帝哈德良的手上。

哈德良——被质疑的继承者却是平息叛乱的功臣

图拉真和妻子普罗蒂娜的夫妻关系非常和谐，可遗憾的是他们两人没有亲生孩子。于是图拉真在自己去世之前，指定堂兄弟的孩子哈德良（76—138/117—138在位）作为自己的继承人。

---

1. 哈特拉是帕提亚王国的一个大的军事重镇。公元116年和198年它抵挡住了罗马人的多次进攻，这主要得益于它高大坚厚的城墙和城堡。

普布利乌斯·埃利乌斯·哈德良[1]，和图拉真一样出生于意大利（至少他的父亲出生于意大利）。在他10岁的时候父亲就去世了，所以哈德良是由图拉真照顾长大的。从小好奇心旺盛、聪明机灵的哈德良，当时去了希腊留学，学习发达国家的数学、医学、哲学等各种知识，并且他在音乐、艺术、文学等方面也表现出了卓越的天赋，甚至在军事方面也积累了很多功绩。

图拉真的统治期间，他担任过皇帝参谋官、达契亚战争的军团司令官、财务官等职务，在图拉真去世的时候还担任了行省叙利亚的总督。

图拉真对哈德良一直十分信任并且赞不绝口，他被指定为继承人也是意料之中的结果，可为什么还有人要质疑"继承人身份"的真实性呢？

原来，图拉真临死时，只有妻子普罗蒂娜和图拉真的引路员守在他的病榻前，后来引路员突然死亡了，能够转述图拉真遗言的只剩普罗蒂娜一个人。还有一个疑点是，人们认为比起喜欢文学和艺术的哈德良，图拉真应该更希望在达契亚战争中立功的卢西斯·奎埃德乌斯成为继承者吧。

但是，没有亲临现场的人们就只能选择相信普罗蒂纳的话。

---

1. 普布利乌斯·埃利乌斯·哈德良，罗马帝国安东尼王朝的第三位皇帝，五贤帝之一，117年至138年在位。在位期间，停止东方战争，与帕提亚国王缔结和约，改革官僚制度和法律。又在不列颠岛北部建造了横贯东西的"哈德良长城"，以御防那些居住在现今苏格兰的"蛮族"的入侵。世人历来对他评价较好，个人爱好也很丰富。他是一位博学多才的皇帝。

哈德良

不采取扩张政策，而是致力于"国防"和"行省秩序的安定"。哈德良生前巡视了帝国各地，被称为"旅行的皇帝"。（罗马国立博物馆。）

从图拉真到哈德良，表面上皇位继承顺利进行，但在背后有谣言称，普罗蒂娜和哈德良是情人关系，其实图拉真并没有指定继承人就去世了，存有私心的普罗蒂娜，捏造遗言帮助哈德良登上了皇位。

哈德良时年40岁，身材挺拔、眉清目秀，还蓄着漂亮的胡子。虽然哈德良热爱文学和艺术，但同时他还是一名英勇的军人，所以普罗蒂娜喜欢哈德良也不是不可能，毕竟哈德良是一个浑身散发魅力的男子啊。

这究竟是图拉真的遗志，还是普罗蒂娜的企图？虽然不知道真相，但事实上哈德良成为了皇帝。然而他在治世之初并不被看好，可谓是逆风开局。

还有一个事件让哈德良的即位变得更加扑朔迷离，那就是四位抵制哈德良的元老院议员，被冠以"企图谋反"的罪名，最终被处以死刑。这四位元老院议员都是有过执政官经验的人，故而这个事件也被称作"四执政官事件"。

事件发生的时候，哈德良还滞留在叙利亚的安提阿，所以事件的主谋被认为是哈德良的监护人阿提阿努斯。哈德良回到罗马后，马上就前往元老院，声称自己与此次事件无关，并且模仿涅尔瓦和图拉真立下"不杀之誓"，努力修复与元老院的关系。

然而不管谁是真凶，"四执政官事件"都为哈德良的统治制造了一个不愉快的开头，这也是不争的事实。

风评不佳的皇帝恢复人气的方法

治世之初并不是一帆风顺，因此哈德良做出了一个重大决定，那就是放弃图拉真扩张的一部分版图。他要放弃的是亚美尼亚、美索不达米亚和亚述。这些地区虽然是罗马的行省，但是叛乱不休，而且随着国境线扩大，防卫费用也增加了，这对罗马的经济是一种压力。哈德良预测这样下去可能会导致经济崩溃，于是他从这些地区撤军了。

多亏了这个决策，罗马行省的骚乱平息了，国内的财政状况也在逐渐恢复。从大局来看，哈德良的决断是正确的。但是，哈德良却遭到了当初和图拉真一起打天下的军人们的强烈反对，民众也认为他是"使罗马没落的人"，因此哈德良当时的风评很不好。

但是在那之后，哈德良通过在财政上扶持贫穷的元老院议员、对元老院议员表示尊敬等方式，改善了与元老院之间的关系。他还毫不吝惜地向市民分发皇帝登基的礼金，隆重举行剑斗士演出等"马戏"表演，努力改善自己在人们心中的形象。

《罗马皇帝群像》（京都大学学术出版社）一书中的哈德良传里，有这样一则故事。有一天，哈德良正在公共浴场洗澡，突然看见一个面熟的退役军人在浴室的墙壁上蹭着后背。当时，搓背是奴隶的工作。哈德良觉得不可思议，就问他说："你为什么这么做呢？"男子回答说："因为我没有奴隶帮我搓背。"哈德良听闻此言，立即派给了这位退役军人几名奴隶，还为他提供养奴隶的费用。

据说，哈德良经常在罗马斗兽场和竞技场的贵宾席上露面，席间常常观察市民们的观剧反应，他也经常去公共浴场，和民众一起享受入浴的乐趣。

有趣的是这段故事的后续发展。

过了一段时间，哈德良又去了公共浴场，这次有好几个老人在墙壁上蹭着背。哈德良很快就理解他们的意思：这些人大概听了退伍军人的话，也想获得皇帝的赏赐，就特意模仿退役军人的行为。面对此情此景，洞悉一切的哈德良便命令那些老人们互相搓洗身体，然后就径自离开了。这个故事体现了哈德良的善良与随机应变能力。

有人这样形容哈德良执政后的景象："几乎所有街道上都有新建造的建筑物，正式的竞技比赛也时常开展。"由此可见，哈德良在位期间致力于为百姓谋福祉。

哈德良在位时的政绩里，最引人注目的留存至今的是"Pantheon"吧。"Pantheon"是万神殿，意思是将罗马人信仰的众神供奉于一堂的神殿。

起初万神殿是由奥古斯都的心腹阿格里帕建造的，但是一场火灾将其烧毁了，于是哈德良进行了灾后修复的重建。修复完成后，哈德良并没有炫耀自己的功绩，而是深藏功与名，仅仅对阿格里帕表示了敬意，在万神殿前放了一块刻着："MAGRIPPALF-COSTERTIUMFECIT（卢修斯的儿子马尔库斯·阿格里帕第三次担任执政官时建造）"的石板。

当时的人们自然会记得哈德良的政绩，可是随着时间流逝，后人未必知道哈德良重建万神殿的史实，甚至最终人们会忘记他的贡献。所幸到了 20 世纪，考古学家们的调查表明，精美恢弘的万神殿实际上是由哈德良改建的，至此，他埋没已久的历史功绩才得以重见天日。

在位期间热衷于视察行省的旅行皇帝

即位后的前三四年间，哈德良将精力集中在内政建设上，当他觉得政治清明、国泰民安以后，就会经常出差去罗马全域视察。

哈德良被后人称为"旅行皇帝"，因为他几乎一半的在位时间都用在视察行省上面了。表面上哈德良是为了"国防"和"行省秩序的安定"，但真实原因也许只是他不想一直待在罗马。

哈德良不愿一直留在罗马也情有可原，平时的他做事小心谨慎，生怕哪里得罪元老院的议员们，时时处处努力维护与元老院的关系，可是仍然有很多议员不吃这一套，对他抱有成见。

哈德良只好时不时以视察地方为借口离开罗马，就可以避免与他们直接接触，也可以避免不必要的冲突，而且据说哈德良天生喜欢旅行，不过他的视察之旅并不完全出于个人的爱好。

笔者在下面列举了他四处游历的行踪。

公元 120 年—121 年	视察日耳曼尼亚
公元 121 年—122 年	视察不列颠
公元 122 年	视察希斯帕尼亚
公元 123 年	视察小亚细亚
公元 125 年—127 年	视察希腊——经由西西里岛回罗马
公元 128 年	视察阿非利加、雅典
公元 129 年	视察卡里亚、西里西亚、卡帕多西亚、叙利亚
公元 130 年	视察埃及

哈德良通过在帝国内四处游历的方式，使得各地的军队不敢放松、军纪严明，他成为皇帝后虽然没有率军作战，但也成功地获得了军队的人心。

皇帝在非战时期来到行省，这是很罕见的事情，于是理所当然地哈德良在各地都受到了热烈的欢迎。各行省也制造出了纪念皇帝视察的货币，就像是发行奥运会纪念币一样。各地发行的纪念货币，现在被称为"哈德良系列"，种类繁多。

此外，哈德良在所到之处还留下了各种各样的建筑物。有的是地方人民为了纪念皇帝的到访而建造的，有的是哈德良自己出资建造的。现在去希腊雅典的话，可以看到很多古代的建筑物，比如神殿之类的古建筑，其中有很多并非希腊古典时期建造的，而是由哈德良重建的。这一系列的建筑物被称为"哈德良·文艺复兴"，各地正在对它们重新进行价值评估。

哈德良也建造了用于国防的建筑物。比如不列颠行省的"哈德良长城"，就彰显出他想要保护帝国的强烈心愿。

哈德良的长城位于英格兰北部的罗马边境线上。这个地区自从与罗马合并以来，经常被凯尔特人的入侵困扰着。所以哈德良决定在那里建造一座高 5 米、厚 3 米、总长 18 公千米的长城。从开工到完成需要 10 年的岁月，不过，这座长城的诞生也大大减轻了不列颠的国防负担。

图拉真的衣钵传人哈德良，没有继承图拉真扩大领土的遗志，相反，赘余的领土成为帝国重担，于是哈德良把它们割弃了，这样做的结果是维护了罗马帝国剩余地方的稳定。

以万神殿为首，哈德良为后人留下了许多壮丽的建筑，相比之下，他在军事上的业绩就显得乏善可陈。不过，他耗费一半的统治时间遍历全国，为行省的安定做出了巨大贡献，因此从安邦定国的角度来看，哈德良功不可没。

哈德良的最后时光

山崎麻里[1]的漫画《罗马浴场》以古罗马浴场文化与日本澡堂文化为切入点，获得了大众的喜爱。看过漫画的人应该知道，这部作品就是以哈德良的统治时期作为历史背景的。

漫画中出场的哈德良非常喜欢泡澡和美少年安提诺斯[2]，其中

---

1. 山崎麻里（1967 年 4 月 20 日—）是出身于日本东京都的女性漫画家，现居美国芝加哥。2010 年以作品《罗马浴场》获得第三届漫画大奖，同年又以《罗马浴场》获第 14 届手冢治虫文化奖短篇奖。
2. 安提诺斯，是哈德良皇帝的男宠。安提诺斯比罗马皇帝哈德良小了 25 岁，十一二岁被在希腊的哈德良发现，21 岁时溺死。哈德良封他为神，世界的拯救者和和平之神，为他造了一座城市和无数的雕像。

哈德良宠爱安提诺斯在历史上确有其事，他甚至还和安提诺斯在公元130年同行视察了埃及。然而，安提诺斯在埃及的尼罗河上乘船渡河时，不幸掉入水中而意外死亡。有人说这是事故，有人说他是奇怪仪式的祭品，也有人说是自杀，各种各样的传言纷至沓来。其中有个传言煞有介事地分析道，得宠的安提诺斯随着年龄的增长，容颜开始衰退，他担心总有一天自己会被抛弃，于是出于对老后失宠的恐惧就自杀了。

不知道安提诺斯的死究竟是事件、事故、还是自杀，只知道哈德良对他的死感到悲痛万分，还在他去世的地方建造了一座名为"安提诺斯"的城市（安提诺斯之都）。以安提诺斯的神秘死亡为开端，在哈德良的晚年各种不幸接踵而至。

最初到来的厄运是公元132年犹太人的叛乱。这是哈德良治世20年来遇见的唯一一次大战。

哈德良一直想重建曾经在战争（犹太战争/66—74）中被毁坏的耶路撒冷。在这项计划中，他打算在犹太教徒的圣地——所罗门神殿遗址中建立朱庇特（罗马神话中的主神）神殿，遭到了一神教的犹太教徒的强烈反对。犹太教徒在当地发动叛乱，哈德良前去镇压，终于在公元135年平息了这场风波。据说这场战争中，牺牲了50万以上的犹太人，直到今天，所罗门神殿的西面还残留着一面墙壁，被称为"叹息之墙"。

哈德良的第二个烦恼是身体状况的恶化。

已经年过60的哈德良，感受到了悄悄逼近的死亡威胁，因此他在公元136年指定了继承人。曾经哈德良的继承者身份被别人怀疑过，因此他不想让自己选的继承人再经历一遍曾经的尴尬。哈德良收养了凯欧尼斯·柯莫德后，又赠与他 30 亿塞斯特尔提乌斯的巨款作为贺礼，以示众人。

公元 136 年，柯莫德开始担任执政官，看似一切都在按照预想顺利进行，可惜天有不测风云，柯莫德换上了结核病，公元 138 年就与世长辞了。

白发人送黑发人的经历放在谁身上都是致命的打击吧，加之哈德良的病情不断恶化，此时的他甚至想到了自杀。哈德良将政权让给了新选的继承人安东尼·庇护后，就离开了罗马，搬到了位于那不勒斯近郊的别墅，在那里度过了余生。

在人生的最后时光里，他作了一首诗流传了下来。

Animula,vagula,blandula
Hospes comesque corporis
Quae nunc abibis in loca
Pallidula,rigida,nudula.
Nec,ut soles,dabis iocos…

（译文）

弱小又彷徨的灵魂啊，借吾之躯逗留人间的亲友啊，
你现在脸色苍白，浑身冰凉，真是寂寞如雪。
到了彼岸，你便不会想起那些嬉笑玩闹、欢呼雀跃的日子，
即便如此，你还是要离开这里吗？

安东尼·庇护——贤帝中的贤帝

哈德良王位的继承人是安东尼·庇护[1]（86—161/138—161在位），他的统治被后人评价为"没有历史"。可实际上，安东尼的统治时间长达23年，是五贤帝中最久的，但在风调雨顺的五贤帝时代中，他统治期间发生的"事件"最少，因此容易被人遗忘。

因为几乎没有值得大费笔墨的事件，所以安东尼的知名度很低，不过笔者觉得他才是五贤帝中最优秀的皇帝，没有发生任何事件，不正是内政、外交都很稳定的力证吗？

安东尼·庇护出生于距离罗马南部约30千米处的一个叫拉努维姆的地方。他的祖父当过两次执政官，父亲当过一次执政官。在他年幼时，父亲就去世了，安东尼·庇护是由祖父和外祖母抚养长大的，长大后又继承了双方的财产，使得他能成为罗马凤毛麟角的资本家。

安东尼·庇护自己曾担任元老院议员，体验过财务官等公职，于公元129年成为了执政官。随后担任位于小亚细

安东尼·庇护

温厚笃实的皇帝。被元老院授予了"Pius"（孝子）的称号。

---

1. 安东尼·庇护，罗马帝国"五贤帝"中的第四位，在他统治时期帝国达到全盛顶峰。因此，五贤帝的统治时期也因他的名字被称为"安东尼王朝"。安东尼在位期间，继承哈德良的政策，对外防御，对内调整各方面关系，与元老院保持良好合作，并且大力发展经济，加强对行省的监督和管理，促进了行省经济和帝国的繁荣。

亚西部的亚细亚行省的总督，回国后成为皇帝顾问团的一员。

安东尼52岁那年被哈德良收为养子，但哈德良提出了一个条件，那就是要求安东尼将马可·奥勒留[1]和路奇乌斯·维鲁斯[2]两人也收为养子。

马可·奥勒留（后来的马尔克·奥列里乌斯帝）是安东尼妻子的外甥侄儿，当时才16岁，是一名非常优秀的年轻人。另一名养子路奇乌斯·维鲁斯是凯欧尼斯·柯莫德的遗孤。安东尼同意了这个条件，终于成为哈德良的继承人。

成为皇帝后，安东尼向元老院提出了将哈德良宣为神祇的请求。古代罗马皇帝换代时，将先帝神格化是一种传统做法。然而与哈德良关系不和的元老院拒绝了他的请求。

一般来说，这种情况下元老院和皇帝会僵持不下，可是擅长辞令的安东尼用一番话说服了元老院，他说："如果你们认定哈德良皇帝是卑鄙的人民公敌，我也不会反驳你们。只不过这样一来，也请你们抹杀他先前的一切有效行为，包括他对我的收养。"

据说，安东尼的名字会和"Pius"一词联系在一起便是因为这

---

1. 马可·奥勒留（121年4月26日—180年3月17日），全名为马尔克·奥列里乌斯·安东尼·奥古斯都，拥有恺撒称号（Imperator Caesar）的他是罗马帝国五贤帝时代最后一个皇帝，于161年3月8日至180年3月17日在位。马可·奥勒留是罗马帝国最伟大的皇帝之一。他是一个很有智慧的君主，也是一个思想家，有以希腊文写成的著作《沉思录》传世。在整个西方文明之中，奥勒留也算是一个少见的贤君。他向往和平，却具有非凡的军事领导才干。
2. 路奇乌斯·维鲁斯（130年—169年）是罗马帝国五贤帝时期的皇帝，与哥哥马可·奥勒留曾经共同统治罗马帝国，也是罗马帝国首度出现两帝共治，虽然实际还是以马可·奥勒留为最高领导者。

件事。安东尼虽然态度温和，但是在关键时刻，也会坚持自己的立场让周围人信服。

如果说先帝哈德良是"旅行的皇帝"，那么安东尼便一直驻守在罗马进行着统治。虽然边境地区也时常爆发小动乱，但他都待在罗马远程指挥，向行省总督发出指示，或派遣将军前往当地镇压骚乱，于是那些小摩擦一次也没有发展成战争。

那么安东尼·庇护究竟是个什么样的人呢？他的继承人的马可·奥勒留在《沉思录》[1]中这样写道：

要学习父亲温和的处事原则，深思熟虑后，一旦决断就会毫不动摇，坚持到底。绝不怀有任何关乎名誉的、空洞的虚荣心。热爱劳动并坚忍不拔。他为了公共利益，会虚心听取他人的意见。始终公平地分配与每个人价值相适应的利益。并且他很有经验，知道何时该紧张起来，何时该舒解紧张感。他下令停止一切社会上的娈童行为。

他既不粗暴，也不厚颜无耻；既不过激，也不手足无措。他做事时总是一步一个脚印，顺其自然，他思考问题时安静而井然有序，内心坚定又始终如一。苏格拉底有句名言简直就是为他量身打造的："大部分人不懂节制，容易耽于享乐，而他懂得有节制地享乐。"不管在什么情况下，他都很能忍耐，并且能克制本心，拥有着完美

1.《沉思录》，马可·奥勒留著。写于出征达西亚途中。据说是用于教育他儿子的。由一系列长短不等的格言组成，共12卷。各卷及各节之间并无内在联系。

而又不屈不挠的灵魂。他临终前面对疾病的态度，就是鲜活的例证。

（《沉思录》马可·奥勒留著，神谷美惠子译，岩波文库）

马可·奥勒留这番话绝不是奉承，安东尼确实施行了充满人文关怀的政策。譬如他制定了禁止虐待奴隶的法律，即位第三年经历了丧妻之痛后，便将妻子法斯蒂纳的遗产与自己的资产合并，设立了支援贫困家庭孩子的"法斯蒂纳基金"。

公元161年，安东尼去世了，他的死亡和他的统治一样安静。有一天，他晚饭芝士吃多了，第二天就呕吐发烧。由于病情恶化，他把政权交给了养子马可·奥勒留，之后便像睡觉一样永远陷入了长眠。

有专门为皇帝写传记的作家总结了安东尼的一生。

在几乎所有的罗马元首中，只有他一个人，独善其身，与世无争。在没让市民和政敌流一滴血的情况下，结束了自己的生涯。安东尼始终欣赏努马王的幸运与虔诚，于是坚持宗教礼仪并保持心境平和，而他也确实足以和努马王比肩。

（《罗马皇帝群像》）

没有战争便也没有国库的浪费，安东尼将帝位让给马可·奥勒留时，国库里还有6.76亿第纳尔，这是迄今为止罗马国库最充盈的时刻了。于是当马可·奥勒留欲将先帝安东尼宣为神祇时，没有一个元老院议员提出反对。

马可·奥勒留——史上第一位共治皇帝

安东尼·庇护成为哈德良的接班人时，16 岁的马可·奥勒留和 7 岁的路奇乌斯·维鲁斯也成为了安东尼的养子。当时的安东尼 52 岁，可以说是步入了老年阶段。因此，马可·奥勒留和路奇乌斯·维鲁斯两人从那时开始，就在安东尼的指导下，开始学习帝王之道。

安东尼的和平统治结束以后，马可·奥勒留（121—180/161—180 在位）登上了帝位，当时的他即将年满 40 岁。

奥勒留和维鲁斯虽然同为养子，权力与地位相同，但是安东尼敏锐地察觉到俩人的天资是存在差距的。奥勒留 18 岁时便成为了执政官，可维鲁斯直到 24 岁也没能获得这项殊荣。原本安东尼让维鲁斯和自己的女儿芙斯汀娜订婚了，可后来他又撤回婚约，将女儿嫁给了奥勒留。安东尼去世之前，也是向奥勒留交代了后事。

虽然安东尼偏心于奥勒留，但是奥勒留非常尊重先帝哈德良的遗志，不仅把自己的女儿露西拉嫁给维鲁斯，还提议与义弟维鲁斯共同治理罗马。

那么奥勒留是怎么看待同时被收养的弟弟的呢？《沉思录》中有写到关于维鲁斯的部分：

我也有像亲弟弟一样的人。弟弟本性善良，促使我注意三省吾身。同时，他对我的尊敬和亲情也使我感到非常欣慰。

(《沉思录》马可·奥勒留著，神谷美惠子译，岩波文库)

从这篇文章可以看出，维鲁斯虽然有时会有轻率之举，但与奥勒留的兄弟关系似乎很融洽。维鲁斯接受了奥勒留的提议，开始了罗马史无前例的二帝共治。虽说是共治，可维鲁斯好像并不太关心政治。

公元 161 年，奥勒留和维鲁斯的共同统治翻开序章。可是不久之后，随着安东尼的去世，很多以前积累的问题就在帝国的前线以井喷之势爆发。

最初的问题来源于罗马与帕提亚之间的战争，这场战争争夺的是对亚美尼亚的控制权。奥勒留将远征军的指挥权交给了维鲁斯。维鲁斯天生开明的性格深得士兵的心，于是他率军漂亮地击败了帕提亚，凯旋回到罗马。历来罗马都有举办凯旋仪式的传统，自图拉真治世以来，大约每 50 年就会举行一次。

归国士兵从东方带回了各种各样的战利品，当然也带来了意想不到的祸种。这个祸种就是疫病。疫情瞬间蔓延到帝国全境，特别是人口密集的城市死亡率居高不下。从此，瘟疫持续折磨了罗马人 10 年以上。这究竟是什么疫病，虽然无从得知，但是据说罗马失去了三分之一的人口。

饱受瘟疫困扰的同时，北方的国境多瑙河边也不安稳，日耳曼人的侵略频繁发生。

当初，当地的司令官击退过日耳曼人，然而，这几年敌人的侵略势头逐渐增强，终于在公元 168 年，奥勒留和维鲁斯两位皇帝结伴向北挺进。好不容易平定了国境线地区,没想到在归途中,维鲁斯却突发脑溢血去世了。

奥勒留把维鲁斯的遗体带回罗马,安放在他的亲生父亲柯莫德与他的养父安东尼长眠的哈德良神庙里。

维鲁斯去世以后的公元169年,马可·奥勒留没有设立新的共治帝,独自一人统治着罗马。罗马第一次的二帝共治持续了八年便宣告终结。

合乎柏拉图理想的哲学家皇帝

公元169年年底,马可·奥勒留将维鲁斯安葬,而后又向北方的国境进发。

迄今为止日耳曼人已经多次入侵国境,气候寒冷而对温暖地区的寻求是日耳曼人进攻罗马的背景因素。而此时的罗马大地上疫病肆虐,对于罗马人来讲,寻找更宜居的环境也是他们战斗的动力。

在此后的五年里,奥勒留将在帝国的北境与日耳曼人展开旷日持久的战斗,他的《沉思录》也是在北方战线的阵地上写的。

凭借"哲学家皇帝"之称谓闻名于世的马可·奥勒留从小就给人一种庄严的印象。据说他幼时就对哲学有着浓厚的兴趣,一离开乳母,他马上就被托付给哲学家们培养。对哲学日渐痴迷的奥

五贤帝的最后一位,信奉斯多葛学派哲学,人称"哲人皇帝"

勒留，会模仿希腊的哲学家，披着简陋的斗篷睡在地上，在母亲的恳求下，他才不情不愿地睡到床上，他对哲学的狂热由此可见一斑。

或许有人会产生这样的疑问，热爱哲学就要睡在地板上或者撰写《沉思录》吗？笔者这就解释一下当时的哲学。

日本人听到希腊哲学，最先想到的应该是苏格拉底、柏拉图、亚里士多德等先哲们。从公元前6世纪左右开始"追求智慧"的希腊哲学，随着公元前5世纪—前4世纪苏格拉底、柏拉图、亚里士多德的登场，而攀上了辉煌的顶点。

公元前5世纪—公元前4世纪到达巅峰的希腊哲学，从那以后一直在变迁。在马可·奥勒留的时代，希腊哲学的代表是伊壁鸠鲁派[1]和斯多葛派[2]，马可·奥勒留便是斯多葛派的哲学信徒。

人们常说，伊壁鸠鲁派是快乐主义，斯多葛派是禁欲主义，其实并没有这么简单。伊壁鸠鲁派的确以舒适的生活为目标，但并不是贪图享乐，而是戒暴饮暴食，甚至是禁欲。

那么，它为什么被称为快乐主义呢？因为伊壁鸠鲁派讨厌公职和公务。伊壁鸠鲁派信徒们的理想是：和自己的亲友，即家人、朋友们一起幸福快乐地生活。而公职意味着责任，如果接受了公职，

---

1. 伊壁鸠鲁派是古希腊最著名的哲学流派之一。这个学派由伊壁鸠鲁（前341—前270）所创立。他领悟到真正的恬静不能从怀疑中获得，只能源于对客观世界的正确认识。他于是接受了德谟克利特的原子论，认为人的心智或灵魂都是极轻极圆滑的原子。心智居于胸中，灵魂遍布于全身。可以说心智是灵魂的集中部分，心智指挥灵魂。灵魂原子从感官传导感觉于心智，心智利用灵魂原子的传导，推动肢体发生动作。
2. 斯多葛派认为世界理性决定事物的发展变化。所谓"世界理性"，就是神性，它是世界的主宰，个人只不过是神的整体中的一分子。所以，斯多葛学派是唯心主义的。

就必须履行职责,个人幸福的实现便会受到阻碍。

斯多葛派在日常生活方面,虽然和伊壁鸠鲁派一样属于禁欲派,但他们认为在某种程度上肩负公务无可厚非。斯多葛派的观点是:公务与享乐并不矛盾,好好完成公务以后,便能获得"闲暇"(Otium),在闲暇时间便可以做自己想做的事情。

从古希腊到罗马帝政时期的数个世纪里,古代地中海世界的人们不外乎被两种哲学学派的观点所吸引,一个是伊壁鸠鲁派,另一个是斯多葛派。要说在罗马哪一派的信徒比较多,其实是斯多葛派。

帝政时期的罗马人,从"面包和马戏"的传统到庞贝壁画上的宴会风景等,都给人一种他们属于伊壁鸠鲁派的错觉,但其实伊壁鸠鲁派哲学并不流行。

与共和政时期相比,罗马人对先代遗风和名誉荣耀已经不太追求了,不过对于他们来说,就任公职仍然是一件光荣的事情。在处理好公务的基础上重视自己的空闲时间,笔者认为斯多葛派的基本观点与罗马人的普遍价值观不谋而言。

马可·奥勒留的统治时期属于歌颂和平的五贤帝时代,但在现实中,这也是一个疫病流行、异族入侵、气候变化引发洪水和饥荒的困难时代。安东尼建立的安邦定国的管理体制,因为接踵而至的问题而开始出现破绽,故而这个时代的人们开始对生存感到不安与恐惧。

这个时代的人们开始被拥有超自然力量的宗教所吸引。从前罗马人的宗教信仰只是"祈祷灾祸不要降临",到了这个时代,人们渐渐被一些举办神秘仪式的宗教吸引了目光,譬如通过祭奠伊希斯[1]（Isis）、密特拉[2]（Mitra）、巴克斯[3]（Bacchus）等神明来获得"个人救济"的秘密宗教。

马可·奥勒留君临天下的时代，正是从公务中寻找价值的斯多葛派思想盛行，加之秘密宗教倡导的"个人救济"思想强烈的时代。

自幼学习哲学的斯多葛派哲学家皇帝马可·奥勒留，在北方的国境线上，白天和异民族战斗，晚上则在兵营的灯光下一个人思考——身为皇帝的责任是什么、诸神和人类的关系以及宇宙的理性与人类的生活方式，等等。他以斯多葛派的思想为基础，不断地将自己对各种各样问题的理解写下来，将那些零散的思想总结成册，最终编成了《沉思录》。

《沉思录》是用当时的教养语希腊文写的，所以写它的初衷并不是为了让大众阅读，而是马可·奥勒留为了理清自己的内心秩序而创作的。在他治世之初，各种困难不断涌现，他作为皇帝要挺身而出，可哲学家的另一重身份也促使他不断写作，当自己的精神世界感到不安时，提醒自己内省和自制。这种姿态，真可谓是自带圣光的"哲学家皇帝"形象。

柏拉图曾经对希腊的民主主义感到绝望，他认为最理想的政体是"贤者独裁"，让优秀的哲学家成为皇帝。基于柏拉图的观点，

---

1. 伊希斯，是古埃及神话中的生命、魔法、婚姻和生育女神，赫里奥波里斯九柱神之一。她被视为完美女性的典范，不仅在古埃及是最重要的一位女神，而且也影响到包括古希腊、古罗马在内的西方世界的其他地区，乃至天主教中的圣母子的形象，都与古埃及艺术中伊希斯怀抱年幼的荷鲁斯形象雷同。
2. 密特拉神象征着太阳，被敬拜为太阳神。（Mitra）原意是"契约"，也被视为"契约之神"。
3. 巴克斯，是罗马神话中的酒神和植物神，对应希腊神话中的狄俄尼索斯。

马可·奥勒留可以说是最理想的皇帝了吧。

如果马可·奥勒留在安东尼·庇护的时代成为皇帝的话，他一定会政绩斐然、幸福一生吧。从这个意义上来说，他并没有享受到时代的红利。但或许正因为时代没有眷顾他，他的思想才更加深邃，才能创作出《沉思录》这一伟大的内省记录。

然而，懂得深刻反躬自省的哲学家皇帝也会犯错误。他的错误就是将自己无能的儿子选为继承人。从涅尔瓦到马可·奥勒留，之所以诞生了五位贤明的君主，是因为他们选择后继者时不管血缘的亲疏，只看个人能力是否优秀。而且巧合的是，先前几位贤帝要么没有子嗣，要么亲生儿子早年夭折。

马可·奥勒留与他的妻子芙斯汀娜生了14个孩子。可是由于古代生存环境恶劣，平安度过幼儿期长大成人的只有六位，且这六个孩子中唯一的男孩是康茂德[1]。

哲学家皇帝毕竟也是肉体凡躯，他一定对唯一的男孩康茂德十分宠爱吧。奥勒留将年幼的康茂德当作继承人培养，让他复刻当年自己的老路，从小就学习帝王之道，遗憾的是康茂德并没有学到父亲的一星半点，反而成长为粗暴的大胃王。

---

1. 康茂德，公元2世纪末的罗马帝国皇帝，180年3月17日—192年12月31日在位。古罗马帝国安东尼王朝第七位皇帝，亦是安东尼王朝的最后一位皇帝。康茂德虽然是有名的哲学家皇帝马可·奥勒留的亲生儿子，但在他执政的12年期间普遍不得元老院与一般人民的喜爱，当代史学家卡西乌斯·迪奥将其视为另一位暴君的典范，并结束了过去帝国五贤君时代的繁华。他的继位为古欧洲3世纪危机埋下了伏笔。在康茂德遇刺身亡后，罗马帝国再次陷入了一连串混乱的内战之中。

尽管儿子不成器，做父母的却始终对他怀有一份偏爱，公元175年，奥勒留带着儿子一起去平定叙利亚总督卡西乌斯[1]发动的叛乱，以树立康茂德在军中的威望。叙利亚的时局稳定以后，北部的战争还没有停歇，于是公元178年，奥勒留带着康茂德再次前往国境多瑙河。

公元180年，奥勒留重病卧床。也许他的身体状况在那之前就一直不佳吧，总之病来如山倒，治疗也回天乏术，于是奥勒留卧床一周便与世长辞了。

先帝既然指定了亲生儿子康茂德作为继承人，那么他登上帝位便是顺理成章的事情了。那时康茂德（161—192/180—192在位）年仅18岁。或许是少年不识打天下的艰难困苦，总之康茂德登基以后很爽快地向敌人支付了赔偿金，并从北方战线撤退了。就这样，父亲奥勒留奋斗一生守护的国境线上的行省，就被儿子给轻易放弃了。

罗马一直是个视威严重于泰山的民族，对于他们来说，放弃边疆既是蒙羞，也是忍痛割爱，于是他们开始对新皇帝统治下的未来感到惴惴不安。

---

1. 阿维狄乌斯·卡西乌斯，公元175年反叛罗马帝国，短暂地统治埃及和叙利亚，后被部下刺杀。

第九章
罗马遗失的秩序

罗马史上最恶劣的皇帝康茂德

奥勒留和康茂德毕竟是亲生父子,长相非常相似。不管何时,人们看到年轻时的马可·奥勒留像,就会误认为是康茂德像。然而相似的只有容貌,两人的内在完全不同。

马可·奥勒留是一位在困难时代严于律己、为帝国尽职尽责的哲学家皇帝;而他的儿子康茂德,如今有一个不光彩的称号——"罗马历史上最恶劣的皇帝"。

正如上文所言,刚成为皇帝的康茂德爽快支付了战争赔款,放弃了北方战线,招致人们的不满。用支付赔偿金来结束战争,过去并不是没有先例,问题是康茂德曾经嘲讽过父亲的文人气质显得软弱无能,而他自己做的事却又登不上台面,因此他给人留下了言行不一的坏印象。

康茂德回到罗马后将政务交给了亲信,自己却成天在后宫享受玩乐。而且,他并没有委派合适的人来治理朝政,而是仅凭个人好恶,把想留在身边的人安排在了执政者的位置上,所以政治腐败也是可以想见的结果吧。

康茂德的亲信们相继处死了看不顺眼的元老院议员，没收了他们的财产以中饱私囊。尽管如此，康茂德还是对他们放任不管，因为他们给了康茂德足够的金钱去醉生梦死。但是，专横的统治并不会长久。国内叛乱爆发，康茂德意识到自己有生命危险，于是将那些腐败的亲信们都处死了，暂时摆脱了困境。

康茂德还宣称自己是神话中的英雄赫拉克勒斯[1]的化身，并以此为始，他总能为自己的奇葩行径找到看似正当的理由。

自称是赫拉克勒斯化身的康茂德，即便在正式场合也会披着狮子的皮毛、手持棍棒出现，他还作为剑斗士亲自上场比赛。

在那之前，皇帝经常坐在贵宾席观看举办的竞技表演，但是皇帝自己作为剑斗士参加比赛，这是前所未闻的事情。

康茂德
作为使帝国陷入混乱的愚昧皇帝而有名。自称是赫拉克勒斯的化身。

---

1. 赫拉克勒斯，是古希腊神话中最伟大的英雄。是主神宙斯与阿尔克墨涅之子，因其出身而受到宙斯的妻子赫拉的憎恶。他神勇无比、力大无穷，后来还完成了12项被誉为"不可能完成"的任务，除此之外他还解救了被缚的普罗米修斯，隐藏身份参加了伊阿宋的英雄冒险队并协助他取得金羊毛。赫拉克勒斯英明一世，却最终遭第二任妻子误会，并在他的衣服上涂了毒，难耐痛苦而自焚身亡，死后升入奥林匹斯圣山，成为大力神。他惩恶扬善，敢于斗争。在如今的西方世界，赫拉克勒斯一词已经成为了大力士和壮汉的同义词。

根据公元192年11月举办的竞技会的记录，康茂德以他最爱的狮皮加棍棒的造型登场，杀了老虎、大象、河马、鸵鸟等各种各样的野兽和家畜后，还与剑斗士进行了决斗。

野兽暂且不问，剑斗士们到底敢不敢发挥出他们的真实水平，笔者对此持怀疑态度。因为剑斗士基本上是身份低贱的奴隶和俘虏，所以他们有可能不敢将剑指向皇帝。虽然可信度尚待考察，但也有史料告诉我们，康茂德用剑将毫无还手之力的剑士们一个接一个地刺死。

不排除康茂德是强大的剑斗士的可能性。因为他是左利手，并且他以此为豪。剑斗士大多是右撇子，所以左撇子的剑斗士就具有压倒性的优势。从庞贝城的涂鸦中也可以看出这一点。

暂且不论康茂德的竞技搏斗能力是否高超，他的各种奇葩行径和多次肆意的肃清，早就透支了人们对他的尊重与信任，也把他自己逼到了被暗杀的边缘。

公元192年12月31日，近卫军长官艾克尼库图斯和皇帝的情妇马尔琦亚，执行了暗杀康茂德的计划。

最初的计划是毒杀。马尔琦亚按照计划给康茂德下了毒，康茂德很痛苦但却怎么也死不掉。着急的两位暗杀者，让一个名叫纳尔奇索斯的年轻人，把康茂德勒死了，这位年轻人以前经常作为康茂德竞技训练的对手。

当康茂德被暗杀的消息传到元老院时，议员们要求用钩子把遗体拖走，再扔进台伯河。但是，康茂德的遗骸被下一任皇帝佩蒂纳克斯¹转移到哈德良的陵墓里，好不容易使他免于遭受千古罪人的耻辱。

这些都是在马可·奥勒留去世 12 年后发生的事了。

流于竞拍的皇位

元老院是暗杀康茂德的幕后黑手，当时罗马的城市执政官佩蒂纳克斯（126—193/193 年 1 月—3 月在位）被拥立为皇帝后，他开始试图恢复混乱的秩序。

佩蒂纳克斯是一名被释放的奴隶的孩子，但却非常优秀。他能够登上皇位，靠的就是优秀的执政能力而非高贵的血统。可是他登基以后急于整顿财政、恢复秩序，导致近卫军和元老院对他操之过急的手段非常反感，所以他在位仅仅三个月就被亲卫队暗杀了。

近卫军暗杀了佩蒂纳克斯以后，面临着后继无人的尴尬局面，无奈之下他们竟然做出了令人匪夷所思的举动：将皇位拿出来"公开拍卖"。换言之，谁给近卫军的贿赂最多，谁就被拥立为王。

在这场竞拍中获胜从而登上皇帝宝座的是资本家狄第乌斯·尤利安努斯²（133—193/193 年 3 月—6 月在位），他经营着贷款业务

---

1. 佩蒂纳克斯（公元 126 年 8 月 1 日出生于爱芭，193 年 3 月 28 日逝世于罗马市）是公元 193 年内的五位罗马皇帝之一。佩蒂纳克斯在位仅三个月，在此期间发生了多次兵变和阴谋。他的处境很糟糕，因为他缺乏自己的势力基础，而是完全依靠近卫军和首都的士兵，而雷图斯则继续打算从幕后决策。
2. 尤利安努斯（公元 137 年 2 月 2 日出生，公元 193 年 6 月 1 日被杀）是公元 193 年（五帝之年）内的五位罗马皇帝之一。

并以此谋生。

尤利安努斯的皇位还没坐稳,潘诺尼亚¹行省的总督塞普蒂米乌斯·塞维鲁²(146—211／193—211 在位)就被驻扎在多瑙河流域的军队拥立为皇帝,向罗马进军。尤利安努斯想要抵抗,但他没有操练士兵,而是近乎疯狂地诉诸神谕的力量,最终失去了人心。公元 193 年 6 月,倒戈的元老院将尤利安努斯处死,迎来了新的皇帝塞普蒂米乌斯·塞维鲁。依靠金钱上位的皇帝尤利安努斯最终的统治时间只有短短 66 天。

18 世纪的启蒙思想家孟德斯鸠这样描述了这一连串的事件。

涅尔瓦的智慧、图拉真的荣耀、哈德良的勇气、两位安东尼的美德,为士兵们带来了自尊心。然而,当新的怪物们取代他们登场的时候,军人政权³的弊端已经暴露无遗。结果就是,将帝国当做商品贩卖的士兵们不断暗杀旧的皇帝,再为帝权标上新的价格。

(孟德斯鸠《罗马盛衰原因论》)

---

1. 潘诺尼亚大致的范围是今天的匈牙利、罗马尼亚和塞尔维亚、捷克、斯洛伐克及奥地利的部分地区。居于欧洲中心地带。
2. 塞普蒂米乌斯·塞维鲁(拉丁文：Septimius Severus, 145 年 4 月 11 日—211 年 2 月 4 日),出生于罗马帝国阿非利加行省大莱普提斯,死于不列颠。罗马帝国皇帝,塞维鲁王朝开创者,193 年 4 月 14 日成为罗马皇帝,在位至 211 年 2 月 4 日逝世。他是首位来自非洲的罗马皇帝。
3. 军人政权一般是指军人武力手段取得的国家执政权力或由世袭下来的军人执政。

塞维鲁出生于北阿非利加沿岸的大莱普提斯，那里曾经是腓尼基人的殖民地——迦太基的所在地。因此，塞维鲁不仅不是纯粹的罗马人，他甚至不属于印欧语系[1]。他大概率属于闪语族[2]，母语是腓尼基语（布匿语），据说他使用的拉丁文带有腓尼基口音。

图拉真和哈德良都是伊比利亚半岛人，所以当时的皇帝早就打破了必须是意大利人的禁锢。虽说北阿非利加出身的塞维鲁也能成为皇帝，但他与其他行省出身的皇帝也有不同之处，那就是他甚至不属于印欧语系。从这个意义上来说，他的即位对罗马来说是一个很大的转折点。

说句题外话，从奥古斯都成为初代皇帝开始，到异民族的塞普蒂米乌斯·塞维鲁即位，其间经历了220年。有趣的是，从美国第一任总统华盛顿到非洲裔的贝拉克·奥巴马上台，历时也是220年。或许打破民族之间的壁垒，就需要如此漫长的岁月。

从"罗马人的帝国"到"罗马帝国"

果然皇帝的出身对他的执政理念也有很大的影响。来自行省的塞维鲁就不受罗马传统与贵族世家的束缚，而是循序渐进、坚决彻

---

1. 印欧语系是当代世界上分布区域最广的一个语系，使用者几乎遍及整个欧洲、美洲、澳大利亚、新西兰，还有非洲和亚洲的部分地区。从15世纪开始，随着欧洲殖民势力不断扩张，一些欧洲语言陆续传到世界其他许多地区，这是印欧语系分布如此之广的直接原因。
2. 闪语族又称闪米特语族或塞姆语族，是古代美索不达米亚语言的一个支系，当时，说这种语言的有好几个民族，阿拉伯人、以色列人和埃塞俄比亚人。现代所使用的其分支语言有：阿拉伯语、希伯来语、亚拉姆语、马耳他语、阿姆哈拉语、提格雷语等。

底地进行着改革。

譬如,在他即位以前罗马仅允许意大利人加入近卫军,他登基以后行省出身者也能拥有入队资格了。并且,他还消除了军队内部的身份歧视,不论门第、出生地以及身份地位,让有能力者有机会晋升为高级武官。

于他而言,帝国内的所有地区都一视同仁,东、西、北、南都没有差别,意大利所固有的文明也并不是至高无上的。从这个意义出发,罗马在他的统治下产生了"空前的民主化、均等化"意识。是他把罗马从"罗马人的帝国"变成了"罗马帝国"。

民主化、均等化的意识,非常符合现代人的观念,但在当时也并不是无可挑剔的。为什么这么说呢?因为一旦在广袤的帝国全境大肆宣扬平等的价值,皇帝权力的基础就变得模糊了。其后果就是,罗马失去了"权威治世"的传统,赤裸裸的权力,即"军事力量"成为了皇帝执政时必须要考量的因素。

塞维鲁成为皇帝以后就变得非常重视军队。迄今为止,也曾有过好几位皇帝,他们的诞生首先由军队拥立、而后由元老院追认。不过继塞普蒂米乌斯·塞维鲁之后,皇权的取得似乎落入了一个固定模式,即依靠军队的支持来取得皇权。于是元老院的权威逐渐被边缘化,甚至在塞普蒂米乌斯·塞维鲁的统治期间,很多元老院议员还被判处了死刑。

话虽如此,可实际上塞维鲁本身并非暴君,所以在他身处的时代,仅仅出现了重用军人、改善军人待遇的风潮,并没有引发很严重的社会问题。可这支是军队地位提升的前奏,后来的塞维鲁越发把军队作为皇权的支柱,将军人的地位提高到史无前例的地步,无形中也为日后的军阀混战——"军人皇帝时代"埋下了伏笔。

话说回来,军队与皇帝之间的羁绊更加紧密也有好处,塞维鲁得以灵活地指挥军队,平定了趁罗马内乱而悄无声息扩张领域的帕提亚,重新树立了罗马帝国在周边国家心目中的威信。

后来,塞维鲁还远征不列颠试图吞并苏格兰,遗憾未能如愿。在他统治的第 18 年——公元 211 年 2 月,塞维鲁在埃波拉孔(现在的约克[1])病死。

临终前,塞维鲁躺在床上,将不久后即将成为共治帝的两个儿子——卡拉卡拉[2]和盖塔[3]叫到了枕边,并留下了遗言:"你们要心往一处想、力往一处使。藏富于士兵是正事,其他都是次要的。"

塞普蒂米乌斯·塞维鲁享年 65 岁,从五贤帝时期的最后一位皇帝马可·奥勒留算起,他是时隔 30 年才出现的又一位自然死亡的皇帝。

---

1. 约克,位于英国英格兰东北部,北约克郡城市,隶属于约克夏—亨伯地区,并具有自治市地位。位于福斯河与乌斯河的交汇处,西南距利兹 32 千米,位于乌斯河(Ouse River)河畔、利兹东北偏东,起初为盖尔人的据点,后为罗马人、盎格鲁人、丹麦人和诺曼人占领,在将近 2000 年的时间里,约克一直是北英格兰的首府,地位相当于今天的伦敦。
2. 卡拉卡拉(拉丁文:Caracalla,186 年 4 月 4 日—217 年 4 月 8 日)是塞普蒂米乌斯·塞维鲁的大儿子和罗马皇帝(211—217)。他杀死他的弟弟塞普蒂米乌斯·盖塔和盖塔的支持者来巩固他的皇位。颁布安东尼努斯敕令,让罗马公民权赋予全体罗马人民。这也标志着罗马帝国由盛转衰。
3. 盖塔是塞普蒂米乌斯·塞维鲁和尤利亚·多姆娜的儿子,塞维鲁去世后,盖塔被宣布和其兄卡拉卡拉同为共治皇帝。然而不久以后卡拉卡拉就暗杀了盖塔,同时被害的还有盖塔的岳父盖乌斯·富尔维乌斯·普罗汀纳斯和盖塔的妻子弗拉维·普罗提尔。随后卡拉卡拉处死了盖塔的支持者,并让元老院立法通过一项除忆诅咒,消除盖塔的功绩记录。

"罗马帝国"所引发的悲剧

父亲塞普蒂米乌斯·塞维鲁弥留之际的嘱咐"兄弟二人要齐心协力",长子卡拉卡拉(188—217/198—217 在位)很快就将其抛诸脑后。

卡拉卡拉的称谓不是本名,只是因为他喜欢穿"Caracalla"(长袖长衫的外套)而被别人取的昵称。他的本名是塞维鲁·安东尼,因为称呼本名会与先帝重名,所以本书统一使用了广为人知的称谓——卡拉卡拉。

卡拉卡拉不肯遵从父亲的遗愿是事出有因的。诚然,他有时候也讨厌弟弟,不过这不是最主要的原因。根本原因是,卡拉卡拉总觉得父亲的皇位原本只应该传给自己,然而在父亲临终的关头,兄弟俩的母亲——皇后尤莉亚·多姆纳劝说塞维鲁,让盖塔(189—211/209—211 在位)也拥有和哥哥一样的继承者权,于是就出现了"兄弟同心"的临终嘱托。

原本可以独享的皇权,现在却不得不与弟弟分享,何况兄弟二人的关系一直不睦,于是手足相残的种子开始在卡拉卡拉心里生根发芽。公元211 年12 月26 日,卡拉卡拉终于当着母亲尤利亚的面,亲手刺杀了弟弟。兄弟俩的共同统治,仅仅持续了十几个月就宣告终结。

皇帝杀了共治帝,况且共治帝还是他的亲弟弟,卡拉卡拉也明白自己这么做非常离经叛道。敏感的卡拉卡拉感觉到自己有人身危险,于是他一边贿赂近卫军,将他们拉拢到自己的阵营中,一边向元老院辩解是弟弟先起了杀心,自己无奈之下才进行了正当防卫。

当然没有人相信卡拉卡拉的一面之辞，走投无路的卡拉卡拉为了自保，将支持弟弟的人都赶尽杀绝了，连审判的过程都跳过，直接判处死刑。这些人里面有元老院议员、近卫军长官、行省总督、盖塔的朋友以及一般的士兵和宫廷的仆人……如此大规模的肃清不仅涉及与盖塔关系亲密的人，还有很多普通市民都被牵连了，仅仅因为他们为盖塔的死而流过泪。据说这次肃清中被处死的人达到了20000人。

除此之外，卡拉卡拉还将盖塔的存在从所有记录中抹掉。这在罗马史上被称为"Damnatio Memoriae"，也就是"除忆诅咒"[1]，即从官方记录、碑文甚至是绘画作品中抹去一个人存在过的痕迹。

位于古罗马广场的塞普蒂米乌斯·塞维鲁的凯旋门上，留下了盖塔存在过的唯一证据。这个凯旋门上写着塞普蒂米乌斯·塞维鲁的业绩，其中不仅提到卡拉卡拉，也刻有关于盖塔的记录。

然而卡拉卡拉甚至抹去了盖塔是塞维鲁的孩子的事实，但他不是简单粗暴地抹去文字记录，而是用其他的语句来替代，使上下文能够衔接得上，只有专业人士才能看出原文被篡改的痕迹。

卡拉卡拉的意图很明显，就是彻底将盖塔的相关记忆从历史上、从人们心中抹去。

1.除忆诅咒，或称为记录抹煞之刑，是一个拉丁文词语。按字面上的解释是"记忆上的惩罚"，意指从人们的记忆中抹消某些人和某些事物的存在。通常在叛国者或败坏罗马帝国名声的上层人士死后，经由元老院通过决议，消除特定公众人士的功绩记录。对被加上除忆诅咒的人来说，这是一种最严重的耻辱。

卡拉卡拉的性格不好，比严厉的父亲更残酷。他暴饮暴食，酷爱饮酒。除了近卫军，所有的士兵都非常讨厌他，甚至连他的亲人也非常憎恶他。卡拉卡拉与盖塔毫无共同点。

（《罗马皇帝群像》）

尽管卡拉卡拉违背了先父"兄弟同心"的遗言，但他却忠实地践行着"藏富于士兵"的嘱托。卡拉卡拉即位前，士兵的年收入为500第纳尔（约100万日元），他将士兵的俸禄提高到了每年750第纳尔（约150万日元）。至于那笔资金的来源，那都是他的父亲留下的巨额遗产。

卡拉卡拉继承了巨额遗产后，除了用作军费以外，还相继建造了广场、神殿、巨大的浴场等设施，史料中用"浪费如流水"来形容他的用度。在他建造的建筑物中最有名的莫过于卡拉卡拉浴场，现在也可以看到它的遗址，那是一座用砖块和罗马混凝土垒成的建筑物，规模之大，令人屏息。

卡拉卡拉在罗马留下了很多建筑物，其中最特别的是以自己名字命名的浴场。建筑家们说那个拖鞋形状的房子无法复原。因为支撑着整个拱形的天花板的，是由青铜和铜制成的格子。里面的空间也相当大，即便是现在的技术人员，也都说难以复刻原貌。

（《罗马皇帝群像》）

民众对豪华的公共设施喜闻乐见，然而由于卡拉卡拉的不断浪费,父亲留下的巨额资产瞬间就见底了,罗马陷入了前所未有的财政危机。为了应对危机,卡拉卡拉颁布了"安东尼律令"[1](212年)。

这是一项极其简单的法令,即将罗马市民权赋予帝国内所有的自由居民。这个法令得以开展的前提是,帝国已经从"罗马人的帝国"转变为"罗马帝国"了,而这一切都是拜行省出身的先帝塞维鲁所赐。随后卡拉卡拉又赋予了所有自由人以罗马市民权,让他们具备罗马市民身份。换言之,通过安东尼律令,卡拉卡拉进一步将罗马帝国建设成为了"世界帝国"。

但是在罗马社会中也存在质疑声,有人认为罗马的市民权正因为属于有限的群体,才更能凸显其特权的价值,如果人手一份的话,特权何在?

而且,对于行省中的自由市民来说,拥有罗马市民权也未必是件好事。因为罗马市民有义务缴纳继承税,而行省的自由民则没有这种义务。其实卡拉卡拉制定这项法令的内心真意就是为了增加继承税的课税者,来提高税收收入,最终实现财政的重建。

因此,安东尼律令看似在罗马实现了平等,使罗马摇身一变,成为理想中的"世界帝国",但现实情况与理想相去甚远,实际上

---

[1] 安东尼律令,也叫卡拉卡拉敕令,是罗马皇帝卡拉卡拉颁布的旨在统一帝国税制,增加国库收入的一项法令。212年他颁布敕令,授与帝国境内除"降敌"(dediticii,即蛮族移民)外全体自由居民以罗马公民权和一切法定形式的自治,使一切自由民都和罗马公民一样担负遗产税及其他捐税。敕令的颁行是罗马国家长期发展和帝国境内无公民权居民争取公民权斗争的结果。

它给民众带来了更大的课税负担。

卡拉卡拉遵从父亲关于富国强兵的遗言,给予士兵以优待,也受到了军队的拥护。可元老院议员和民众们对他的态度是憎恨,因此卡拉卡拉最终还是没能逃脱被暗杀的下场。

暗杀行动发生在公元217年,即他统治的第19个年头。据说卡拉卡拉在生命的最后时刻,正好肠胃不适,当他要去方便的时候,就被近卫军用剑刺死了,作为皇帝他的下场可真悲惨。

让尼禄相形见绌的皇帝埃拉伽巴路斯与军人皇帝时代的预兆

卡拉卡拉被暗杀时年仅29岁,没有孩子,也没有指定继承人。暗杀行动的组织者是近卫军长官马克里努斯(165—218/217—218在位),他假装哀叹卡拉卡拉的死,实则大言不惭地坐上了皇位。然而,他在位仅仅一年,就被埃拉伽巴路斯[1]击败了,殉身战场。埃拉伽巴路斯是被高卢军队拥护的14岁少年。

就这样成为皇帝的埃拉伽巴路斯(204—222/218—222在位)冒称自己是卡拉卡拉的私生子,实际上他是卡拉卡拉的母亲尤利亚·多姆纳妹妹的孙子。

---

1. 埃拉伽巴路斯(约203年到205年之间—222年3月11日),罗马帝国塞维鲁王朝的皇帝,218年至222年在位。他是罗马帝国建立以来,第一位出身自帝国东方叙利亚的皇帝。在卡拉卡拉遇刺身亡后,政军情势纷扰不已,东方军团拥立这位流有塞维鲁王族血统的少年继位,218年,在战胜马克里努斯之后,埃拉伽巴路斯成为罗马帝国的皇帝。

塞维鲁的妻子尤利亚·多姆纳是叙利亚祭司长的女儿，被誉为贤妻良母。因此人们在寻找卡拉卡拉的后继者时，就把埃拉伽巴路斯给推举出来了。

殊不知，这是一次失败的推举。

与暴君、愚帝、恶帝的知名度相比，埃拉伽巴路斯的知名度显然比不上尼禄，但是其统治时期的恶劣行为恐怕连尼禄都要自愧不如。

年仅14岁就登上了皇帝宝座的埃拉伽巴路斯，第一次来到罗马的时候，就凭借奇特的装束震惊四座。他身穿用金线缝制的紫色的丝绸衣服，戴着珍珠项链和翡翠手镯，头上戴着镶满宝石的金冠。嘴唇涂了口红，眉毛用墨勾勒，在罗马人眼中，这完全是一位"女装的皇帝"。

喜欢女性装扮的埃拉伽巴路斯，和女性正式结过三次婚，但哪怕是婚姻存续期间，也经常传出他是同性恋的绯闻。关于他的事迹并不光彩，不像哈德良宠爱的美少年安提诺斯那样令人欣赏，因为埃拉伽巴路斯会无所不用其极地寻找男伴。他会伪装成娼妇来吸引男性客人，却不理朝政、荒废政务，这对于皇帝来说是非同小可的失职行为。因此，皇帝君临天下的威严感在他身上不见分毫。

公元222年，国内叛乱和暴动相继发生，埃拉伽巴路斯和母亲一起被近卫军斩首了。他们的遗体被一丝不挂地拖到罗马的街道上，还被扔进了台伯河里，最终他们的下场和有罪之人一模一样。

后世的历史学家写道："就连尼禄都没有那样的先例，或许罗马人连埃拉伽巴路斯是罗马皇帝这一事实，都不想用文字记录吧。"

伟大的罗马皇帝的权威,也因为埃拉伽巴路斯的言行而失去了昔日的光彩。

在埃拉伽巴路斯去世的前一年,他的表弟——亚历山大·塞维鲁[1](公元208年—公元235年/公元222年—235年在位)成为了恺撒(副帝),因此埃拉伽巴路斯死后,亚历山大取而代之登上了皇位。

当时的亚历山大才13岁,是个稳重沉静的少年皇帝,对母亲的话言听计从。好在母亲莫米娅愿意听取周围人的意见。皇帝的顾问团里还有明智的元老院元老,他也会采纳元老们的意见,因此在他的统治下,罗马混乱的秩序逐渐恢复稳定。

即位后的亚历山大还面临着一项困难,那就是国境周边再度抬头的骚乱势力。波斯人侵了行省叙利亚,日耳曼人的进攻也接连不断,看来战争是不可避免了。

公元231年,亚历山大率军出征,好不容易击退了波斯军队,但在随后的北方战线上,因为他倾向于以和平谈判的方式平息动乱,所以被军队讽刺为胆小软弱的皇帝。

康茂德治世以来的五十余年间,军队一直受到优待,曾经的严格军纪已经不复存在了。士兵们稍有不如愿就会起来反抗,而且谁也没有能力平定。毕竟在那个时代,失去军队的支持就等于失去了政权的基础。

所以失去军队支持的亚历山大的结局就是,在公元235年被暗

---

1. 亚历山大·塞维鲁,罗马帝国塞维鲁王朝最后一个皇帝。

杀。传闻称亚历山大被暗杀的起因是,他为了削减战争费用而削减士兵的工资。

亚历山大·塞维鲁享年26岁,一共统治了13年。亚历山大的死,代表着从塞普蒂米乌斯·塞维鲁开始的塞维鲁王朝宣告结束,从此罗马进入了各地军队擅自拥立皇帝的混乱的"军人皇帝时代"。

IV

罗马缘何灭亡?
——古代末期与地中海文明的变质

第十章
军人皇帝时代和 3 世纪的危机

不是"衰退灭亡的时代",而是"变革的时代"

学习世界史的时候,我们一般将时代划分为"原始时期—古代—中世纪—近世—近代—现代"。大部分人都知道时代的划分,却鲜少有人知道时代的划分是基于什么。要想在世界史的庞大体系中找到时代的转折点并不简单。

如果这是日本史的话,从古代到中世纪的转折点就是庄园公领制的确立。虽然可以借助某些明确发生的历史事件来界定时代,可由于世界史的范围很广,所以转折点总是很模糊。

最近在世界史研究领域颇受关注的是被重新解读的"古代末期论"。罗马帝国的末期,不再是"衰退、灭亡的时代",而是化身成为了"变革的时代",起到了让罗马从古代过渡到中世纪的作用。由此可见,古代与中世纪的分界点未必是某一时间节点,还有可能是像"古代末期"一样的变革时代。

古代末期的范围因研究者而异,并没有统一答案。最大的时间跨度是,从罗马五贤帝时代(公元 2 世纪)到伊斯兰帝国成立(公元 8 世纪)。受吉本《罗马帝国衰亡史》的影响,古代末期的罗马历史经常被形容成混乱、衰败、分裂和灭亡的时代。不过,正如第

III 部所讲，在这样的混乱和衰退之态势下，也能找寻到民主化、均等化、改革等新时代的萌芽。

本书不单单将罗马的历史视为"诞生—扩大—成熟—衰退"的盛衰历程，还将罗马史放在西方世界的源流的位置上，希望读者能够理解罗马给世界带来的巨大影响和意义。特别是在第 IV 部，笔者想把罗马的古代末期视为整个西方世界从古代到中世纪的过渡，并尝试发表新的视点。

划分时代是为了方便后世的人回望过去，从某种意义上来说是一种"强行"划分。对于生活在那个时代的人们来说，不存在昨天还是古代，从今天开始就进入了中世纪的情况。回首历史的时候，笔者想让大家知道，即使看到的只是混乱和衰退，也希望读者们能够设身处地去体味这一段历史，毕竟对于当时置身其中的人们来说，未来充满了希望，他们也愿意向着曙光的方向努力生活。

军人皇帝时代——为何皇帝大多来自巴尔干半岛？

公元 235 年，亚历山大·塞维鲁被暗杀后，往后的大约 50 年间罗马迎来了 70 位皇帝，从此进入了皇帝林立的"军人皇帝时代"。为什么叫军人皇帝时代呢？因为当时被拥立的皇帝几乎都是军人出身。

皇帝有 70 位之多或许令人吃惊，可其中除了元老院认可的正式皇帝以外，还有很多军队擅自拥立的、元老院不承认的"僭主"，70 人中只有 26 位正式皇帝，他们的平均在位时间不满 3 年，其中 24 人被暗杀或战死，真是一个动荡的年代。

后世的历史学家称这个时期为"3 世纪的危机"。

军人皇帝一览（被元老院承认的正式的皇帝）

皇帝名	在位	其他资料
马克西米努斯·色雷克斯	235—238	出生于色雷斯或莫埃西亚。被近卫军杀害。
戈尔迪安一世 戈尔迪安二世	238 238	出生地不明。在迦太基自杀。 出生地不明。在迦太基攻防战中阵亡。
普皮恩努斯 巴尔比努斯	238 238	出生地不明。在罗马被近卫军杀害。 出生地不明。在罗马被近卫军杀害。
戈尔迪安三世	238—244	出生于罗马。在美索不达米亚被杀。
阿拉伯人菲利普	244—249	出生于叙利亚西南部的菲利普城邦。在马其顿阵亡。与儿子是共治帝。
德基乌斯	249—251	出生于巴尔干半岛的西尔米乌姆附近的布达利（当代塞尔维亚境内）。在莫伊西亚与哥特人的战争中阵亡。与儿子是共治帝。
特雷波尼努斯·加卢斯	251—253	出生于佩鲁贾。被手下的士兵所杀。与德基乌斯的儿子沃鲁西安努斯是共治帝。
埃米利安努斯	253	出生于阿非利加。在斯帕拉托附近被手下的士兵所杀。
瓦莱里安 伽利埃努斯	253—260？ 253—268	出生地不明。被波斯军俘虏后，去世。 出生地不明。在米兰郊外被亲信杀害。与儿子是共治帝。
克劳狄乌斯二世	268—270	出生于伊利里亚。在西尔米乌姆染上疫病死亡。

续表

皇帝名	在位	其他资料
昆提卢斯	270	出生地不详。在亚奎雷亚自杀。
奥勒良	270—275	出生于莫埃西亚。远征途中被近卫军杀害。
克劳狄·塔西佗	275—276	出生于多瑙河沿岸的行省。在卡帕多细亚的泰亚纳被杀。
弗洛里安努斯	276	出生地不明。在塔尔苏斯被手下的士兵杀害。
普罗布斯	276—282	出生于西尔米乌姆城。在西尔米乌姆城近郊被近卫军杀害。
卡鲁斯	282—283	出生于高卢的纳尔榜城。在泰西封近郊因雷击而死亡(?)。
卡里努斯	283—285	出生地不明。被亲信杀死。
努梅里安(为共治帝)	283—284	出生地不明。在尼可美狄亚被杀害。

高卢帝国的五位皇帝不在此列

从初代皇帝罗慕路斯,到西罗马帝国最后一位皇帝罗慕路斯奥古斯都,总共诞生了 77 位正式的罗马皇帝。我们总是模糊地认为罗马皇帝中应该有很多意大利人,其实罗马皇帝们大多来自巴尔干半岛。

巴尔干半岛位于欧洲南部,南临地中海的一个海湾,北滨多瑙河,但是没有明确的分界线。出身于巴尔干半岛的罗马皇帝一共有 24 人,占皇帝群体的 30%。而且,这 24 位皇帝几乎都集中出现在"军人皇帝时代"（3世纪后半叶），他们大多平民出身，被军队拥立因而当上皇帝。即便他们本人并非平民，他们的父辈或祖辈也一定是平民。因此，平民出身是来自巴尔干半岛的皇帝们的共同特征之一。

为什么来自巴尔干半岛的皇帝会集中在这一时期出现呢？

最重要的原因是巴尔干半岛位于罗马帝国的最前线，那里有"北方战线"和"东方战线"，很多军队都驻扎此地。这个时代的罗马，东面是帕提亚，北面有日耳曼等民族，外敌入侵加上高卢等行省的叛乱，内忧外患之下，军队便被推举到了至高无上的地位。

古代世界中，军队聚集的地方也必然是经济繁荣的地方。这种现象叫做"古代经济的政治依存性"。虽说现代的军队依托于"军事基地"而训练发展，但是在古代，军队的存在和经济的发展有着密不可分的关系。

军队会被派往政治要塞驻守边疆，于是便带动了当地的经济发展。经济活动一旦频繁，经济呈现繁荣态势之后，人群便会自然而然聚集到这里，进而加强当地的政治力量。人口基数变大，也会为招募士兵带来便利。

国防费用的增加，加之从康茂德时期就开始提高军人待遇，使得军人们在卡拉卡拉时代就拥有了堪比皇权的力量，于是，到了埃拉伽巴路斯和亚历山大执政时期，没有得到军队支持的皇帝就很容易一命呜呼。

军人皇帝的伊始——蛮族之帝马克西米努斯·色雷克斯

马克西米努斯·色雷克斯[1]（173—238/235—238 在位）杀了亚历山大，登上了皇帝宝座。他出身于巴尔干半岛边缘地区的色雷斯行省（也有人说是莫埃西亚行省）的一个贫苦农家。色雷斯位于如今的保加利亚地区。

马克西米努斯是一位身高两米多的彪形大汉，四肢发达，有着惊人的军事才能。他相继与日耳曼人、达契亚人、萨尔马太人交战，全都取得了胜利。罗马知识分子把在乡下长大的粗野的马克西米努斯称为"野蛮人"，元老院虽然承认他是正式的皇帝，但是却要求他交纳巨额的军费，让马克西米努斯倍感压力。

受到元老院冷落的马克西米努斯，家国情怀淡薄，也完全不憧憬罗马的一切，他在三年治世期间，一次也没有去过罗马。他只表现出了对军营生活与战场的热爱，沉浸在无休止的征战中。

常年征战导致的居高不下的战争费用，使得马克西米努斯愁眉不展。一味压榨平民百姓是远远不够的，于是富裕阶层也开始承担军费。其中行省的富裕阶层承担的压力最大，尤其是北阿非利加沉重的课税负担导致当地人民怨声载道。当时的北阿非利加是一片绿洲，属于罗马所有行省中的富饶之地。今天的利比亚、突尼斯、阿尔及利亚一带当年由于财政负担过重而郁积不满，于公元 238 年爆

---

1. 盖乌斯·尤利乌斯·维卢斯·马克西米努斯(235年3月—238年4月在位)，罗马帝国皇帝。第一位出身蛮族的罗马皇帝。

发了叛乱。混乱中，行省总督的戈尔迪安一世[1]（159—238/238在位）被众人推举成为皇帝，来与马克西米努斯对抗。

戈尔迪安一世是典型的罗马人，作为曾经担任过执政官的元老院议员，深受元老院的认同。但是，此时的戈尔迪安一世已经是个80岁的老人了，他本人也会对逼近的死亡威胁感到不安吧，于是他把46岁的儿子戈尔迪安二世（192—238/238在位）立为与自己一样的"奥古斯都（正帝）"，委托他率军出战。不幸的是，儿子很快就战死沙场。听到儿子去世的消息后，戈尔迪安一世悲痛地自杀了。

就这样，戈尔迪安父子的共同统治仅仅持续了20天就结束了。

戈尔迪安一世的自杀使得元老院乱了阵脚，他们先是承认了马克西米努斯，但当他们喜欢的戈尔迪安一世出现的时候，他们又废除了马克西米努斯，转而承认戈尔迪安一世的即位。

如果此时马克西米努斯率领军队来到罗马复仇，那么他们都将被肃清。为了摆脱这个危机，元老院急忙从元老院议员中选出了两位共治帝——巴尔比努斯[2]（165左右—238／238在位）和普皮恩努斯[3]（178左右—238／238在位），让他们一起对抗马克西米努斯。

---

1. 戈尔迪安一世，罗马帝国皇帝，238年在位。
2. 巴尔比努斯，罗马皇帝，238年在位，巴尔比努斯与普皮恩努斯共同执政，只当了三个月的皇帝。
3. 普皮恩努斯·马克西穆斯，罗马帝国皇帝，于238年在位。

共治皇帝滥觞于罗马的共和政时代,是一种罗马特色的皇帝制度。共和政时期,设立两位执政官作为最高权力者当然是为了防止独裁,但是当战争来临,他们其中一位皇帝便会前往战场指挥军队,另一位则留在罗马,负责内政。

元老院决定用罗马传统的做法迎击马克西米努斯。

然而,那时马克西米努斯的军队厌倦了连年征战。而且这次的对手是两位皇帝,于是马克西米努斯主动放弃了复仇。公元238年4月,马克西米努斯被手下的意大利师团和从罗马来的近卫军给暗杀了。

两位皇帝巴尔比努斯和普皮恩努斯不战而胜。

失去了共同敌人的两位共治帝逐渐反目,可是他俩也命不久矣。因为元老院擅自拥立了这两位皇帝,没有得到近卫军的承认。结果两位新皇帝在马克西米努斯被杀的第二个月,也被近卫军杀死了。让元老院称心如意的共治皇帝,他们的统治只持续了99天就结束了。

阿拉伯出身的皇帝举办了罗马建国千年庆典

近卫军连续杀害马克西米努斯、巴尔比努斯、普皮恩努斯三位皇帝后,他们选择了已经去世的戈尔迪安一世的孙子——戈尔迪安三世[1](225—244/238—244在位)来当皇帝。

当时戈尔迪安三世只有13岁,他不是死于战场的戈尔迪安

---

1. 戈尔迪安三世(225年1月20日—244年2月11日)是罗马帝国皇帝(238年—244年),在马克西米努斯死后,元老院推举的戈尔迪安一世、戈尔迪安二世、普皮恩努斯与巴尔比努斯这四位皇帝皆先后死亡,于是年仅13岁的戈尔迪安三世继位,不过他也受到近卫军的控制。

二世的孩子,而是戈尔迪安一世女儿的儿子。虽说是皇帝,但他毕竟才13岁,当然不可能很好地履行皇帝的职责,于是政务就暂时交由亲信掌管。

这里有一件事必须事先声明。那就是,从此之后的军人皇帝时代的轶事,依靠的都是可靠性极低的史料。由于政权不稳定,加之皇帝(包括僭主)林立,可信度极低的传说混入史料中,即使是同一皇帝的传记,也有着不同版本的史料。也正是由于史料记载的含糊不清,才更说明了这个时代的混乱无序。因此,从这里开始,与其说笔者在叙述正确的史实,不如说笔者只想让读者们从军人皇帝时代的混乱与历史裹挟的潮流中领悟到一些东西,这就足够了。

戈尔迪安三世的统治,在正直的义父担任近卫军长官期间是非常顺利的,但是义父去世后,阿拉伯人菲利普[1](204左右—249/244—249在位)继任了皇帝,形势又发生了变化。

菲利普出生于叙利亚西南部的一个小镇,从一个无名小卒爬到了近卫军长官的位置。菲利普向士兵们宣扬年轻皇帝的无能,在士兵们的支持下杀死了戈尔迪安三世。戈尔迪安三世被杀的时候才19岁。

公元244年,成为皇帝的菲利普,与正在交战的萨桑王朝波斯帝国迅速缔结了和平协议,然后便赶回了罗马。在他看来当务之急并非恋战,而是回到罗马稳定政权。笔者认为罗马与波斯之间的胶着战况,也是他无心恋战赶回罗马的理由之一。

---

1. 阿拉伯人菲利普,全名为马尔库斯·尤利乌斯·菲利普,罗马帝国皇帝,在244年至249年统治罗马帝国。

即便菲利普做了这样的决策,出于经验他也知道,皇帝急于讲和并支付赔偿金的做法会引起士兵的厌恶。于是,他在回罗马的途中,顺道远征了多瑙河并取得了成功,以凯旋的姿态回到罗马。

其实菲利普急着赶回罗马的理由还有一个。那就是公元248年,正好是罗马自建国以来的第一千个年头。于是菲利普于公元248年4月21日至23日,举办了盛大的"罗马建国千年庆典"。

当罗马都城举行盛大的建国千年庆典时,多瑙河沿岸的边境发生了叛乱。直接原因是日耳曼民族的哥特人入侵了边境,根本原因是边境人民对阿拉伯出身的皇帝本来就抱有不满,这些因素累积在一起,使得混乱更加严重。

菲利普为了应对哥特人的入侵,将军队交给了德高望重的元老院议员德基乌斯,派遣他前往多瑙河御敌。德基乌斯出色地击退了哥特人,但菲利普却为自己的选择埋下了祸根。军队开始拥立退敌有方的德基乌斯为皇帝,向罗马进军。这一切并非源自德基乌斯的野心,其实他对皇位不感兴趣,只是军队想要强行将他推上皇位。

菲利普准备迎击德基乌斯,却不幸在战争中阵亡。

困于内忧外患风暴中心的皇帝们

德基乌斯[1](201—251/249—251在位)出身于巴尔干半岛,是

---

1. 盖乌斯·麦西乌斯·昆图斯·德基乌斯,罗马帝国皇帝,本是普通元老,因帮助阿拉伯人菲利普巩固政权,并在巴尔干击退了哥特人的入侵而飞黄腾达。后被部下拥立为帝,在内战中消灭了菲利普父子。于249年9月至251年6月统治罗马帝国。251年,在与哥特人的战争中阵亡,是第一个被蛮族军队杀死的罗马皇帝。

元老院议员，公元 232 年担任执政官，后来还担任过莫埃西亚、下日耳曼[1]、希斯帕尼亚的塔拉哥那[2]等行省的总督，在阿拉伯人菲利普的治世期间，他曾担任过罗马的行政长官，无论是军队还是元老院都非常信赖他。

所以，如果他生逢其时的话，笔者私心觉得他会是个相当优秀的皇帝吧。

德基乌斯登基后打算积极地发扬罗马传统中对神灵的信仰，但是他受到了不承认罗马众神的基督教徒的反对。后世的历史学家常常将德基乌斯评价为"恶帝"，这与他镇压基督教徒有关。

其实德基乌斯不仅致力于军事力量的建设，还努力恢复内政秩序与人们的信仰。此外，他还在短暂的治世期间，在阿文蒂尼的山丘上建了浴场，修复了遭受雷击的殖民地。

德基乌斯收获了军队、元老院、民众的信赖，却始终得不到上天的眷顾。在与再次入侵的哥特人战斗时，他落入了敌人的陷阱，同儿子一起阵亡。

德基乌斯的治世只有短短的两年。历史上忌讳"如果当初"这样的假设，不过笔者为了德基乌斯想要破例。正因为德基乌斯被大

---

1. 下日耳曼尼亚（拉丁文：Germania Inferior），是一个罗马帝国行省，在现今的卢森堡、荷兰的南方，比利时的一部分。
2. 塔拉哥那，位于现今西班牙的罗马帝国行省，是罗马在伊比利亚半岛上的三个行省之一，包括西班牙北部与东南部以及巴利阿里群岛，建于公元前 27 年，属于元首行省，随后爆发于前 26 年至前 19 年的北西班牙山区战役以该地被征服而告终，北西班牙终于被纳入罗马帝国的版图。

家信赖，所以如果他能长寿的话，3世纪的混乱就会因为这位贤君而转危为安，历史也会产生不一样的走向吧。

在德基乌斯短暂的治世期间，出现过两位僭主，他们企图篡夺帝位却被杀害。民众是以怎样的心态接受皇帝不断上台又下台的状态呢？或许对于民众来说谁当皇帝都无所谓。

这么说来，最近日本首相安倍晋三先生，也在继续担任首相。此前10年间，他的职位变化令人眼花缭乱，所以能正确回答他任职的顺序和对应称谓的人应该不多吧。也许罗马人民也习惯了层出不穷的皇帝，所以才养成了随遇而安的心态吧。

德基乌斯去世后，罗马军拥立了新皇帝加卢斯（206左右－253/251—253在位）。加卢斯是出生于意大利中部佩鲁贾[1]的元老院议员，也有过执政官经验。他将留在罗马的德基乌斯的遗孤沃鲁西安努斯（230左右—251/251在位）收为养子，作为自己的共治帝。

新帝加卢斯为了返回罗马和哥特人缔结了和约，承认被夺走的物资和罗马人的俘虏都归哥特人所有，而且每年罗马都会向哥特人缴纳贡税，条约的内容对罗马来说相当不利。加卢斯好不容易回到罗马后，等待他的却是疫病的蔓延。共治帝沃鲁西安努斯也染上了这种瘟疫去世了。

那是一个国内一旦内政不稳、外敌就会蜂拥而至的时代。于是

---

1. 佩鲁贾（Perugia），意大利中部城市。位于罗马以北、台伯河上游的山地丘陵。海拔465米。

罗马受到了北方日耳曼民族和东方萨珊王朝波斯的攻击，就连本来缔结和约的哥特人也无视条约乘虚而入。

这时多瑙河流域的行省总督埃米利安努斯（207—253/253 在位）击退了哥特人。乘着胜利东风的士兵们随即拥立埃米利安努斯为皇帝，向罗马发起进攻。埃米利安努斯军队的声势浩大，加卢斯的军队感到了恐惧，于是在战斗开始前他们就杀了加卢斯，以示归顺。

然而，埃米利安努斯也仅仅当了三个月的皇帝，当加卢斯曾经的忠实部下瓦莱里安率军逼近罗马时，他也同样在战火交锋之前，被手下的士兵杀害了。

父亲瓦莱里安的耻辱，儿子伽利埃努斯的改革

公元 253 年，皇帝瓦莱里安[1]（？—260？/253—260？在位）的身份迅速得到元老院的承认。几乎同时长子伽利埃努斯[2]（218—268/253—268 在位）也被列为共治帝。

瓦莱里安那时已经是 60 岁左右的高龄了，属于罗马名门出身，还有着执政官的经验，所以被元老院认为是最适合当皇帝的人选。

---

1. 瓦莱里安（另译"瓦勒良"），在罗马帝国的 3 世纪危机中，经由内战胜利而成为皇帝。260 年，瓦莱里安率军东征萨珊波斯时被敌军俘虏，最后卒于波斯。
2. 伽利埃努斯，罗马帝国皇帝。父为瓦莱里安（皇帝），妻子是科尔奈利娅·萨洛尼娜（约公元 240 年成婚，268 年去世）。

把儿子立为共治帝的瓦莱里安,自己负责治理帝国的东部,西部则委托给儿子进行统治。这种把庞大帝国分成东西两部分,由两个人来统治的做法,从此成为一项惯例延续了下去。

东部罗马经常受到萨珊王朝波斯的骚扰。当时波斯、帕提亚等东方异民族的骑兵战术远远领先于罗马军队。其中,在马上向后射箭的技术——"帕提亚射击",使得罗马军队望而生畏。一般情况下追击者和被追者中,追击者具有压倒性的优势,但是在这种情况下被追的一方会坐在马上向后射弓,追击者会被从正面飞过来的箭袭击,而面对迎面射来的箭,一般人很难避开。

对手波斯军队的强大使得战线被拉长,直接导致罗马阵营的卫生状况恶化,传染病流行,从而使士兵纷纷丧命,军队战斗力下降,陷入了恶性循环。可偏偏这个时候瓦莱里安落进了敌人的陷阱里。因为这是传说,所以不知道哪些部分是史实,但是据说敌人让瓦莱里安趴在地上,模仿骑马时的跳台,在瓦莱里安死后还剥下他的皮,染成红色装饰在了波斯的神殿里。

瓦莱里安被敌人捕获、受尽凌辱后死亡一事,不仅使他个人在罗马名声扫地,而且让罗马在周边各国心目中的威信也丧失了。此时共治帝伽利埃努斯不仅要负责西部地区,还要肩负其整个帝国的责任,必须一个人力挽狂澜,渡过这个困境。后世传说称,"年纪轻轻就当上皇帝的伽利埃努斯努力工作,并出色地完成了工作",之后,便"沉浸在骄奢淫逸之中,喜欢日耳曼的女人,不理朝政"。

确实,伽利埃努斯做出过几个大胆的决定。

一个是军事改革,他创立了皇帝直属的、灵活机动的骑兵军团。

罗马人原本是农耕民族，不是游牧民族。因此，罗马在骑兵方面远不是波斯和斯基泰王朝[1]的对手，这在战场上经常成为不能制胜的决定性因素。伽利埃努斯创立的骑兵军团，给罗马军队带来了机动力。另外，他对士兵进行了严格的管制，对于违反军纪的士兵会毫不留情地惩罚，同时他也不忘教育士兵们要忠诚。他为了谋求国内的安定，还废除了父亲瓦莱里安发出的基督教禁止令，给罗马带来了持续40年的信教自由。

虽然流传着很多关于伽利埃努斯恶行的传说，但他在战争年代日以继夜进行了许多改革，笔者认为他值得"贤君"的称号。其实，伽利埃努斯在位时间长达15年，算得上是军人皇帝时代的特例了。如果他真的是位暴君，应该很快就被军队推翻下台了吧。

笔者此前提到的都是被元老院正式承认的皇帝，但在他们背后也有许多僭主被拥立。仅在伽利埃努斯开始单独统治的公元260年至262年这两年里，就有至少七个僭主被各地的军队所拥立。换言之，虽然伽利埃努斯被承认是正式的皇帝，但是在国内其他地方有很多拥护僭主的军团，所以整个罗马军队并不是一盘棋。

当政者要想在如此动荡的时代里生存下去，只能下定决心、绞尽脑汁、果敢地采取行动。更不用说因为父亲不光彩的死，在皇帝的权威尽失的情况下，能够取得这样的政绩是多么不容易了。如此想来，笔者认为"贤君"称号伽利埃努斯受之无愧。

---

1. 斯基泰王朝（约前7世纪中叶—约前3世纪），西徐亚王国的奴隶制王朝，因为统治者为斯基泰人而得名。西徐亚人（Scythians），又译西古提人（圣经和合本歌罗西书3:11）、斯基泰人或赛西亚人，中国史书普遍称之为塞族或萨迦人，国王具体人数不详，大约统治400多年。

帕米拉王国与高卢帝国两面夹击下的罗马危机

即使在军阀混战的伽利埃努斯时代里，也有着千载难逢的机遇。位于罗马东面的同盟国帕米拉[1]，成功击退了困扰罗马多年的萨珊王朝波斯。喜出望外的伽利埃努斯作为回报，授予帕米拉的国王奥登纳图斯[2]"东方统治者"的称号。

奥登纳图斯并没有停止对波斯的攻势，还攻入了波斯的首都——泰西封。他在小亚细亚也击退了哥特人，展现出的军事实力确实无愧于"东方统治者"称号，可惜不幸的是，他在王室的内部纷争中被杀。

奥登纳图斯统治下的帕米拉一直在为罗马效劳，可是他去世后，王后季诺碧亚继承了王位，形势开始急转直下。

据史料记载，季诺碧亚的脸被阳光晒黑了，但依旧美得令人难以置信。而她并不只是美丽的女王，她还是一位聪明、坚强、勇敢的女性。季诺碧亚趁着罗马的混乱，在确保自己免受波斯侵略的前提下，将罗马东部的行省、甚至连罗马皇帝直辖的埃及也纳入了帕米拉王国的麾下。

内忧外患双重夹击下的罗马无暇顾及季诺碧亚，不得不默认了帕米拉王国取得的霸权。

---

1. 帕米拉王国或称帕米拉帝国（拉丁文：Imperium Palmyrenum、260？—273）是罗马帝国的军人皇帝时代（"3世纪危机"）以通商都市帕米拉为首都，支配叙利亚、阿拉比亚、埃及等地的国家。
2. 奥登纳图斯（？—267），罗马帝国殖民地帕米拉的邦君，出身帕米拉显贵家庭，享有罗马公民权。

当时困扰伽利埃努斯的头号敌人是位于帝国西北部的高卢帝国。

最初，伽利埃努斯委托指挥莱茵方面军的日耳曼尼亚总督——波斯图姆斯，去治理高卢地区。公元259年，波斯图姆斯不负众望击败了法兰克人，拯救罗马于危难之中。大获全胜的士兵们杀死了莱茵河的皇子萨洛尼努斯[1]，拥立波斯图姆斯为新皇帝。

惊慌失措的伽利埃努斯开始向高卢进军，与波斯图姆斯的军队交战后，以失败而告终。伽利埃努斯在战斗中背部还受了箭伤，被迫撤退，可波斯图姆斯并没有穷追不舍。

其实波斯图姆斯并不希望成为罗马皇帝，而是想建立以奥古斯塔·特里维罗姆（现在的德国特里尔）为首都的独立帝国——"高卢帝国"，选择自立为王的道路。波斯图姆斯在高卢帝国内设立了元老院，每年也会选出执政官，还发行了独立的货币。换言之，波斯图姆斯从罗马帝国独立出来了。

在那之后，伽利埃努斯也多次尝试过攻下高卢帝国、希斯帕尼亚和不列颠等行省，但都未能如愿。直到公元274年高卢帝国被奥勒良合并为止，它一直保持着独立。

罗马东临帕米拉王国，西面高卢帝国，国内则僭主乱立，在这样严酷的环境下，政权还能够持续15年，故笔者认为伽利埃努斯并不像传说中那样邪恶。

---

1. 萨洛尼努斯（公元242年—260年），伽利埃努斯之子，与其父共治罗马，但从未实际亲政。

或许他做过什么招致怨恨的事吧。公元268年，伽利埃努斯被亲信给暗杀了。继承王位的，是伽利埃努斯军队的将军之一——克劳狄乌斯二世[1]（213—270/268—270在位）。

当伽利埃努斯被杀害的时候，克劳狄乌斯二世远在约30千米外的提西努姆，所以公认他没有直接参与这场暗杀。不过他成为皇帝之后，完全没有去寻找过暗杀先帝的幕后黑手，于是人们开始怀疑他是主谋。

他的即位是军队拥立、元老院承认的结果，据说元老院和民众都很希望他即位。克劳狄乌斯二世因为驱逐了在国境线上侵扰罗马的哥特人，所以被后世的历史学家们描绘为英雄人物，可实际上他和哥特人的战斗也不能说是大获全胜。

暂且不提是完胜还是险胜，总之他在远征地感染了疫病去世了。公元270年的夏天他结束了为期两年的统治。

他的弟弟昆提卢斯（？—270/270在位）继承了克劳狄乌斯二世的王位。虽然元老院勉勉强强承认了昆提卢斯，可是军队并没有仅凭他是克劳狄乌斯二世的弟弟就无脑支持他，毕竟他还没有做出实绩。

---

1. 克劳狄的身份背景不是很清楚。他或是出生于西尔米亚（在潘诺尼亚行省境内），或是出生于达尔达尼亚，还可能有部分蛮族血统。268年春季，他作为伽利埃努斯皇帝的最高将领，与伽利埃努斯一同在纳伊苏斯战役（奈苏斯战役）中决定性地击溃了哥特人。伽利埃努斯在战役之后很快就死了，而克劳狄被宣布为皇帝，并得到称号"Gothicus"，意为"哥特征服者"。

正好那个时候，在多瑙河沿岸边境附近的奥勒良（214—275/270—275在位）被军队拥立为王。奥勒良是伽利埃努斯最信赖的将军之一，也是率领强大骑兵队的司令官和克劳狄乌斯二世的继承人，因此是继承王位理想的人选。其实士兵们都支持奥勒良。

当昆提卢斯知道了身边的多瑙军忠于奥勒良之后，仿佛参透了自己的命运一般亲手结束了生命。他的在位时间仅仅两个月不到。

收复失地的世界复兴者——奥勒良

新皇帝多米提乌斯·奥勒良[1]（Lucius Domitius Aurelianus）出生于巴尔干半岛莫埃西亚地区贫穷的农民家，是一名从士兵成长为骑兵队司令官的军人。

同样出身于巴尔干半岛的贫农家庭，但他并不像马克西米努斯那样粗野。他是一个既有教养又有见识，擅长政治手腕，身心都非常坚韧顽强的人。

奥勒良的聪明表现在他的作战方式上。

即使到了他的统治时期，罗马仍旧不断地出现僭帝的起义、异民族的入侵、东方战线等问题。问题出现后一味地迎战只会使罗马疲于应付，因此奥勒良的办法是尽量避免战斗，在威吓阶段结束战争。

---

1. 鲁奇乌斯·多米提乌斯·奥勒里安努斯（通常译作奥勒良，214年9月9日—275年9月），罗马皇帝，270年至275年在位。在他的统治期间，收复了罗马帝国曾经失去的2/3的疆域，将分裂50年的帝国再次统合，使罗马帝国在3世纪末至4世纪初重新统一。他的统治初步解决了罗马帝国的3世纪危机，是几位成功的军人出身的皇帝中的第二位。可惜最后遭到暗杀。

具体做法就是，譬如日耳曼人兵临城下的时候，奥勒良就率领军团去前线对阵，让他们看到罗马强大的军团，只要敌人不发动进攻，罗马军也就静观其变。如果对方害怕威吓而退却的话，罗马军队就不会再追击了。

当然，对方即便受到威胁，也有可能发动进攻。这时罗马就彻底地反击，不过并不会乘胜追击。也许你会觉得很幼稚，但是奥勒良恰恰通过这个战术，成功地将自己的战斗力和军费消耗控制在最小限度，同时击退了日耳曼人。

奥勒良还放弃了位于多瑙河外侧的达契亚，将天然国境多瑙河作为自然要害以控制国防费用，尽可能地积蓄国力。当然，他并不是一味地提倡节约，专心积累财富，对他认为有必要的东西，奥勒良会毫不吝惜地花费国费。其中最具代表性的就是包围罗马的护城墙——"奥勒良城墙"。

自从罗马成为帝国以来，罗马城从未遭到过异族入侵。因此，罗马的城外只有公元前6世纪建造的"塞维安城墙"[1]，难以想象堂堂帝国的首都，只有粗糙的护城墙作为最后一道御敌屏障。于是某一个威胁罗马首都安危的事件发生后，奥勒良决定建造护城墙。

在奥勒良的治世第二年——公元271年，日耳曼族的马科曼尼人[2]向意大利中部进攻。所幸这次没有直抵罗马首都，不过奥勒良感

---

1. 塞维安城墙是罗马的一道城墙，用大块凝灰岩砌筑，城墙高达10米，底宽3.6米，长11千米。
2. 马科曼尼人，又称马可曼人。公元前100年后，定居在美因河流域的日耳曼部落，是斯维比民族集团的成员。

到有必要在罗马城外构筑坚固的城墙，于是马上开始了城墙的建设。

奥勒良的城墙建造采用砖块和罗马混凝土，高6.4米，厚4米，全长20千米，非常壮观。奥勒良在世期间护城墙没有完工，直到普罗布斯[1]的治世期间它才落成。

虽然奥勒良政绩斐然，但他最大的功劳还是打败了帕米拉王国和高卢帝国，收复了失去的领土。

伽利埃努斯时期罗马就对帕米拉王国的扩大睁一只眼闭一只眼，如前文所说的那样，帕米拉的季诺碧亚女王将她的势力范围逐渐扩大到了埃及和小亚细亚。如果就这样放任不管的话，不知道帕米拉会扩张到什么程度。于是，奥勒良在公元272年率领军队渡过多瑙河，攻打帕米拉王国，最终制服了它。被誉为绝世美女的女王季诺碧亚被捕，之后她被带到罗马，在凯旋式上被拖着示众游行。

顺便一提，当初代皇帝奥古斯都还被称为屋大维时，当时的埃及女王克利奥帕特拉得知安东尼在阿克提姆海战中失败的消息后，因为不想落入屋大维的手中而自杀。克利奥帕特拉讨厌的不是屋大维个人，而是作为战败国的女王被带到罗马，在凯旋式上被人"看好戏"。那是身为女王无法忍受的耻辱。

对比之下，季诺碧亚也许没有克利奥帕特拉那么骄傲，不过据说在凯旋式上被当众羞辱后，她在皇帝安排的别墅里度过了平静的余生。

---

1. 普罗布斯，罗马皇帝，276年至282年在位。

帕米拉王国灭亡后的第二年,为了讨伐西面的高卢帝国,奥勒良再次率领军队出征。然后在公元 274 年,罗马军以压倒性的胜利打败了高卢帝国,并将高卢皇帝泰特里库斯带到罗马。当然这次也是为了凯旋式的展示活动。

奥勒良的节节胜利为他带来了荣耀与声名,公元 274 年秋天,他被授予了"世界复兴者"的称号。

然而,被誉为世界复兴者的奥勒良,在公元 275 年踏上新征程的途中,从拜占庭渡过博斯普鲁斯海峡的时候,也被亲信杀害了。至于他为什么会被杀,很遗憾笔者完全不知道杀人的动机。是出于个人的怨恨呢,还是对严惩违法行为的皇帝产生反感而诉诸暴行呢,一时间众说纷纭,然而真正的理由却永远隐没在历史的迷雾中。

奥勒良的统治虽然只有短短的五年,但在这期间他打败了帕米拉王国和高卢帝国,时隔 15 年再次统一了罗马帝国,故而他是名副其实的"世界复兴者"。

暗杀皇帝已然成为军人皇帝时代的通病

奥勒良的继承人是高龄的元老院议员——克劳狄·塔西佗[1]

---

1. 克劳狄·塔西佗(200—276),全名马尔库斯·克劳狄·塔西佗(Marcus Claudius Tacitus),罗马皇帝,275 年 9 月 25 日至 276 年 6 月在位。克劳狄·塔西佗出生在意大利的因特兰纳(Interamna),和著名的罗马元老历史学家塔西佗没有血缘关系。塔西佗曾担任多种公职,在 273 年任执政官。塔西佗在皇帝奥勒良被杀后,被元老院推举为皇帝,这是最后一次元老院推举皇帝。塔西佗上台后马上就发兵向东,去平定一场叛乱,并获得了成功。塔西佗于 276 年 6 月死于卡帕多细亚,在位不到一年。有些历史学家说他是因热病而死,而有些则说他是被军队所害。他的同母兄弟,近卫军长官弗洛里安努斯继位。

（200—276/275—276 在位）。他似乎是个稳重谨慎的人，可他仅仅在位半年之短就被暗杀了。

接下来成为皇帝的是近卫军长官弗洛里安努斯[1]（？—276/276 在位）。他在短短的三个月内就被杀了。

下一任皇帝是建设奥勒良城墙的普罗布斯[2]（232—282/276—282 在位）。其实，当弗洛里安努斯被承认为皇帝的时候，他就已经被军队拥立为皇帝了，只是那个时候并没有得到元老院的承认。弗洛里安努斯被杀后，他才得到了元老院的承认，成为了正式的皇帝。

塔西佗是一位光明磊落、充满热情的皇帝。他继承先帝们的未竟之志仍在抵抗异民族的入侵和僭主的起义，然而在他治世的第六年——公元 282 年，遭到了近卫军长官的背叛而被杀害。

在那个军阀割据的时代，几乎所有的皇帝都是死于他杀或者自杀，几乎没有皇帝寿终正寝。虽然听起来很悲惨，但好歹他们都永垂青史了。与无名消失的僭主相比，他们还算得到了相应的回报。

---

1. 弗洛里安努斯（Marcus Annius Florianus，？—276）罗马帝国皇帝，公元276年在位。罗马皇帝克劳狄•塔西佗于公元276年4月，死于卡帕多细亚。弗洛里安努斯是克劳狄•塔西佗同母异父的弟弟，据史载，他被帝国西部地区的军队拥戴为新的皇帝，但是并没有得到元老院的批准。
2. 普罗布斯，罗马皇帝。普罗布斯在位时间仅五年，但是却是一位卓越的将领。他在277年将入侵的日耳曼人打败，光复了高卢，在这场战役之中，罗马军队活捉了利吉人（Lygii）的首领森诺（Semno），也击败并赶走了法兰克人和汪达尔人（这是法兰克人和汪达尔人较早出现在欧洲的历史舞台上）。罗马军队重新出现在了易北河，罗马的高层甚至在商讨是否将日耳曼地区纳为罗马的新的行省。当然，同3世纪的其他皇帝一样，普罗布斯在位期间，也要面对不少反叛的将领，不过他在280年至281年间，平定了帝国西部和东部的数场叛乱。总体上，普罗布斯证明了自己是一位强有力的皇帝。

皇帝被杀已经成了军人皇帝时代的通病。也许当时的人们对此事已经麻木了，不过如今想来，笔者很佩服那时想称帝的人，因为几乎所有的皇帝都落得一个悲惨的下场。尽管现实如此残酷，僭主们仍然争先恐后地出现，大概他们都觉得自己会是那个逃离悲惨结局的幸运儿吧。

下一任皇帝是杀死了普罗布斯的卡鲁斯[1]（230—283/282—283在位）。卡鲁斯继续着普罗布斯与波斯之间未完成的战争，并取得了一些进展，然而好景不长，公元283年，他在幕舍中被发现死亡。据说是雷击造成的事故死亡，由于没有确凿的证据，也不排除遭遇暗杀的可能性。

好在卡鲁斯早在远征时指定了自己的两个儿子作为继承人，所以他的王位由长子卡里努斯[2]（250？—285/283—285在位）和次子努梅里安[3]（253—284/283—284在位）继承。

卡鲁斯去世后，远征军的指挥权被交给了参加远征的努梅里安。据说他是"饱受眼病之苦，像诗人一样"的人物。笔者不确定他的眼疾是不是理由，总之他中止了远征，决定撤退。人们再一次发现努梅里安，是在撤退的途中，不过那时的他已经是一具尸体了。笔者猜想他可能是被杀了，不过他的死因至今不明。

---

1. 马可·奥勒留·卡鲁斯，罗马帝国皇帝，因东征波斯的功绩而被称为"伟大的波斯征服者"。
2. 卡里努斯(?—285)罗马帝国皇帝。卡里努斯是罗马皇帝马可·奥勒留·卡鲁斯的儿子，卡鲁斯在282年被推举为皇帝后，便将自己的两个儿子努梅里安和卡里努斯提升为"恺撒"，他让卡里努斯统领帝国的西部，而努梅里安和自己一起率领军队向东进攻新起的波斯萨珊王朝。
3. 努梅里安，全名马尔库斯·奥雷利乌斯·努梅里亚努斯，罗马皇帝。

关于卡鲁斯与努梅里安这两例原因不明的死亡,有人认为是皇帝护卫队长戴克里[1]先做了手脚,虽然没有证据,但在民间可信度很高。至于孤身一人留下的长子卡里努斯是怎样的皇帝,笔者也没有找到值得信任的史料。后世的《罗马皇帝传》中这样记载:"卡里努斯皇帝的乖张行为罄竹难书。"这个恶评来源于戴克里先,或许我们需要重新审视这句话的真实性。

公元285年的夏天结束之际,戴克里先的军队和卡里努斯的军队在贝尔格莱德附近激战。卡里努斯军队更为庞大,所以貌似他略占优势。然而,此时的卡里努斯还不知道,在不久的将来,这个时代的"现代病"又会作祟。卡里努斯的一个亲信会刺杀他,然后胜利者就变成了戴克里先。

父亲卡鲁斯、次子努梅里安、长子卡里努斯这三位皇帝都是被正式承认的,可是三人加起来的统治时长也只有短短的三年。

在父亲卡鲁斯和次子努梅里安非自然死亡的尸体旁边,戴克里先都在场,虽然没有证据表明他和两位皇帝之死有关,但难免让人浮想联翩。胜利在望的卡里努斯的非自然死亡,说不定也是戴克里先在背后操控。当然了,这一切都是笔者的推测,并没有确凿的证据。

---

1. 戴克里先(全名盖尤斯·奥勒留·瓦莱利乌斯·戴克里先,244—311),原名为狄奥克莱斯(Diocles),罗马帝国皇帝,其结束了罗马帝国的第3世纪危机(235—284),建立了四帝共治制,使其成为罗马帝国后期的主要政体。其改革使罗马帝国对各境内地区的统治得以存续,最起码在东部地区持续了数个世纪。他为罗马帝国去掉了过多的罗马共和国的残余,而最后则如古罗马政治家辛辛纳图斯一样,退隐田园。

罗马历史上统治阶层的变化

被称为 3 世纪危机的军人皇帝时代终于落下帷幕。引领罗马走向国泰民安的，是军人皇帝时代的最后一位皇帝戴克里先（244—311 左右/284—305 在位）。

有研究者称，他能完成这项任务，其实是托了先帝瓦莱里安的福。早稻田大学的教授井上文则在其著作《军人皇帝的罗马》中说，瓦莱里安才是罗马未来改革的先驱者。

戴克里先结束了罗马长达半个世纪的危机，发起了前所未有的改革，譬如创立了"四帝共治制"[1]（Tetrarchy），然而改革真正的先驱者是瓦莱里安。瓦莱里安在其治世之初，自己统治着帝国的东半部，让儿子伽利埃努斯负责帝国的西半部，实行"两帝共治"。

后来瓦莱里安被波斯军抓获处死了，这项改革也在短时间内终结了。不过，他的儿子伽利埃努斯实行了军制改革，建立了皇帝直属的中央机动军（骑兵军团），这在前文也提到过。再加上奥勒良为了积蓄国力而毅然进行的改革，为了提升首都的防御力而建造了巨大的城墙，创造了罗马史无前例的固若金汤的护城墙。

综上所述，戴克里先的改革可以看作是先帝们一系列"改革潮流"的集大成者。用这样的眼光重新审视军人皇帝时代的话，会发现最初产生强烈的改革愿望并试图重建罗马的人是瓦莱里安。

---

1. 四帝共治制，指罗马帝国在公元 293 年开始实行的四个皇帝共同治理帝国的政体。由戴克里先提出并实施，将帝国分为东西两部分，每部分由一位皇帝管辖，称为"奥古斯都"，每位奥古斯都再指定一位助手和继承人，称为"恺撒"。四帝共治制在戴克里先在位期间运行良好，但他退位后便迅速崩溃。

那么为什么到了戴克里先的时代，罗马才产生了彻底改革的契机呢？原因就是罗马帝国统治阶层发生了变化。

在罗马漫长的历史中，"统治阶层的变化"发生了三次。

第一次变化发生在"恺撒·奥古斯都的时代"。罗马的统治权力逐渐从元老院贵族向意大利的新兴贵族们转移。新兴贵族们日后成为了恺撒和奥古斯都的坚强后盾，支持罗马从共和政过渡到帝政。

第二次变化发生在"军人皇帝的时代"。正如本章开头所述，这个时代的皇帝们大多出身于巴尔干半岛。这意味着拥立他们的军人也几乎出身于巴尔干半岛。军人皇帝时代的前叶，还是根据元老院的好恶来决定皇帝人选，不过到了后半叶，元老院便失去了对皇帝人选的决策权，罗马渐渐形成了揭竿而起的军人被部下拥立为皇帝的模式，并且这种模式也被逐渐固定下来。从此，罗马帝国的统治者不再是元老院、贵族里的文人之流，而变成了以优秀军人为代表的武士阶层。

第三次统治阶层的变化发生在接下来叙述的罗马帝国末期。详细情况会在后文阐述，而这些变化都是源于日耳曼民族进入罗马的统治阶层而产生的。

军人皇帝时代登上历史舞台者层出不穷，并且瞬息万变，如果仅仅聚焦一个又一个的人物故事，很容易看不清历史大剧的整体走向。

在这50年军阀混战里，罗马创造了什么、又失去了什么？这种变化与日后罗马帝国的命运有着怎样的关系呢？笔者想以这样的视角，重新审视军人皇帝时代。

第十一章
罗马帝国的复兴与基督教

戴克里先真的是犯罪的始作俑者吗？

长达半个世纪的军人皇帝时代的最后一位皇帝是戴克里先，他为混乱的时代画上终止符，为罗马帝国带来了和平安宁与稳定秩序，可后世的历史学家们对他的评价却不太友好。

> 戴克里先皇帝是犯罪的创造者，是邪恶的设计者。他把一切都毁了，人们甚至无法阻止他将罪恶的双手伸向神明。他被贪婪和不安所驱使，使全世界陷入混乱。
>
> （拉克坦提乌斯[1]《论迫害者之死》）

不能断言登上皇位的戴克里先就一定一身清白。虽然没有确凿的证据，但卡鲁斯、努梅里安、卡里努斯三位先帝的死，都可以推测出他是幕后黑手。如果这些都是真的，那戴克里先的手腕可真是阴险而高明了。

---

1. 拉克坦提乌斯，是古罗马基督教作家之一，曾于古罗马高层中供职。

不过，新皇帝暗中策划先帝之死，这在军人皇帝时代是常有之事，故不能简单粗暴地将"犯罪的始作俑者"的称号扣在戴克里先头上。

戴克里先招致众人口诛笔伐的最直接原因是他迫害基督教徒。上文引自拉克坦提乌斯批判戴克里先的一篇文章，拉克坦提乌斯本人也是一位知名的基督教评论家。后世的君士坦丁皇帝对基督教的认可度很高，而拉克坦提乌斯作为君士坦丁的进言献策者，对迫害基督教徒的戴克里先自然没有好感。

其实戴克里先对于罗马帝国来说算是一位功臣，他上台后实施多项改革，让罗马恢复了安定的秩序。

公元284年，40岁的戴克里先登上皇位，直到61岁退位，这20年间他进行了大量改革。其中最引人注目的是帝国的四帝共治。

戴克里先取代卡里努斯成为帝国唯一的统治者后，在周围人畏惧的眼光中开启了自己的宽容之治。他不仅没有报复卡里努斯的支持者们，还让他们担任国家要职。在他身上，昔日皇帝们的"Clementia"光辉仿佛又重现了。

戴克里先认为一名皇帝统治幅员辽阔的帝国已经不堪重负。于是公元285年，他将曾经的战友马克西米安[1]（250左右—310/286—

---

[1]. 马可·奥勒留·瓦勒里乌斯·马克西米安努斯·赫库里乌斯，通称马克西米安（Maximian），285年任罗马帝国副帝，286年被戴克里先任命为同朝皇帝，统治帝国西部，305年5月1日与戴克里先一同退位，由其副手君士坦提乌斯一世接任。后期曾于306年复出，支持其子马克森提乌斯的叛乱，不久因夺权未果，被迫逃往君士坦丁一世处寻求庇护，于308年放弃对罗马皇位的要求。310年，他趁君士坦丁一世出兵在外时发动叛变，但应者寥寥，很快被回师的君士坦丁一世擒于马赛。同年夏，马克西米安被迫自杀。

305、306—310 在位）立为共治皇帝（副帝），将帝国一分为二，自己统治罗马的东部，马克西米安治理帝国的西部。

马克西米安比戴克里先小五岁左右，但他也是个身经百战的军人，并且极具军事才能，如果他成为戴克里先的对手实力将不容小觑，好在他们之间建立了合作伙伴式的信赖关系。

公元 286 年，戴克里先又赐予马克西米安与自己一样的"奥古斯都（正帝）"称号；公元 293 年，他将伽列里乌斯[1]（260—311/305—311 在位）和君士坦提乌斯一世[2]（250—306/305—306 在位）两个人立为东西方的"恺撒（副帝）"，至此，戴克里先确立了东部与西部由一共四位正副皇帝分而治之的"四帝共治制"。

这个共治体制除了有稳定政局、提高边防效率的作用，还解决了设立继承人的后顾之忧。因为戴克里先没有亲生儿子继承皇位，故他确立四帝共治制度时，就明确规定两位正帝要将各自的副帝收为养子。也就是当正帝引退或死亡时，副帝自动成为正帝，并任命新的副帝作为皇位继承者。

表面上四位正副帝将罗马分而治之，可实际上戴克里先在四位皇帝中处于决定性的位置，其他三人始终遵从戴克里先的指示进行统治。历史学家将这种现象描述为"他们仰视戴克里先皇帝，就好

---

1. 盖乌斯·伽列里乌斯·瓦列里乌斯·马克西米安努斯，一般称之为伽列里乌斯，罗马帝国皇帝，公元 305 年 - 311 年在位。被戴克里先提拔为恺撒和奥古斯都，是四帝共治制的坚决维护者。在他的统治期间，罗马帝国陷入皇帝之间的内战。
2. 君士坦提乌斯一世，罗马皇帝，是君士坦丁王朝的开创者，也是著名的君士坦丁大帝的父亲，其健康不佳、脸色苍白，登基后 15 个月就去世了。

像仰望着父亲或者最高神明一样"。

戴克里先为了配合四帝共治制度,对帝国的行政也进行了改革。首先他重新划分了行省,将帝国全境划分为 12 个行政区,同时他改革官僚体制,实行文官与武官分离。

罗马的政治家,原则上既是军人也是行政官员。因此,如今以元老院议员身份进行政治活动的人,年轻时也曾积累了征战沙场的经验。然而,军人皇帝时代的军阀混战让戴克里先意识到,必须将军事行动与行政治理专门化才能提高效率。换言之,将文官和武官分离,武官便不会受行省和行政区限制,能够迅速地采取军事行动。

将帝国分割治理使得士兵倍增,军事力量也得到了强化。当然,财政负担也会相应加重。于是戴克里先采取了"税制改革"的政策。

戴克里先采用的税收制度叫作"Capitatio-iugatio",即将之前分别征收的人头税(Capitatio)和土地税(Iugatio)组合起来,基于粮食产量和生产力的综合考量征税,以达到合理的税收目标。公元 297 年,戴克里先为了引入这个税制,在帝国全境进行了人口普查和土地测量。

伴随着税制改革而进行的是应对通货膨胀的"限价令"。军人皇帝时代,罗马遇到过各种各样的混乱,其中通货膨胀是压在民众头上的一座大山。

通货膨胀的原因不止一个,其中银币的不断贬值确实是很重要的原因。在这个军队掌权的时代,皇帝被迫提高士兵的俸禄,但却没有额外的财源。于是皇帝采取的对策是银币改铸,也就是在现有的银币中掺入混合物，减少每枚银币的含银量，从而增加了银币的数量。但是，长此以往货币的价值当然会下降。这样反复让银币质量掺水的结果便是，物价在没有上限的情况下高涨，引发了意想不到的通货膨胀。

戴克里先最初仅仅实行货币改革，可鉴于通货膨胀势不可挡，于是他在公元301年，发布了对各种物品和服务规定最高价格（包括工资）的敕令。这就是"限价令"。

四帝共治雕像

四帝共治中表示四人"和睦"的群像。帝国被分成四部分，由两个正帝和两个副帝统治。[圣马可广场（威尼斯）]

由法令规定最高价格的物品和服务涉及很多方面，仅从现存的史料来看就涉及千数百项。小麦、葡萄酒、油、蜂蜜等日用品按等级设置上限，石匠、面包师傅、牧羊人的工资是包括伙食费在内的日薪，关于希腊文和拉丁文教师的日薪，明确规定了学生每人交的学费……内容非常详细。尽管也设置了违反法令的严惩条例，但没有实际实施的迹象，因此很遗憾我们无法得知法令的遵守情况如何。

从现在的自由主义经济来看，显然即使通过法令来控制，也无法达到实际控制经济的效果。在此意义上，"限价令"可以说是某种社会主义思维方式的产物。或许有人会说可以通过皇权进行自上而下压制，来促使"限价令"取得成效，可实践并没有想象中那么顺利。

不过笔者认为最重要的是，至少我们可以看到戴克里先面对堆积如山的问题做出了不懈努力。

强大皇权之确立

出生于行省的戴克里先，似乎对罗马这个城市没有什么感情，一生只去过一次罗马。不过即便家国情怀淡薄，戴克里先还是感受到了有必要寻找"共通点"将国民作为"罗马人"联结起来。

在公元3世纪的混乱中，罗马发生了剧变。

宫廷和军队里充斥着边疆出身者，而他们几乎都不具备罗马人的修养和习惯。留在各行省的人民，对罗马也不再怀有旧时的憧憬。政治中心转移到了戴克里先所在的东部，这也是人心不齐的主要原因之一。

安东尼律令使罗马成为了"世界帝国"，可代价是失去了将罗马人紧密联系的"共通点"。对于想要建立强大帝国的戴克里先来说，人心散了队伍便不好带。因为国民之间没有共通的东西，人与人之间的羁绊微弱，也就不会产生爱国心。

于是，戴克里先恢复了罗马自古以来对神的信仰，宣称自己是朱庇特神之子，培养民众共同的信仰心，同时也让权力和权威聚焦在皇帝身上。同理，马克西米安宣称是赫拉克勒斯神之子，他们各自将自己神格化，并规定了民众向罗马众神礼拜的义务。化身神之子的戴克里先身着金线缝制的丝绸礼服,穿着镶有宝石的鞋子出现在庆典上,要求臣下行东方式的跪拜谒见礼。

在此之前,罗马皇帝始终是以"第一公民"自称,和"国王"不同,第一公民意味着皇帝也只不过是拥有指挥权的伟大司令官(最高司令官)。换言之,罗马皇帝的名字虽然位列市民名册榜首,可原则上他只不过是市民中的一员。

此原则于五贤帝的时代发生了微妙的改变。

在五贤帝时代的史料中,可以看到人们称呼皇帝为"Domine"的记载,而"Domine"表示主人。从极端的角度来看,这个称谓反映了皇帝与国民的关系,从第一公民与公民的关系,变成了主人和奴隶的关系。称谓的变化,并不是皇帝命令别人称他为"Domine"而导致的,只是在五贤帝的和平年代,民众面对皇帝的威严,自然而然形成的称呼。

然而,皇帝的权威在军人皇帝时代末期又产生了质变,或许戴克里先想以神之子的身份来找回失落的皇帝权威。这是非常大的改革,因为这意味着罗马必须放弃自奥古斯都以来就一直坚守的原则——共和政罗马。戴克里先命令别人称他为"Domine",他的目的很明确,就是要实现"专制君主制"。

可是,为了强化皇权和重新树立爱国心而进行的改革,却遇到了意想不到的阻碍。其实历史上使戴克里先名声扫地的迫害基督教徒事件,就发生在改革期间。

当时皇帝规定民众有义务对罗马众神进行礼拜,而信奉一神教的基督教徒却无法接受。为了宗教信仰,他们即便堵上性命也要违抗皇帝的旨意。

这个时代的罗马基督教徒，其实数量还没有那么多。恐怕连总人口的十分之一都不到。不过这个时代的罗马军队好像有基督教信徒，于是发生了基督教徒的士兵相继逃离军队的事件。他们的逃跑并不是基于不想杀人的人道主义，只是出于不想被迫参拜罗马众神的宗教心理。

这里请不要误会，戴克里先设定了参拜罗马的众神的义务，可并没有禁止人们对基督教的信仰。他的本意是人们可以信仰耶稣，也可以信仰罗马的诸神。但是，这对基督教徒来说是行不通的。因为基督教属于一神教，参拜其他宗教的神是违背教义的。

基督教徒宁折不弯的态度，在承认基督教信仰的戴克里先眼中就是一种"傲慢"。戴克里先认为在强化皇权、培养爱国情怀的改革过程中，基督教徒的态度对改革形成了很大的阻挠。

于是公元303年，戴克里先颁布了废弃帝国中的教会及圣经的命令，并下达了将基督教圣职者抓捕并送入监狱的命令。公元304年，他还下达了最后通牒："无论是圣职者还是普通信徒，如果不能一视同仁地对罗马众神进行礼拜，所有人都将被处以死刑。"然而无论受到多大的迫害，基督教徒都坚决不去参拜罗马众神。结果就是戴克里先又发布了基督教禁止令。

理清历史的脉络我们会发现，从戴克里先的立场出发，由于基督教徒无论如何都不服从"礼拜罗马众神"的命令，所以迫害他们实属无奈之举。

哲人般的完美临终

登上罗马历史舞台的 77 位皇帝中,只有一位是主动退位的,他就是戴克里先。早在共和政时期,当权者苏拉完成了改革后便功成身退,然而他不是皇帝。

虽然戴克里先的改革之路也颇为坎坷,但他大体上收拾了混乱局面,确立了新秩序,是一位伟大的皇帝。他完成了自己的使命之后,又以退位的形式离开了权力宝座,这种做法在罗马史上独树一帜。

公元 305 年,戴克里先在他执政的第 22 个年头退位了。此时他 61 岁,并且从两年前起身体情况就开始亮起红灯。

决心引退的戴克里先做出了惊人的举动,他竟然说服另一位正帝马克西米安和自己一起引退。于是,公元 305 年 5 月 1 日,东西两个正帝同时引退,他们各自的副帝成为了新的正帝。

离开皇位的戴克里先,在亚德里亚海沿岸、意大利半岛对岸的萨罗纳(现在的斯普利特[1]〈Split〉)的别墅里静静地度过了余生。据说戴克里先是在公元 311 年左右去世的,引退后的六年里他都在自己家乡附近的别墅度过。

在他归隐的这段时间里,人们完全不知道戴克里先过着怎样的生活,他只在公众场合露面过一次。公元 308 年 11 月,他出席了在多瑙河畔要塞卡尔伦托姆召开的皇帝会议。他引退后,自然产生

---

1. 斯普利特 (Split),是克罗地亚历史名城、克罗地亚第二大城市、斯普利特—达尔马提亚县的首府。

了新的正帝、副帝，但他们之间斗争激烈。因此，在皇帝会议上要求戴克里先复位的呼声高涨。

然而戴克里先拒绝了这个提议。他说：

"如果你们知道我在照顾菜园里种的卷心菜时多么地费神，就不会来拜托我复位了。"

从今往后，他再也没有在公开场合抛头露面。以至于人们都不知道他何时去世的。

有一种说法是，因为戴克里先信仰斯多葛学派，所以在他没有康复的希望的时候，戴克里先为了不给别人添麻烦，自己绝食而亡。笔者觉得传说有点夸张，不过从他平时的言行来看，也不排除这样的可能性。

虽然戴克里先强行推行改革，也曾有过武断镇压基督教等激烈的政策，但只要综合考虑他从权力之位上淡泊退下的行为，以及之后的死亡情况，笔者认为他还是一位为罗马帝国打开了新时代大门的优秀皇帝。

君士坦丁再次实现了帝国的统一大业

从戴克里先退位的公元 305 年到公元 313 年，君士坦丁成为罗马西部的唯一一位皇帝，并且这八年间，罗马因为好几位皇帝争夺霸权而陷入了内乱状态。

事情的起因是继承人的选择。

公元 305 年，东正帝戴克里先与西正帝马克西米安同时退位，他们各自的副帝成为正帝。东边的新正帝是伽列里乌斯，西边的新正帝是君士坦提乌斯一世,且伽列里乌斯是第一正帝。

副帝的选择成了大问题。虽然没有明确史料记载,但此时决定东西副帝的人应该是伽列里乌斯。因为不仅东边副帝是他的女婿马克西明,西边副帝也是伽列里乌斯的好朋友塞维鲁斯。

马克西米安的儿子马克森提乌斯(Maxentius)[1]和君士坦提乌斯一世的儿子君士坦丁(Constantine)对副帝人选产生了不满。他俩是正帝的儿子,但却无法成为副帝,他们认为副帝之位原本是自己的,于是为了夺回失去的地位而积极行动起来。

最初行动起来的是君士坦丁。他的父亲君士坦提乌斯一世,在公元306年因病去世后,他便无视副帝塞维鲁斯,宣称"父亲临终时把自己委命为正帝",于是以罗马西部正帝的名义即位。虽然伽列里乌斯对此事感到非常棘手,但是却不能驱逐君士坦丁,于是就在塞维鲁斯是西正帝的前提下,承认君士坦丁是西副帝。

当东西正副四位皇帝确定下来、混乱似乎也平息了的时候,马克森提乌斯在罗马市民和亲卫队残党的支持下自立为西正帝。马克森提乌斯逼迫伽列里乌斯承认自己是正帝的身份,却被伽列里乌斯严词拒绝了。马克森提乌斯没有得逞便诉诸军事行动,他将意大利大部分领土和叙利亚岛、萨尔迪尼亚岛和北阿非利加纳入自己的控制范围,同时邀请了隐居的父亲马克西米安出山,请他助自己一臂

---

1. 马克森提乌斯(278—312),罗马帝国皇帝(306年10月28日—312年10月28日在位),父亲为四帝共治初期的罗马皇帝马克西米安。马克森提乌斯在位期间,在意大利和非洲推行暴虐统治,不得人心。312年,君士坦丁大帝率军攻入意大利,马克森提乌斯在罗马郊区的米尔维安桥之战中兵败被杀。

之力。后来，马克森提乌斯甚至还与君士坦丁结成同盟，打败了塞维鲁斯的军队，强行逼他退位。

为了平息这场混乱，伽列里乌斯于公元308年11月，在卡尔伦托姆召开了皇帝会议。戴克里先归隐后的唯一一次公开露面，便是这次会议。

在这次会议上，伽列里乌斯的朋友——李锡尼[1]（265？—324/308—324在位）被任命为新的西部皇帝。于是东西正副四位皇帝再次确定了，但是马克森提乌斯依旧控制着意大利和北非。

虽然李锡尼被任命为西正帝，可是他却没有容身之所。公元311年伽列里乌斯病逝后，李锡尼与马克西明争夺东部的剩余霸权，最终战果是，李锡尼控制巴尔干半岛，马克西明治理小亚细亚和东部的行省。

随后君士坦丁又打败了马克森提乌斯的军队，公元313年，君士坦丁成为了西边唯一的皇帝。

君士坦丁的胜利，刺激了东边的霸权之争，最终导致两位皇帝决一死战。其结果是，李锡尼战胜了马克西明，公元313年，帝国被东边的李锡尼和西边的君士坦丁一分为二。

两位皇帝都野心勃勃，然而为了避免军事冲突，他们结成了同盟关系。可是好景不长，公元316年，君士坦丁侵略了巴尔干半岛，李锡尼将巴尔干半岛的大部分拱手让出。二人的再次对决是在八年后

---

1. 李锡尼（拉丁文：Gaius Valerius Licinianus Licinius），罗马帝国东部的皇帝，被君士坦丁大帝杀死。

的公元 324 年。君士坦丁率领大军进攻李锡尼，最终将他逼到自杀。

就这样，在公元 324 年，君士坦丁终于重新统一了罗马，作为这场混战中唯一幸存下来的皇帝掌管着罗马全境。

迁都到君士坦丁堡

实现了帝国再统一的君士坦丁（272 或 273—337/306—337 在位），基本上沿袭了戴克里先的改革路线，并开始推进新的改革。

戴克里先只是将文官与武官分离了，而君士坦丁比他更进一步。君士坦丁将行政系统作为皇帝直属机构进行重组。此外，他还强化了被称为"野战机动部队"的骑兵队和战车部队等机动性高的作战部队。此外，他还禁止佃农自由迁徙，推进职业世袭化，促进社会秩序与税收趋于稳定。

然而，不管税收再怎么稳定，只要不消除从军人皇帝时代就出现的通货膨胀，经济状态就不会得到根本性的改善。戴克里先的"限价令"是行不通了，于是君士坦丁进行了大规模的"货币改革"。

戴克里先当年也进行了银币的改铸，只不过中途而废，因此收效甚微。君士坦丁也许是领悟到了"格雷欣法则"[1]，故而坚定不移地推行货币改革。

---

1. 格雷欣法则指在实行金银双本位制条件下，金银有一定的兑换比率，当金银的市场比价与法定比价不一致时，市场比价比法定比价高的金属货币（良币）将逐渐减少，而市场比价比法定比价低的金属货币（劣币）将逐渐增加，形成良币退藏、劣币充斥的现象。在任何市场竞争中，突破基本底线的恶性竞争必然导致商品质量的整体降低，是格雷欣法则不断演绎成为现实的核心。

顺便一提，所谓格雷欣法则，是 16 世纪英国金融从业者格雷欣在担任国家财政顾问时，向伊丽莎白一世进谏的"劣币驱逐良币"[1]理论，它是 19 世纪经济学家命名的经济学法则之一。

简单来说，如果良币和劣币都在街头巷尾流通，人们就会把良币放在身边收藏而使用劣币，结果良币就藏在个人手中，流通到市场上的货币就尽是劣币。换言之，进行货币改革，如果不把所有的货币都变成良币，那么劣币就永远不会从市场上消失。

于是君士坦丁创造了名叫"苏勒德斯"[2]（Solidus）的金币，严格遵守其中应有的黄金的含量。

每枚苏勒德斯金币的黄金含量是 4.48 克。纯度高达 95.8%，以罗马人的重量单位来计算，一磅黄金可以制作 72 枚金币。君士坦丁在金币改铸的同时，还发行了每枚银含有量为 2.24 克的优质银币，按金币和银币的交换率换算得出——24 枚银币对应 1 枚金币。

"Solidus"是英文中"固体（solid）"的拉丁文语源，意思是"密闭凝固的状态"。这是为了形容金币之多而取的名字吧。

彻底的货币改革终于奏效了，罗马的通货膨胀逐渐恢复，良币终于驱逐了劣币。

---

1. 两种实际价值不同而名义价值相同的货币同时流通时，实际价值较高的货币，即良币，必然退出流通——它们被收藏、熔化或被输出国外，实际价值较低的货币，即劣币，则充斥市场。
2. 苏勒德斯，是罗马后期的金币，金苏勒德斯是极其珍贵的硬币，通常不允许交易或交换，它们可能曾被用来进行大型交易，例如购买土地，或者是成船的货物。金币确保了所有银币，尤其是青铜铸币的流通价值。然而以前可能有很多人都不能经常见到金币。一般只有富有的罗马上流人士、商人或者士兵才拥有大量这种金币。

更令人称奇的是，君士坦丁严格命令绝对不能改变货币中的金银含量，这项命令在那之后被遵守了700年以上，苏勒德斯金币的纯度一直被后人保持着。因为纯度得以维持，故而在国际交易中，苏勒德斯也是作为信用度最高的"世界货币"在全世界范围内长期使用。

君士坦丁
以重新统一帝国、承认基督教而闻名。

顺便一提，美元的货币符号不是"D"而是"$"，因为美国人希望它能成为像Solidus那样具有长期稳定的流通能力，成为第二个Solidus。

君士坦丁的各项改革举措中有名的一项是迁都。

戴克里先将帝国分而治之时，西部的首都从罗马转移到了米兰，东部的首都则移到了尼科美底亚（现在的土耳其西北部伊兹密特）。

虽说是迁都，可实际上并不是出于国计民生的考虑，只是因为当时皇帝的居所在那里，所以当地自然而然地成为了首都。从这个意义上来说，戴克里先时期以后，罗马城仍然是首都，只不过街道荒芜，失去了身为首都的风采。于是当君士坦丁再次统一帝国时，罗马人开始期待着罗马城重获新生，重新变成名副其实的首都，荒芜的罗马城街道重新恢复当年的气派景象。

不过，君士坦丁的做法与亚历山大大帝和罗马建国的罗慕路斯如出一辙，他也有私心想重新建立一个冠以自己名字的城市。为了实现这个野心，君士坦丁选择了"拜占庭（现在的伊斯坦布尔）"作为首都。

拜占庭是由博斯普鲁斯海峡[1]和达达尼尔海峡[2]保护的天然要塞，从很早以前就开始作为交易据点繁荣起来，到了君士坦丁时代已经成为了大规模的商业城市了。

君士坦丁关注此地由来已久，公元324年9月他成为罗马帝国唯一一位皇帝后，只过了两个月便提出了迁都拜占庭的计划。

六年后的公元330年5月，拜占庭的面积已经被扩大了四倍，且护城墙还在建设中，君士坦丁将新首都命名为"君士坦丁城邦"，并举行了开都仪式。

君士坦丁城邦在君士坦丁去世后，改名为"君士坦丁堡"。当帝国分裂为东、西罗马后，它也以东罗马首都的身份继续繁荣着。

向一神教世界帝国的转变——米兰敕令

迁都君士坦丁堡之前，对后世产生巨大影响的事件是，君士坦丁作为罗马西部的皇帝，于公元313年颁发了"米兰敕令"[3]（Edict of Milan）。

---

1. 博斯普鲁斯海峡又称伊斯坦布尔海峡，是沟通黑海和马尔马拉海的一条狭窄水道，与达达尼尔海峡和马尔马拉海一起组成土耳其海峡（又叫黑海海峡），并将土耳其亚洲部分和欧洲部分隔开的海峡（东经29度零分，北纬41度零分）。全长30千米。北面入海口最宽处3.7千米。
2. 达达尼尔海峡，古称赫勒斯滂（Hellespont），土耳其语称恰纳卡莱海峡。它毗邻恰纳卡莱城(Canakkale)，是土耳其西南部连接爱琴海和马尔马拉海的要冲，也是亚洲与欧洲两大陆的分界线，属连接黑海及地中海的唯一航道。
3. 米兰敕令（拉丁文：Edictum Mediolanense），又译作米兰诏令或米兰诏书，是罗马帝国皇帝君士坦丁一世和李锡尼在313年于意大利的米兰颁发的一个宽容基督教的敕令。

> 我、皇帝君士坦丁，我、皇帝李锡尼，有幸在米兰商议有关公共利益与和平稳定的一切事宜，我们从大多数人的利益出发，认为排在第一位的待办事项应该是对神格保持敬畏。换言之，无论是对基督教徒还是对众人，都给予每个人自由信仰宗教的权力。
>
> （《古代西洋史料集·所谓米兰敕令》）

这篇敕令在公元313年2月在米兰召开的君士坦丁·李锡尼会谈上达成一致意见后，同年6月由李锡尼在尼科美底亚公开发布的，同样的内容也在罗马帝国全境发布。

这里请不要搞错的是，当时基督教只是被公开承认了信仰自由，还没有被国教化。以前一直被镇压、被禁止信仰的基督教，现在终于得到了认可。

大家都知道君士坦丁是承认基督教的，他自己在晚年也接受了洗礼成为信徒。至于他为什么会信仰基督教，留下的只有奇怪的传说，真实情况扑朔迷离。

传说中的经过是这样的。

当时君士坦丁正在进军途中，准备与马克森提乌斯决一死战，忽然他看到天空中出现了形如十字架般的明亮火焰，以及"你，克敌制胜"的文字。而且不仅君士坦丁看到了，随军的士兵们都看到了这个奇迹。当时的君士坦丁还不明其意。

于是当天晚上，耶稣出现在了君士坦丁的梦中，手中拿着一个标记，他说："我要做一个天上出现过的标记的模型，你用它作为克敌制胜的护身符吧。"

虽然不知道这个奇迹般的传说是否真实,但是君士坦丁在和马克森提乌斯的决战中,确实举起了十字架的旗帜战斗,并取得了胜利。这个传说也刊登在了公元 337 年至 338 年尤西比乌斯[1](Eusebius)所著的《君士坦丁大帝传》中。

既然这个时代的史料中有内容称君士坦丁接受了基督教的洗礼、成为了信徒,那如果同时代的史料再否认基督教的存在,真实性便是存疑的。

据说君士坦丁接受洗礼是在公元 337 年,在他临死的时候。以正式基督教徒身份去世的君士坦丁,他的葬礼是按照基督教的祭祀仪式举行的,其遗体被埋葬在他生前所建的君士坦丁城邦里的圣十二使徒教会中。

皇帝改宗给罗马市民造成了极大的冲击,不过元老院不仅知道他受洗礼之事,还愿意将他神格化,让他加入罗马的众神。

君士坦丁的葬礼继续向全国传达着基督教被承认的讯息,于是日后的罗马也加快了从多神教世界帝国向一神教世界帝国的转变步伐。

基督教跨越的三道壁垒

耶稣被钉在十字架上,发生在第二代皇帝提比略时期。

---

1. 尤西比乌斯(约 260—340)是基督教史学的奠基人,生于巴勒斯坦,当选为恺撒里亚的主教。著有《编年史》《基督教会史》和《君士坦丁传》等,影响很大。他被称为"教会史"之父和拜占庭的第一位历史学家。

从那以后，犹太教徒中出现了视耶稣为弥赛亚（救世主）的人们，他们知道彼得直接从耶稣那里得到了教义，便以十二使徒之一的彼得为中心，不断扩大教徒范围，随后保罗加入其中。

保罗并没有直接接受基督的教义。他最初对基督教持否定态度，但圣经记录了他经历"奇迹"后"回心转意"的过程，最终他成为了热情的传教士。

保罗是出生于罗马行省奇里乞亚的首府塔尔索斯的犹太人，据说拥有罗马市民权。保罗于尼禄时代在罗马进行传教。

很多人模糊地认为，保罗的传教使得基督教徒数量爆发性地增加，虽然因为尼禄的迫害而人数减少，但在那之后，提比略大规模镇压基督教徒之前，罗马的基督教徒数量依然呈现增长趋势。可是事实并非如此。确实通过保罗的传教，罗马的基督教信徒数量增加了，不过人数依旧极少，不足罗马总人口数的1%。

顺便说一句，虽然保罗在尼禄的迫害下殉教了，但正如前面章节所述，尼禄是否真的迫害了基督教徒，还是存疑的。总之，在那之后约200年间，基督教徒的人数维持在1%以下的低水准上，几乎没有增加。

历史学家卡西乌斯·狄奥留下了《罗马史》，从神话时代记述到公元229年，其中几乎没有关于基督教徒的记述。这至少意味着，在他在世时，基督教徒的存在并没有成为社会问题。

为军人皇帝时代画上终止符的戴克里先，对基督教徒大规模地进行迫害，不过，即便此时，督教徒也不到总人口的一成。

为什么基督教徒长时间没有增加呢？因为有几道阻碍他们发展

壮大的"壁垒"。第一道是"民族的壁垒"。

当初基督教徒大部分是犹太人。在罗马人看来，初期基督教是犹太教中的一派，恐怕那时候连"基督教"的名称都没有。基督教徒自己也认为他们只是犹太教的改革派而已吧。

保罗的存在这时发挥了很大作用。保罗虽然是犹太人，但是从父母那一代开始就被授予了罗马市民权，所以他有机会习得教养，他会说当时的通用语希腊文。耶稣自己使用的是阿拉米语。阿拉米语在东地中海地区也被广泛使用，属于闪语族的语言，但从世界范围内来看，使用人数还是无法胜过希腊文。

所以，能够将阿拉米语翻译成希腊文的保罗，可以说在某种意义上作用比耶稣还大。

基督教进入罗马后所面临的是"阶层之壁垒"。一开始，基督教宣扬"穷人是幸福的"，并且在大城市的贫困人群中广为传播。而要想进一步增加信徒，首先必须打破这个"阶层"的壁垒，可是贫困的他们没有资金建造教堂作为传教据点。

打破这道壁垒的，可以说是思想的转换。换言之，把"有钱人进天堂比骆驼通过针眼更难"的教义解释为"有钱人施舍给穷人的话就能得救"，从而一点点地吸引富裕阶层的人们。

由于信徒阶层的扩大，下一道"居住地之壁垒"就自然而然被打破了。在那之前，集中在大城市的信徒们已经扩展到了更小的城市和周边的农村。

笔者这是从跨越三道壁垒的视角，来说明基督教徒的增加过程，不过这只是一家之言。

为什么基督教在罗马这个多神教社会中,能够在各民族、各阶层、各种各样的都市中生存发展?这是世界史上留存至今的未解之谜。

最初的 200 年间几乎没有增加的基督教徒数量,某一阶段突然爆发性地增加,大家公认这个现象开始于 3 世纪半左右的军人皇帝时代,即从德基乌斯皇帝(249—251 在位)的时代开始的。

此前稳定不变的基督教徒数量,为何会从这个时代开始急剧增长呢?因为信教的自由被认可的同时,社会大环境也处于混乱之中。皇帝林立,军人横行,激烈的通货膨胀压迫着生活。在国境线上,异民族反复入侵,战场归来的士兵们带回的疫病开始在城市里蔓延。处于如此不安定、看不到未来的时代里,人们开始向"唯一的绝对神"祈求安宁。

背教者尤利安——批判腐败的基督教

公元 337 年 5 月,重新统一罗马的君士坦丁去世后,军队在君士坦丁堡发动了叛乱。叛乱围绕着君士坦丁死后的霸权争夺。在这场混乱中,除去他的三个儿子,君士坦丁大帝的亲属几乎都被杀害了。

幸存下来的三个儿子,长子君士坦丁二世[1](337—340 在位),次子君士坦斯一世[2](337—350 在位),三子君士坦提乌斯二世[3]

---

1. 君士坦丁二世是罗马帝国君士坦丁王朝第二位皇帝(316—340),也是君士坦丁一世之子。
2. 君士坦斯一世(约 323—350,337—350 在位),罗马帝国君士坦丁王朝皇帝。君士坦丁大帝的幼子。
3. 君士坦提乌斯二世是罗马帝国君士坦丁王朝第二位皇帝,也是君士坦丁一世之子。

(337—361在位),同年9月一起获得了"奥古斯都(正帝)"的称号,三个人决定分开统治帝国。

兄弟间的分割统治并没有持续很久。三人陷入了互相争斗的状态,皇权理所当然地被削弱了。皇帝权力一旦变弱,趁机出现篡夺帝位者也是常事,果然他们三人重蹈覆辙,帝国再次陷入了混乱。

君士坦丁去世后,历经15年的权力斗争,最终胜出者是大帝的三子君士坦提乌斯二世。君士坦提乌斯二世应该知道独自治理帝国的困难吧。公元355年,他将在雅典留学的表弟尤利安[1](332—363／361—363在位)召唤回国,立为副帝。

当时尤利安23岁,虽然没有军事经验,但好在天赋异禀。君士坦提乌斯二世让他负责管理高卢以及国境不稳定的莱茵川周边,他不仅出色地击退了日耳曼人,而且税制改革也取得了成功。于是尤利安得到了军队和市民的热烈支持。

君士坦提乌斯二世开始感觉到尤利安的威胁,就派遣精锐部队,去削弱尤利安的军事力量。

尤利安的手下不满君士坦提乌斯二世的做法,干脆拥立尤利安为正帝,并逼迫君士坦提乌斯二世承认。君士坦提乌斯二世当然拒绝了,双方也因此拉开了对立面。

公元361年,君士坦提乌斯二世终于开始了讨伐尤利安的行动。据说尤利安被拥立为正帝并非自己的本意,他一直希望能有机会和

---

1. 尤利安,英文作"Julian(朱利安)"。君士坦丁王朝的罗马皇帝,他是罗马帝国最后一位多神信仰的皇帝,并努力推动多项行政改革。

君士坦提乌斯二世对话。

没想到最终双方的争斗以意想不到的形式结束。君士坦提乌斯二世在行军途中罹患热病身亡。据说在君士坦提乌斯二世留下的遗嘱中，意外地将尤利安列为他的继承人。君士坦提乌斯二世去世后的第二个月，尤利安作为他的继承人人驻君士坦丁堡，正式成为奥古斯都（正帝）。

后世的尤利安被基督教相关人士称为"背教者"，因为他的基本态度是"异教徒和基督教徒都有个人的信仰自由"。如他所言，尤利安把被放逐的异教神职者都叫回来了。

为什么他被称为"背教者"呢？理由有二。其一是他恢复了罗马自古以来祭祀神明的传统。其二是他对教会进行了激烈的批判。

从君士坦丁大帝用米兰敕令承认基督教，到尤利安登上皇位，中间历时大约50年，在此期间受到了各种各样优待的基督教教会，早就出现了腐败的迹象。

当时的时代物欲横流、道德沦丧，很多人开始对被财富和欲望支配的生活感到空虚。于是基督教以清贫为宗旨吸引这些人入教。教会说"富裕者若想死后升往天堂，施舍财产就可以了"，于是教会里挤满了前来捐款的富裕阶层。

又如，如果去世的人是基督教徒，那么他把自己所有的土地捐赠给教会是理所当然的事情。然而在当时捐款的字据中，有很多明显是伪造的。其中甚至有字据称君士坦丁把土地捐给了教会。这是谁伪造的呢？当然，也许就是教会自己伪造了证据，以期据此获得利益。

也许读者们不相信圣职者会做那样的事，不过伪造文书也是普遍现象，不仅限于罗马，也不仅限于这个时代，欧洲各地都有发生，是时常有之的现象。

从小就开始学习希腊·罗马的古典文化的尤利安，拥有不亚于学者的学识。对于资质优秀的他来说，提倡清贫的基督教会为了中饱私囊而伪造证件，是不可饶恕的行为。忍无可忍的尤利安用激烈的语气批评了基督教："不畏惧神明的加利利[1]人，用美味的甜品诱骗儿童，用友爱和自我牺牲这样甜言蜜语诓骗众人，已经背离了敬神畏神的宗旨了。"尤利安已经完全倒向哲学领域，加入了以密特拉信仰为首、具有各种秘密仪式的宗教。于他而言，基督教徒拒绝守护人类的诸神，只是一群道貌岸然的无神论者罢了。

之前也提到过，对于古代人来说神的存在是毋庸置疑的。古代没有人怀疑神的存在。于他们而言，拒绝祭礼就好比无视神明的存在一样，只向自己随意创造的"唯一神"祈祷的基督教徒（犹太教徒也是如此），本质上是极其不讲道理的无神论者。

尽管如此，聪明的尤利安绝不会使用镇压和迫害等基于权力的暴力手段。因为如果这么做了，就会产生新的殉教者的美谈，并且他知道基督教又会借此大力宣传。

---

1. 加利利是巴勒斯坦北部地区。面积约29435平方千米。西到地中海沿岸平原，东到约旦河谷地，南到耶兹里勒谷地。为一地形崎岖的高地。主要城市为采法特、拿撒勒。农业与居民点比较分散，主要农产品有谷物、水果、烟草、家畜、家禽。古代的加利利可能还包括今黎巴嫩南部的一些地方。史学观点认为耶稣生于加利利的拿撒勒。

说到底，尤利安是一名爱好异教古典文化的有教养的人，他始终遵循希腊、罗马的传统，坚持用语言批判基督教的腐败行径。

不过，他也对基督教的某项优点予以赞许，那就是基督教对不幸的人们进行的庇护行动。犹太教经典《圣经·旧约》中写道："必须保护贫穷的人，或因离婚、生离死别而失去丈夫、父亲等保护者的女性或孩子。"保护"不幸之人"的理念并不是基督教独有的，可基督教并不只是单纯地把这些东西写进教义，他们还实际进行了保护活动。关于这件事，尤利安给予了很高的评价："我们也必须模仿他们的优点。"尽管基督教漏洞百出，但尤利安并不只是盲目对基督教进行批判。

尤利安的治世只有短短的两年，执政期间，他为了减少过剩的宫廷人员，节约国费，救济没落的地方城市中的权贵，因而实行了减税并进行了多次行政改革，以谋求国家的安定。

最终尤利安在远征波斯的途中，被流矢射中而丧命，真是略显潦草的收场啊。

法国的代表性历史学家保罗·韦纳在其著作《当"我们的世界"成为基督教世界时——一个名叫君士坦丁的男人》（岩波书店）中提出了以下疑问。

如果尤利安再活 20 年，基督教还会如此普及吗？

尤利安去世的时候还很年轻，只有 30 多岁。如果没有意外的话，应该还能活 20 年。

仅凭一人之力也经常会使历史产生翻天覆地的变化。从这个意义上来说，尤利安的年轻早逝对于基督教来说可能是莫大的幸运。

基督教缘何得以普及？

尤利安以后的皇帝，有热心于基督教的也有对此漠不关心的，只是再也没有人像尤利安那样立场坚定地批判基督教了。可以这么说，君士坦丁以后的罗马皇帝，除了尤利安之外，对基督教都采取了灵活的态度。

保罗·韦纳指出，君士坦丁后世的皇帝们的选择，对基督教的普及有着重大意义（《当"我们的世界"成为基督教世界时》）。皇帝们对基督教给予的保护，才使得基督教在民众中发扬光大。

前近代社会是一个当政者或最高权力者的意志具有绝对话语权的社会。当时的人们很难像现在这样拥有民主意识，毕竟在当时的环境下，通过自上而下的强制力推进，很多事情才会进展顺利。

"古代经济的政治依存性"一词，在19世纪就已经诞生了，但其中大部分只是关于经济活动的考察。其实古代的经济活动相当离不开政治。譬如，军事据点设置在哪里，哪里的消费活动就会被带动起来，经济活动本身也随之变得活跃。

韦纳指出，同样的道理也适用于基督教的普及过程。基督教的普及，公认是从底层开始逐渐推广的，其实正是因为有了上层阶级的支持，或者说正是因为有了皇帝的保护，基督教才得以聚集寻求眷顾的下层市民们，并迅速地吸引入教者。

基督教在"保护弱者"方面连尤利安都认可，这对于基督教的普及是个有利因素。皇帝会通过教会对弱者进行保护,具体过程是皇帝给予教会金钱援助和社会保护,让想要获得救济的弱者聚集在教会,结果客观上促使教会的权威提高了。

如此想来,确实可以说当时的皇帝权力对基督教的普及做出了很大贡献,韦纳的观点一针见血。

继君士坦丁之后,皇帝们之所以保护基督教,与其说是他们本人的意思,不如说他们只想单纯模仿伟大的"先帝们"的行为,至少不会出错。

想当初五贤帝时代,正如图拉真的统治为后世的皇帝提供了政治范本一样,君士坦丁去世后,虽然存在尤利安这样的例外,但基本上君士坦丁的政治被后世皇帝们所继承了,这对于基督教的普及和繁荣非常有利。

韦纳指出,不能低估个人在历史中所扮演的角色的大小。如果在20世纪里没有列宁[1]和托洛茨基[2]这样的人,俄国革命会不会发生呢?即便发生了,也可能是完全不同的结局吧。同理可得,如果罗马历史上缺少了君士坦丁,世界史的走向或许会大不一样。

---

1. 列宁(1870年4月22日—1924年1月21日),原名弗拉基米尔•伊里奇•乌里扬诺夫,著名的马克思主义者,无产阶级革命家、政治家、理论家、思想家。是苏俄(世界上第一个社会主义国家)和苏联的主要缔造者、布尔什维克党的创始人、十月革命的主要领导人、苏联人民委员会主席(即苏联总理)。
2. 列夫•达维多维奇•托洛茨基(1879年11月7日—1940年8月20日),原姓勃朗施坦,全称列夫•达维多维奇•勃朗施坦,工农红军、第四国际的主要缔造者。

排斥日耳曼人的罗马人

公元 363 年尤利安死后，帝国再次进入长达 30 年的混乱期。在战场上继承尤利安皇位的司令官约维安[1]（363—364 在位）在返回首都君士坦丁堡前丧命，帝国又失去了继承人。

武官和文官的秘密会议决定由瓦伦提尼安[2]（364—375 在位）和瓦伦斯[3]（364—378 在位）这两兄弟实行共治，但兄弟俩在统治期间几乎都耗在保卫边境上，最终殒命战场。

瓦伦提尼安死后，他在西罗马的长子格拉提安[4]（367—383 在位），其同父异母的弟弟瓦伦提尼安二世[5]（375—392 在位），和

---

1. 弗拉维乌斯·克劳狄乌斯·约维安努斯（332 年—364 年 2 月 17 日），又译卓维安，是一位军人，被军队选为罗马皇帝，公元 363 年 6 月 26 日，皇帝尤利安因在对抗波斯国王的沙普尔二世的战役中伤重而亡。罗马大军深入波斯领土，情况对罗马帝国十分不利，为了让全军安全撤回帝国本土。约维安被迫去缔结了和约。
2. 瓦伦提尼安一世出生于潘诺尼亚，与其弟瓦伦斯均为当地将领老格拉提安之子。363 年参加尤利安皇帝对波斯人的远征，尤利安死后弗拉维乌斯·克劳狄乌斯·约维安努斯被推举为帝，但在位只有 8 个月就因食物中毒死去。之后瓦伦提尼安即位。
3. 瓦伦斯直到 360 年左右方才加入罗马军队，同其兄长弗拉维斯·瓦伦提尼安在帝国东部边境服役。364 年 2 月，罗马皇帝约维安在赶往君士坦丁堡以确保帝位的途中暴卒于小亚细亚，2 月 26 日，弗拉维斯·瓦伦提尼安被同行的士兵拥立为罗马皇帝。3 月 28 日，瓦伦提尼安任命瓦伦斯为同朝皇帝，负责统领帝国东部，以君士坦丁堡为都。
4. 格拉提安是罗马帝国西部的皇帝瓦伦提尼安一世的长子，8 岁被其父立为奥古斯都（共治者），由诗人德西穆斯·马格努斯·奥索尼乌斯进行教育。375 年，在同夸迪人的战争中，瓦伦提尼安一世突然发病而卒，于是格拉提安在高卢即位，年仅 17 岁，同时，也有军队支持格拉提安的同父异母弟弟瓦伦提尼安二世（当时年仅 4 岁）即位，不过格拉提安答应与瓦伦提尼安二世分享帝国，将意大利、北非和伊利里亚西部交给瓦伦提尼安二世统治，自己保留了高卢、西班牙和不列颠。
5. 瓦伦提尼安二世(371—392)，罗马帝国皇帝，瓦伦提尼安一世之子。375 年即位，年仅 4 岁，由母后摄政，负责统治意大利、非洲和伊利里亚。387 年，马克西穆斯 (Magnus Maximus) 再次入侵意大利时，他与母后逃往塞萨洛尼基 (Thessaloniki) 避难。388 年恢复统治。392 年，被发现死在维埃那（Vienne，在今法国东南部，非奥地利首都 Vienna）的行宫中。

奥索尼乌斯[1]（392—394 在位），维持着短命的政权。在另外一边的东罗马，瓦伦斯战死后，希斯帕尼亚出身的弗拉维乌斯·狄奥多西乌斯[2]（347—395/379—395 在位）即位，最终狄奥多西打败了奥索尼乌斯，公元 394 年，罗马帝国终于再次统一。

混乱期延长的最大原因是，住在边境外的日耳曼人突然开始频繁异动。这也是所谓的"日耳曼人大迁徙"[3]。

听闻"日耳曼人大迁徙"，也许有人觉得日耳曼人是突然之间大规模地涌向罗马，但其实日耳曼人侵犯罗马也是由来已久了。

从行省日耳曼尼亚的存在也可以看出，很早以前它就曾作为行省编入帝国的地区，除此之外，也有很多日耳曼人以家族和部落等小单位进入帝国。

他们的根据地在罗马帝国的北方。因为是极寒地区，所以一旦气温稍降，他们就会南下寻找温暖的聚居地。位于南方的罗马帝国也是文明地，所以对于日耳曼人来讲，反正要迁移，那么选择罗马帝国便好了，毕竟罗马帝国中日耳曼人也不在少数。

---

1. 奥索尼乌斯做过律师、修辞学教师，约 364 年被罗马皇帝瓦伦提尼安一世 (364—375 在位) 召为皇储格拉提安的教师，深受恩宠。格拉提安在位期间 (375—383) 曾被委任管理高卢、意大利、伊利里亚、北非等地事务。
2. 狄奥多西一世又译为狄奥西亚一世或杜多思一世，亦作狄奥多西大帝，是罗马帝国皇帝，392 年统治整个罗马帝国。
3. 日耳曼人大迁徙，居住在波罗的海和北海沿岸地带的日耳曼人是一个古老的欧洲民族，由若干部落组成。4 世纪末，匈奴人对日耳曼人领地的入侵使日耳曼人潮水般向西罗马帝国境内涌来，形成了一场日耳曼民族大迁徙运动，它绵延二百余年，规模宏大，波及大半个欧洲和北非广大地区，在西罗马帝国的旧土上建立了许多日耳曼人的国家，书写了西欧历史的新篇章。日耳曼人大迁徙加速了西罗马奴隶制帝国的灭亡，也促进了日耳曼人氏族制度的瓦解。

原本一点点潜入罗马的日耳曼人，在这个时期忽然爆发大迁移的原因是东面的匈奴人向西面发起了大迁移。匈奴人为什么向西方大迁移呢？这是源自公元 4 世纪后半期发生的全球寒冷化。

欧亚大陆的人们要去往温暖之地时，除了向南，还有向西的路径。在欧洲，即便纬度相同，由于墨西哥湾（暖流）的影响，沿岸地区较之内陆地区会暖和一些。换言之，位于中亚阶梯地带的匈奴人，因气温骤降而向西移动，日耳曼人被迫挤出本国，于是他们只得大举迁移到了多瑙河南岸的罗马帝国领内。

大量日耳曼人瞬间涌入罗马，罗马内部也会争论不休。有人说："正好士兵不够，如果好好利用他们，罗马军就可以发展壮大了。日耳曼人可以作为罗马兵的后备力量。" 于是，很多日耳曼人在这个时期就被罗马军队吸收了。

但是，对被吸收进来的日耳曼人来说，待遇并没有像期待中的那么好。与罗马市民不同的是，他们被作为野蛮人区别对待。对待遇的不满，久而久之就会演变成骚动和叛乱。一旦冲突爆发，罗马军就会前往当地镇压，同样的事情屡屡发生。

所以，这和现在的移民、难民问题有很多共同点，罗马接纳了日耳曼人的迁移，也接受了他们留在罗马的事实，但毕竟是持有不同价值观的人长期互相碰撞，难免会产生纠纷。所以冲突矛盾是此起彼伏的。

矛盾产生的原因来自双方。日耳曼人有对待遇不公的不满，但罗马人也在忍受异民族的入侵，一旦情绪冲破忍耐的界限冲突便会爆发。内部纠纷反复发生是罗马灭亡的一个重要原因，不过近来一些人持有不同观点。

那便是"罗马人宽容品质的丧失"。

原来罗马人都是宽容为怀。罗马会接受勇敢战斗的战败将军，给他们雪耻的机会，大西庇阿会把有婚约在身的俘虏送还给他的未婚妻，并且赠送贺礼。恺撒曾多次原谅叛变了自己的布鲁图斯，也没有把治理罗马的方法强加给吞并的行省。罗马人对本国人自不必说，哪怕面对的是不同民族的人，他们也愿意在包容中求同存异。

这种"宽容精神"随着时间的流逝而悄然变质，因此宽容精神的丧失才是日耳曼人大迁徙后反复发生暴动的真正原因吧。

以宽容品质为视角，现在美国应对非法移民的方式、欧洲各国面对中东难民的问题等，都可以参考罗马所面临的此类问题，笔者认为知古方可论今。

然而这些问题也绝非易解之谜。罗马人需要表现出多大的宽容度才能防患于未然？没有明确的答案。其实虽说罗马人的宽容变质了，但也并非消失殆尽。

罗马军队不仅吸收了大量日耳曼人当兵，也让有能力的异族者担任军团的干部。所以这个时期的罗马也残存着某种程度的宽容。只不过从整体来看，有人还是对异民族抱有厌恶，有人出现了明显的歧视行为，也有人失去了曾经罗马人的宽慈情怀，这些都是事实。"如何对待相异之人"是一个很庞大的课题，后世的皇帝和罗马帝国也不断承受着这样的诘问。

顺便提一句，罗马人从宽容到非宽容的变质过程，在基督教成为国教以后，也能从罗马人的行动中窥见一斑。当年的罗马禁止了异教的信仰,推行基督教的国教化,可是无论国家怎么禁止,大家也不会马上抛弃对传统众神的信仰。因为人心不是那么容易就能改变的。而在过渡期中,人们对基督教的批判进行得非常激烈。

因此笔者认为罗马人丧失了宽容为怀的品质,才是这个时代出现问题的症结所在。

西班牙出身的皇帝狄奥多西 VS 地道的罗马人安布罗西乌斯

狄奥多西刚成为皇帝便马上接受洗礼,成为了正式的基督教徒,他是一名狂热的信教者。据说他的宫廷里几乎都是正统的基督教徒。

狄奥多西出生于现在的西班牙塞哥维亚,是希斯帕尼亚高级军官的孩子。长大后就跟随父亲入伍,年纪轻轻就在国境的防卫战中取得了战功,但在北非担任司令官的父亲因残虐罪被处死后,他也因别人的背后议论而被迫辞职。

狄奥多西得以再次登上历史的舞台,多亏了西罗马的皇帝格拉提安。东罗马皇帝瓦伦斯战死后,格拉提安指名狄奥多西当继承人,或许因为东部防卫的需要,他才注意到了极具军事才能的狄奥多西吧。

成为东罗马皇帝的狄奥多西,显示出了出人意料的才能。他在军事方面、行政方面都展现出了老辣的手腕。

狄奥多西在帝国的东部,同意日耳曼人作为同盟民族定居。当帝国西部的格拉提安死后,他推翻了篡权者,再度一统罗马。

唯一让皇帝狄奥多西低头的人,是米兰主教安布罗西乌斯。

安布罗西乌斯比狄奥多西年长约 20 岁,出生于罗马贵族家庭。身为帝国高官之子,他接受过法学和修辞学等高等教育,并于 35 岁的时候担任意大利北部的州长。当时活跃在政界的都是行省出身的人，而他是罕见的纯粹的罗马人。

安布罗西乌斯曾经解决了在米兰反复发生的宗教抗争，这也为他日后从政埋下了伏笔。当米兰主教去世的时候，他没想到自己会被热情的民众推举为新主教。

安布罗西乌斯似乎信奉基督教，可当时他甚至都没有接受过洗礼，这在当时是很少见的。

成为主教后，安布罗西乌斯凭借天生的辩才和敏锐的眼光，罢免了异教的圣职者，给宫廷内的异教支持者施加压力，并稳步扩大着基督教的影响力。

在天主教是正统基督教派的前提下，"异教"一词指的是天主教的其他各派别。另外，"异教"还包括属于罗马传统信仰的、但不属于基督教的宗教。

当时，基督教的国教地位还没有确定，各个宗教派别都在呼吁自己的正统性并寻求政治力量的保护。

公元 379 年，狄奥多西即位并接受了天主教洗礼。翌年公元 380 年，他颁布了以天主教作为国教的敕法，第二年颁布了禁止以阿利乌斯教派[1]为首的异端派别的敕法。

狄奥多西颁布了禁止异端敕法的第二年（公元 382 年），安布

---

1. 阿利乌斯教派是由曾任亚历山大主教的阿利乌（或译亚流）所领导的基督教派别，根据《圣经》所载，主张耶稣次于天父和反对教会占有大量财富。不同的大公会议都斥之为异端。

罗西乌斯从罗马的元老院撤去了维多利亚女神的祭坛,这时贵族辛玛古站出来表示抗议,于是两人进行了"胜利女神祭坛之争"。

辛玛古抗议说:"帝国的繁荣与对罗马历来对众神的敬仰息息相关。"

安布罗西乌斯反驳道:"基督教徒并没有强迫异教徒去拜基督教的祭坛。异教徒也应该如此。"

争论的结果是,胜利女神的祭坛没有复归原位。其实当时在罗马"异端"是被禁止的,然而"异教"是被允许的。可安布罗西乌斯还是凭借他的巧舌如簧,从元老院中移除了异教的祭坛。

公元390年,安布罗西乌斯的势力持续扩张,然而位于爱琴海北岸的特萨洛尼克,发生了约600名民众被虐杀的事件。

事情的起因是,在民众中颇受欢迎的战车车夫,因犯下同性恋罪而被防卫队长逮捕。民众对逮捕表示不满,因而杀死了防卫队长,狄奥多西听闻此事非常愤怒,允许军队采取措施报复民众。结果就是600名民众被残忍虐杀。

听闻事件始末以后,安布罗西乌斯在教会会议上宣布皇帝有罪,并禁止狄奥多西进入教会。

虽说安布罗西乌斯有权有势,但他终究只是米兰的主教。何况当时基督教会的体系还没有完全建立起来,所以他的地位也不像如今的罗马教皇,高居天主教派的权力顶点。相比之下,还是罗马皇帝狄奥多西级别更高吧。

狄奥多西本人也明白他俩的位阶差距,因此一开始禁止出入教会的狄奥多西并没有意识到事情的严重性。可其实禁止出入教会在天主教中叫做"破门（开除教籍）"。所谓被破门，就是被排除在信徒的行列之外，无法获得永恒的生命，对于基督教徒来说没有比这更痛苦的事了。

诚然，狄奥多西也采取了各种各样的补救措施，可是安布罗西乌斯完全不买账，毅然决然地要求皇帝自己在公共场合忏悔。于是，无可奈何的狄奥多西只得向安布罗西乌斯屈膝，接受了教会的圣礼。

11世纪的神圣罗马帝国皇帝亨利四世[1]为了解开破门，在下雪的卡诺莎城门前进行了为期三天三夜的绝食，向教皇格列高利七世[2]请求宽恕，这件事被后世命名为"卡诺莎之辱[3]"。

当然，笔者并不想同情狄奥多西，相反笔者认为安布罗西乌斯的做法更为优秀。

笔者与《罗马人的故事》的作者盐野七生谈论到安布罗西乌斯的时候，她曾说："他这样做虽然会树敌，但是他干得漂亮。"安布罗西乌斯，真不愧是纯粹的罗马人，在他身上，昔日大西庇阿、

---

1. 亨利四世，法兰克尼亚王朝（德意志）的第三位罗马人民的国王（1056年10月5日—1105年在位）、神圣罗马帝国皇帝（1084年—1106年8月7日在位）。
2. 圣格列高利七世（Gregory Ⅶ，1020年—1085年5月25日），克吕尼改革派教宗，1073年4月22日—1085年5月25日在位，历代教宗中最杰出的人物之一。为了实现天主教会摆脱神圣罗马帝国的控制，他与神圣罗马帝国皇帝亨利四世进行了毕生的斗争。
3. "卡诺莎之辱"，在教皇要开除德国皇帝亨利四世的教籍时，亨利四世在内外交困的情况下，带着自己的妻子在卡诺莎城堡前站立了三天三夜，祈求教皇的原谅，最后以教皇的一个额头吻而告终，而教皇则是出身于工匠之家。这件事情也被认为是王室的巨大耻辱，卡诺莎之辱也成为了后世屈辱投降的代名词。

苏拉和恺撒等罗马人的优秀品质仿佛又重现了。

此后,在公元391年,狄奥多西下令关闭异教神殿,到了公元392年,他终于颁布了全面禁止异教信仰的敕法,彻底将基督教国教化,笔者觉得或许他是受到了安布罗西乌斯的影响吧。

虽然史料所剩无多,但我们可以从安布罗西乌斯的只言片语中揣测到他的内心真意:

> 正如罗马帝国统治下的民众为统治者们而战一样,陛下也要为全能的神和神圣的信仰而战。因为只要有人不真心礼拜神,也就是统驭万物的基督教徒之神,就不能确保每个人都得到救济。只有这个神才是应该发自内心崇拜的唯一真神。正如《圣经》所记载的那样,异教徒的神都是假的。
>
> (《西洋古代史料集·瓦伦提尼安二世信函》)

这篇文章是胜利女神祭坛之争时,安布罗西乌斯写给瓦伦提尼安二世的一段书信。一心想把基督教(天主教)变成罗马国教的安布罗西乌斯,是否也曾在狄奥多西耳边低声窃语过这一套理念?

第十二章
罗马灭亡的原因

东西罗马帝国差异显著的经济水平

公元 395 年，狄奥多西在米兰去世。

皇位继承人是狄奥多西的两个儿子。狄奥多西向孩子们托付后事的时候，把帝国分成东西两个部分。在那之前，帝国也曾在东西两个地方实行过分割统治，可那时的罗马帝国就像是合众国一样，始终属于一个整体。可是这次的分割统治，结果就是分成了东罗马帝国和西罗马帝国两个国家。

东罗马帝国由长子阿卡迪乌斯（395—408 在位）统治。

西罗马帝国由次子霍诺里乌斯（395—423 在位）治理。

当时阿卡迪乌斯 18 岁，霍诺里乌斯 11 岁，两个人都远远达不到当皇帝的年龄，尤其是弟弟霍诺里乌斯堪称年幼了。

而且，由于国家本身的条件所限，西罗马与东罗马相比，在军事、经济、人口数量、人才方面都不如东罗马，其中最为致命的弱项就是经济低迷，导致连雇佣兵也雇不起，军事实力得不到提升，结果异族入侵的势力就越来越猖獗。

当时的西罗马帝国经济正在恶化。市场本身正在缩小，商业活动不再开展到地中海全域，而仅仅在"州"或是州中更狭窄的范围内进行经济活动。人口多的话经济还能运转，但是西罗马的人丁稀少也是导致经济能力低下的原因之一。

人口一旦呈现负增长趋势，城市中富裕阶层的税金负担就会增加，富裕阶层便会逃离城市，移居农村。结果，城市由于富裕阶层的逃离而变得冷清，农村即使迎来富裕阶层的定居也无法持续发展，西罗马的国力也在加速衰退。

另外一边的东罗马帝国还在正常运转着。

东罗马的都市富裕阶层能够利用海路开展经济活动，这一点很幸运。他们将四处收集来的东西，通过船只向更大范围输送，即使人口有所减少，东罗马也能保持经济的繁荣。

于是罗马的经济重心完全向东边转移了。

西罗马帝国在狄奥多西死后不到 100 年就灭亡了，而东罗马帝国在那之后还延续了将近千年，由此可见帝国的命运与都市的经济繁荣程度有着密不可分的关系。

西罗马帝国的灭亡

年幼的皇帝，低迷的经济。在这种状况下支撑着西罗马苟延残喘的人，是从狄奥多西时代开始就被重用的日耳曼将军——斯提里科[1]。

斯提里科被任命为霍诺里乌斯的监护人，他辅佐幼帝期间时而与异民族战斗，时而拉拢异族人民，让他们参与到西罗马帝国的

---

1. 古罗马帝国末期蛮族出身的统帅，其父为雇佣兵队长，他自幼从军，约 385 年任皇帝亲兵指挥，约 393 年任步骑两军总司令。狄奥多西一世死前，遗言任命他为帝国摄政，辅佐皇子弗拉维乌斯·奥古斯都·霍诺里乌斯，但他后来只能控制西帝国，任职期间曾击退日耳曼人对莱茵河地区的入侵。402 年击败哥特人，镇压诺理库姆和列提亚人民起义，405 年击退哥特人、苏维汇人、勃艮第人的联合入侵，使得罗马帝国出现暂时的稳定局面。408 年，宫廷传说斯提里科欲立其子为东罗马帝国皇帝，8 月 23 日，他被西罗马帝国皇帝霍诺里乌斯处死。

复兴建设之中。

可是，斯提里科囿于自己是日耳曼人的身份，始终不得人心，最后有谗言称他和敌人日耳曼人互通有无，导致他于公元408年被判处死刑。

斯提里科死后不久的公元410年，因为西哥特王阿拉里克的攻击，西罗马帝国遭受了首都罗马城被占领之苦。虽然敌人仅仅大肆抢夺了一番，就离开了罗马城，但是罗马却受到了重创，甚至还有研究者认为这个时候的西罗马已经名存实亡了。

罗马在公元前4世纪初也曾被凯尔特人占领过，但所幸当时有"罗马第二位建国者"——卡米卢斯的顽强奋斗，使得罗马被夺回并加以重建。日后即使罗马成为了帝国，即使罗马人不会忘记自己历史上曾受过的屈辱，可他们也的的确确再次遭遇了同样的屈辱。

罗马城本应成为永远的首都，却轻易地被西哥特人大肆蹂躏。面对这个难以接受的事实，罗马人开始谴责基督教。

虽然狄奥多西时代已经下令禁止供奉异教，但当时的罗马仍然潜藏着很多非基督教徒。异教徒中有人对基督教发难道："就是因为基督教的普及，罗马才遭受到这样的待遇。"

其实在这个时期，被誉为"古代最大的教父"的奥古斯丁[1]，撰写了《三位一体论》《上帝之城》等宣扬基督教正当性的著作，可这些书的撰写背景就是基督教受到了非难，所以不得不著书立说

---

1. 奥古斯丁（354年11月13日—430年8月28日），又名希波的奥古斯丁（Augustine of Hippo），天主教译为"圣奥斯定"，出生于古罗马帝国统治下的北非努米底亚，是一名摩尼教徒，同时也是基督教早期神学家，教会博士，以及新柏拉图主义哲学家。其思想影响了西方基督教教会和西方哲学的发展，并间接影响了整个西方基督教会。他是北非希波里吉诃（Hippo Regius，即希波Hippo）的主教，因其所著作品而被视为教父时代重要的天主教会教父。重要的作品包括：《上帝之城》《基督教要旨》和《忏悔录》。

来拥护基督教。

不久前蹂躏罗马的阿拉里克在书中被称为"西哥特王",但实际上此时的西罗马内部,也已经诞生了好几个不同民族的独立政权。

自从日耳曼人大迁徙后,曾经苦于人丁稀少的罗马军,成为了大量进入罗马境内的日耳曼人的收容所。加入了罗马军的日耳曼人,有的会成为军队的干部,有的甚至会当上最高司令官。斯提里科等人算是平步青云的典型吧。

阿拉里克过去也曾在罗马军旗下担任哥特人部队的队长。当时的战斗残酷激烈,然而他只能得到很少的回报,于是心怀不满的阿拉里克,向罗马军举起了叛旗,并以西哥特王的名义起义。

阿拉里克以王之名,吸引居住在罗马的哥特族人聚集到一起,他们作为一个大集团,糟蹋和强夺土地,最终为了寻求安居之地而定居在了罗马领地内,在伊比利亚半岛上建立起了西哥特王国。

同样,汪达尔人远渡北非,建立汪达尔帝国;波尔多人占据高卢中部;盎格鲁—撒克逊人自不用说,占据不列颠;法兰克人选择了高卢北部;伦巴第人以北意大利为领地。虽然各国面积都不大,但各民族国家都是在西罗马帝国的地盘中建立起来的。

公元 476 年,西罗马帝国终于迎来了生死存亡最后的关头。日耳曼雇佣兵队长——奥多亚克[1](Odoacer 或 Odovacar),逼迫西

---

1. 奥多亚克,又译作奥多亚塞(435—493)是意大利的第一个日耳曼蛮族国王(476—493 在位)。早年参加罗马军队。475 年他率众反叛篡夺者欧瑞斯特斯,476 年被军队拥为王。476 年,罗马雇佣兵领袖日耳曼人奥多亚克废黜了西罗马最后一个皇帝罗慕路斯,这一年传统上被认为是西罗马帝国灭亡的标志。

罗马帝国的少年皇帝罗慕路斯·奥古斯都[1]（公元475—476年在位）退位。此时的罗慕路斯已经没有皇帝的实权了。真正的当权者是日耳曼人雇佣兵部队。

逼迫罗慕路斯退位的奥多亚克并没有就任皇帝的位置，而是将帝位返还给了东罗马帝国。仅仅废黜皇帝却不弑君，还把皇位还回东罗马，奥多亚克的行为，从让罗马合为一体的意义上来说，也许算得上是复兴罗马帝国。

退位的罗慕路斯后来怎么样了呢？笔者只知道他移居到了那不勒斯湾沿岸，但之后的情况如何、什么时候去世都没有留下记录。

罗马建者是罗慕路斯，见证西罗马帝国之终结者也是罗慕路斯，真是不可思议的巧合。

至于哪个时间节点可以视作"罗马帝国的终结"，这个问题一直存在争议。

如前所述，有人认为罗马是在被日耳曼人蹂躏的公元410年实质性地终结了，但一般还是以公元476年的罗慕路斯·奥古斯都退位为准，即将西罗马帝国灭亡的时间视为罗马帝国之终结。

当然，东罗马帝国的统治会一直维持到15世纪，直到奥斯曼帝国将它消灭为止。然而，自西罗马帝国灭亡的那一刻起，它就已经不是"罗马人的帝国"了，也不再是"罗马帝国"了，正如后人所言，它应该被称为以君士坦丁堡为中心的"拜占庭帝国"。

---

1. 罗慕路斯二世，西罗马帝国末代皇帝（475年10月31日—476年9月4日），欧瑞斯特之子。

东罗马帝国的末日

起初,东罗马帝国的经济条件优于西罗马帝国,它能够在防止外敌入侵的同时继续保持繁荣。

此外,拥有一位优秀的皇帝,也是东罗马帝国繁荣的主要原因。其中值得一提的是查士丁尼[1](483—565/527—565在位),因为他成功地夺回了包括罗马城在内的意大利半岛。

然而他38年来的漫长治世也并不是一帆风顺的。其中最痛苦的经历是在他治世的第五年(公元532年)发生的"尼卡之乱"。

"尼卡之乱"爆发的契机是战车比赛后产生的骚动。骚乱蔓延到整个君士坦丁堡市内,一部分反对皇帝政策的元老院议员和暴徒勾结,高举拥立新皇帝的旗帜,使得君士坦丁堡的街道民不聊生。

暴动持续了好几天,查士丁尼都无法从宫殿里出来。

暴徒们破坏了许多包括教会在内的壮丽建筑物,夺走了大量他人的财物。由君士坦提乌斯二世建造的哈吉亚·索菲亚大教堂也在此时被破坏。富裕的市民害怕被卷入暴动,就把财宝堆上船逃到亚细亚。暴动之下,皇帝的宫殿被袭击也只是时间问题。

查士丁尼也考虑过退位离开此地,但皇后狄奥多拉[2]劝阻了他。

---

1. 查士丁尼一世(又译优士丁尼一世,拉丁文:Iustinianus I,希腊文:Ιουστινιανός Aʹ,约482年—565年11月14日),东罗马帝国皇帝(527—565在位),史称查士丁尼大帝(英文:Justinian the Great)。
2. 狄奥多拉(希腊文:Θεοδώρα,拉丁文:Theodóra,或译提奥多拉、塞奥多拉等,500年—548年6月28日),拜占庭帝国(即东罗马帝国)查士丁尼王朝皇帝查士丁尼一世(大帝)的妻子。和丈夫查士丁尼大帝一样,她也被东正教教会封为圣人,纪念日为11月14日。

狄奥多拉是从一介舞女变成罗马帝国皇后的女性。她以能干而著称，一直在背后支持查士丁尼的统治。这时，狄奥多拉也以毅然的态度，对想要逃走的查士丁尼说："我觉得'帝衣是最棒的死亡装束'这句古话是正确的。"

查士丁尼听了狄奥多拉的话为之振奋，命令军队镇压暴动，总算成功平息了暴动。

这次暴动成为了转机，查士丁尼开始积极经营帝国。镇压叛乱后不久，查士丁尼开始重建哈吉亚·索菲亚大教堂（现在的阿亚索菲亚博物馆）等被破坏的街道，第二年他以复兴伟大的罗马帝国为目标，开始征服周围的各国。

首先，他消灭了非洲的汪达尔王国，从西哥特王国手中夺回了希斯帕尼亚南部，然后在公元554年，终于夺回了包括罗马城在内的意大利半岛。

但是，荣耀时刻并没有持续很久。

公元565年查士丁尼去世后，日耳曼系的伦巴第人入侵意大利，不久北非和希斯帕尼亚的南部也被夺走，罗马帝国再次回到了原来的东罗马帝国的范围。

长达20年的查士丁尼的领土扩张战争，虽然只是带来了一时辉煌，但对罗马却意味着再现的荣耀。只是付出了很大的代价，东罗马帝国损失了巨大的战争费用和很多士兵的生命。而且，在查士丁尼的治世期间瘟疫流行，帝国已经没有体力继续维持下去了。

从那以后，东罗马帝国在15世纪之前，一直保持着帝国的姿态。但是，从9世纪左右开始，由于斯拉夫人的入侵，领土逐渐被剥夺，虽然君士坦丁堡勉强维持着繁荣，但是帝国整体实力明显在下降。

特别是从 11 世纪后半期开始，东罗马与十字军[1]（The Crusaders）摩擦不断，一度使首都君士坦丁堡陷入濒死状态。东罗马于公元 1261 年打败了拉丁帝国，虽然时隔 57 年恢复了首都，但它仍在为蒙古帝国和奥斯曼帝国的侵略而烦恼。

然后，公元 1453 年 4 月，奥斯曼王朝土耳其的苏丹——穆罕默德二世率领十多万大军包围了君士坦丁堡。此时东罗马帝国军队仅仅只有 7000 人。君士坦丁十一世（1405—1453/1449—1453 在位）率领的罗马军持续抵抗了两个月。穆罕默德二世为了保住君士坦丁十一世的生命，表示愿意承认其财产和对莫雷亚斯的占有，劝他投降，但是君士坦丁十一世却拒绝了。

5 月 29 日凌晨，当得知奥斯曼军队突破了城墙后，君士坦丁十一世便脱去了皇帝的华服，说道："神啊，请救救想要逃走的人。想赴死的人请和我一起战斗下去。"据说他说完就投身于城中奥斯曼军队的人流之中。

至此，从罗慕路斯建国（前 753 年）算起，长达 2206 年的罗马帝国的历史宣告结束。

---

1. 十字军，由天主教士兵组成的军队，曾参加十字军东征，士兵都佩有十字标志，因此称为十字军。十字军东征的目的是保护朝圣者和反对吉哈德扩张，以及从伊斯兰诸国手中拯救半奴隶与奴隶并缓解突厥人对君士坦丁堡的压力。在十字军的帮助下，拜占庭帝国成功收复尼西亚、吕底亚、密细亚、弗里吉亚北部、加拉太等大片土地。

罗马的诞生及罗马解体后的"三个世界"

在罗马帝国诞生之前,全球范围内存在"东方世界""希腊世界""拉丁世界"这三个世界。

以拉丁世界为中心的罗马统一了这三个世界。然后"罗马帝国"作为一个世界应运而生。

而罗马帝国的世界不久后就分裂成了"伊斯兰教的世界""希腊正教的世界"和"天主教的世界"。新诞生的三个世界也不是凭空产生的,东方世界曾经的区域变成了"伊斯兰教的世界",希腊世界曾经的领地变成了"希腊正教的世界",拉丁世界以前的地方变成了"天主教的世界",世界的名称变了,然而我们知道在同样的地方依然存在三个世界。

为什么在同样的地方要构筑新的世界呢?在当时的时代背景下,笔者认为这一切源自"语言上的差异"。

"东方——伊斯兰教世界"基本上是使用阿拉米语、叙利亚语(后来的阿拉伯语)等闪语族系语言的世界。

"希腊——希腊正教世界"使用的是希腊文。

"拉丁——天主教世界"在原来的拉丁文中,加入了同样属于印欧语系的日耳曼语。

于是乎,以"语言"为基础,罗马帝国解体,再次分裂成与原来的东方、希腊、罗马同样位置的三个世界。

如此想来,就能明白为何这三个世界中,"希腊——希腊正教世界"最好地继承了古代元素了。因为无论在古代还是在罗马崩坏后,它都沿袭了希腊文,所以才便于它以古老的形式继承文化上的东西。

古罗马帝国的通用语是拉丁文，但狄奥多西上台以后的东罗马帝国，希腊文被作为通用语使用。7世纪以后的东罗马帝国虽然有着"中世纪罗马帝国"的性格，但因为使用了希腊文，所以在继承古代世界文明的同时，它也能很好地适应中世纪的时代。

此外，"拉丁——天主教世界"虽然是以讲拉丁文的罗马世界为基础的，但它毕竟是日耳曼语系的人们创造出来的世界，所以没有像希腊世界那样实现统一。

最终法兰克王国会成为盟主，是因为西罗马帝国灭亡以后，分裂成了哥特王国、汪达尔王国、法兰克王国等几个国家。即便如此，他们也继承了相同的"罗马式遗产"：一个是天主教，另一个是法律。

西哥特王国在罗马法中，融合了符合西哥特人习惯法的内容，制定了成文的西哥特法典，日耳曼各国也相继颁布了成文法典。

日耳曼诸国，一边努力融入拉丁人，一边遵从法兰克王国的中心地位，最终，它们得到了罗马天主教的承认，以神圣罗马帝国的身份又被其他国家吞并了。

有一句话耳熟能详："没有穆罕默德就没有查理大帝。"因为公元732年，法兰克王国受到了倭马亚王朝的伊斯兰的攻击，以这场图尔（普瓦蒂埃）[1]战役为契机，欧洲各国开始形成以法兰克王国为中心的团结力量。

---

1. 图尔战役发生在公元732年10月10日，查理·马特统帅15000法兰克军队在图尔与普瓦蒂埃之间的维埃纳河与克勒恩河交汇处，与阿卜杜拉·拉赫曼统帅的60000穆斯林军队遭遇，穆斯林大军战败，统帅拉赫曼阵亡。法兰克军队在付出重大伤亡代价后，结束了穆斯林势力自西班牙地区向西欧的扩张历史。

神圣罗马帝国[1]（历史上的德意志国家）诞生的背景是，罗马教皇统一了天主教各国，于是天主教国家与伊斯兰教的世界平行存在于世。

也有研究者认为，图尔战役是神圣罗马帝国诞生的契机，在这场战役打响之前，都属于古代末期。

关于古代末期的时间节点众说纷纭，但不管怎么说，就像罗马统一三个世界需要漫长的时间一样，罗马解体成为新的三个世界，也注定是一个漫长的过程吧。

古代末期也并不是单纯的衰退期，也可以理解成被罗马统一了的世界又再次复归原位，分裂成三个世界，这或许也是构筑新世界的过程。

罗马帝国灭亡的原因——交响曲《古代末期》

最后笔者想探讨在研究罗马史时绕不开的问题——"为什么罗马帝国终究趋于覆灭？"

罗马帝国灭亡的原因究竟在哪里？

此问题不仅对笔者这种历史专业研究者有价值，想必对历史爱好者来说，也意义重大。至今为止有很多人致力于研究这个问题，

---

1. 神圣罗马帝国，全称：德意志民族神圣罗马帝国或日耳曼民族神圣罗马帝国，是962年至1806年地跨西欧和中欧的封建君主制帝国，版图以日耳曼尼亚为核心，包括一些周边地区，在巅峰时期包括了意大利北部和中部（原属法兰克王国）和勃艮第还有弗里西亚（今低地国家）。

但是在他们设定的"剧本"中，存在日尔曼人、基督教、人口减少、气候变化、基础设施恶化、铅中毒等多种多样的原因。据某研究人员称，将此前总结出的罗马帝国灭亡的原因详细分类的话，可以达到 210 种。而且，所有的原因都是有凭有据，不是想当然的结论。因此，这个问题的答案非常复杂。

因此，本书会将各种各样的详细原因移交给各自领域的专业书籍，只从大的视角来考察罗马帝国灭亡的原因。有句话叫一叶障目不见泰山，如果太过关注细枝末节的话，就会迷失全局。

笔者想要尝试将罗马帝国的灭亡作为交响乐《古代末期》的乐章来演奏。从古代到中世纪，我们可以将罗马帝国巨大世界分裂的过程想象成"旋律"。

交响曲《古代末期》的第一乐章是《罗马帝国衰亡史》。

这段历史以吉本为代表，将罗马的终结视为帝国衰亡的旋律。导致衰亡的原因归根结底是经济衰退。毕竟当时的罗马面临人口减少、基础设施恶化的趋势，这是任何一个国家巅峰不再后一定会面临的问题。

第二乐章是《新罗马帝国衰亡史》。

在京都大学专门研究西洋古代史的南川高志先生，有部同名标题的著作《新罗马帝国衰亡史》，笔者以此为灵感，将罗马这个国家的衰败视作异民族问题来看待。

最后的第三乐章，并不是把罗马的灭亡看作一种"衰亡"，而是作为文明的"变质"谱写成歌。这里最重要的主题是罗马人的"变质"。当初遭遇镇压的基督教为何又被接受了，对待异民族怀有宽慈之心的罗马人为何变得判若两人？笔者会试着将罗马人的变质，作为从古代向中世纪过渡的一种文明变质来看待。

罗马帝国的灭亡，既是一个国家的衰亡，同时也是新时代诞生的序曲。我想从交响曲《古代末期》中大家可以感受到，历史其实就是人类日复一日度日营生的最终产物。

交响曲《古代末期》第一乐章《罗马帝国衰亡史》：经济的衰退

公元前146年，罗马战胜了自己的宿敌迦太基，但是由于男性劳动力被征为士兵了，农田荒废，经济贫困的农民纷纷放弃耕地，城市里无产者激增。

农民们放弃的农地被富裕阶层所拥有，产生了"奴隶制大地产所有制"。支撑这一切的是作为劳动力的奴隶。

把奴隶当作劳动力使用，并不只是罗马这么做。古代地中海世界基本上都是奴隶制社会。

那么，奴隶是如何获得的呢？主要的供给源是战争俘虏。

也就是说，在罗马成为地中海霸主的时候，在奴隶制大地产所有制这一新的经济系统诞生的背景下，由于长期的战争导致耕地的荒废和农民的贫困，再加上罗马通过战争获得了大量的战争战俘，都是造成奴隶过剩的原因。

但是，进入帝政期后，到了被称为"Pax Romana"（罗马和平）的时期，由于大型战争减少，奴隶开始短缺。

在此期间，罗马也在进行着战争，但那是为了守卫国境，没有牵涉到新的奴隶的供给。奴隶的短缺，和奴隶制社会中劳动力的减少是同义的，因此对经济产生了巨大影响。

这里发生了一件不可思议的事情。那就是，虽然奴隶的供给量大幅度下降，但奴隶的数量并没有减少。至少在得不到战争俘虏以后，罗马陷入奴隶枯竭的状态大约还需要400年的时间。

有人会说"奴隶的孩子满足了新的需要"，但是那是不现实的。

因为产生奴隶的孩子，需要大量的女奴隶。当然，在那个时代并不是没有女奴隶。但是，为了满足生孩子的需求，需要和男奴隶数量相同或更多的女奴隶。这是因为在那个时代，孩子能度过婴幼儿期长大成人的概率非常低。比如，五贤帝最后的皇帝马可·奥勒留虽然生下了14个孩子，但平安度过婴幼儿期的只有六个人，不到一半。

就连被赋予最佳环境的罗马皇帝的孩子都如此，很容易想象，在最恶劣的环境中成长的奴隶的孩子，他们的生存率是相当低的。

而且，奴隶原本就是战争俘虏，所以大部分都是男性。像迦太基陷落时那样，把一个城市的居民全部当作奴隶的情况下，女性也是有的，但是作为劳动力，男性更好用，所以奴隶的男女比例中，男性数量有压倒性的优势。

在这个得不到战争俘虏的时代，如果奴隶的孩子不是供给源的话，那么在400年间，罗马的奴隶制是由什么支撑的呢？

其实这个问题是我在博士论文中研究的题目。

我以《薄暗的罗马世界》为题，论文的结论是"弃子"。

其实罗马有很多"弃子"的事例。

把这些弃子作奴隶来卖的话，估计会产生相当多的奴隶。当然，要想使之可行的话，就必须要有专门的奴仆商人，他们收集弃子，教育弃子听主人的话，在提高了奴隶价值的基础上再进行贩卖。

这是我的假说，但并不是单纯的想象。奴隶商人为了抚养弃儿而雇佣奶母的契约书，以及当时记载了养育孤儿的纸莎草文书，都确实被发现了。

直到斯巴达克斯时代（公元前1世纪）频繁发生奴隶的叛乱，暗示着奴隶的性质发生了变化。也就是说，当时以战俘为中心的奴隶，变成了被奴役教育的孤儿。

不过，战争俘虏消失后，又以其他形式提供奴隶，结果导致了奴隶制社会延长，阻碍了罗马经济的发展和成长。

罗马文明是以铺路、上下水道、拱形构造和罗马混凝土等非常高技术力而自豪的文明。这些可能不一定是发源于罗马的技术，但都是罗马人所熟悉的技术。尽管拥有如此高超的技术力量，但罗马却看不到活用这些技术以后的经济成长。

例如，18世纪的工业革命，被认为是由蒸汽机的发明产生的，但实际上蒸汽机的原理本身，在希腊化时期就已经广为人知，在罗马时代，蒸汽机也被用来自动打开神殿的门。

但是，这终究只是为了表现神殿的神秘性而下的功夫，并不是像近代那样为了提高工作效率而使用的。

因此，蒸汽机在没有被广泛使用的情况下，很长一段时间都被遗忘了。

为什么高科技却没有为了提高效率而使用呢？那是因为，麻烦的事和辛苦的事，全部都让奴隶来做了。

无论人有多么高的技术和教养，如果没有感到有改善的必要性，就不会想使用它。也就是说，因为自己觉得没必要，所以没有想到将其合理化用于促进经济发展上。

奴隶制社会失去了与革新相连的激励，结果，连经济成长这一观念都没有，经济衰退就发生了。

罗马从战争俘虏到弃子，通过改变奴隶的供给源来弥补奴隶不足，但是随着人口减少，弃子也到了极限，奴隶制大地产所有制终于被废除了。作为新的劳动力，富裕阶层开始雇用一般的自由人作为"佃户"。

因为佃户和奴隶不同，所以不能说收成就是地主的总收入。地主以佃租的形式获得收入。

然而，在君士坦丁的治世时期，奴隶的供给完全消失了，为了确保安定的劳动力，就禁止了佃户的自由迁徙。于是，经济低迷的话，被禁止迁徙的佃户就被视为稳定的税收来源，被征收沉重的佃租。

就这样，原本应该是自由人的佃户被禁止移动，而且还被征收了沉重的佃租，结婚对象也只限于同一个地方的异性，出生的孩子也继承了佃户的身份，变成了不自由的身份。

于是，在罗马解体后，佃农也不会离开土地，不久就转移到了中世纪的欧洲去当农奴。

基础设施的恶化使经济产值低下

经济衰退中不容忽视的是基础设施的恶化。经济实力下降最显著的表现就是基础设施的劣化。

在共和政时期,"财力"被认为是罗马贵族不可或缺的资质。为什么贵族需要金钱,是因为支持罗马扩大的是贵族的财力。

道路和下水道等基本的城市基础设施整备自不必说,作为市民娱乐场所的圆形竞技场和剧场等当时国家应该负责的城市基础设施,大部分都是由贵族出钱来维持的。

当然,虽说是有资金,但这种公共设施并不是谁都能随便造出来的。得向元老院提出申请,得到许可后才能建造。

这样建造的建筑物上刻着出资贵族的名字。像自来水管道和道路那样不能明确表示名字的东西,就以出资的贵族的名字命名为"××街道""××水道",人们就都知道是谁建造的。

例如,罗马最有名的"阿皮亚古道"是由执政官阿庇乌斯·克劳狄乌斯建造的,所以被称为阿皮亚古道。

顺便说一下,阿庇乌斯除了街道,还建造了罗马最古老的自来水管道"阿皮亚水道"。

也许你会想,为什么个人会为了公共利益而做到这种地步,那是因为对于罗马贵族来说,提供对公共有益的东西是非常光荣的事情。

在拉丁文中,名誉被称为"honorarius"。这是英文中"honor"(名誉)的语源,但在拉丁文中还有另一层"公职"的含义。也就是说,将资金用在公共事业上,在罗马人的价值观中代表"honorarius"。

依靠个人资产建设公共设施，进入帝政时期后，责任就会集中到作为"第一公民"的皇帝身上。

例如，罗马被称为"罗马水道"的自来水管道，一共有 11 条，进入帝政时期后所造的五条水道都是由皇帝造的。

这样的建筑物、道路、水管等设施，如果建造起来的话，后续还有很多事情。为了保持功能，能够安全地持续利用，就需要定期维护。

在罗马，也有为此而担任的公职"Aedile"（营造官），就是进行正规维护的人员。

但是，随着时代的变迁，建筑物也越来越多，所有的管理和修缮都越来越难。而且，建筑物有了年限就会老化，维护本身也会耗费时间和费用。

在被称为 3 世纪危机的军人皇帝时代，罗马的阿皮亚街道等设施，已经建成大约 600 年。当然，在这期间已经进行了多次修复，但事实上，根本上的老化是难以避免的。

虽说公共设施是由营造官管理的，但基础设施大多是由富裕阶层投入私人财产建造的，因此原本国家对基础设施负责的意识就很薄弱。

而且，曾经通过捐献公共资金而感受到"荣誉感"的富裕阶层，讨厌伴随着经济恶化而来的重税，于是离开了城市，基础设施的恶化也加速了。

像"图拉真浴场""卡拉卡拉浴场"，以及"罗马和平"时期皇帝私费建的巨大公共浴场，这些曾经盛况空前的浴场到了公元 4

世纪便也衰退了、消失了。

其中最大的理由就是基础设施的恶化以及作为劳动力的奴隶的短缺。巨大的公共浴场需要水、燃料及在那里工作的众多奴隶。但是，由于水道的老化使得供水停滞，由于奴隶的减少使得劳动力无法保障。

象征着罗马繁荣的巨大浴场，随着基础设施的恶化而消失，在罗马灭亡后新诞生的三个世界里，它也没有重现过。

巨大的罗马浴场也许是只有全盛时期的世界帝国才能形成的繁荣景象吧。

交响曲《古代末期》第二乐章《新罗马帝国衰亡史》：国家的衰退

国家这个组织的中心，通常拥有财政力和军事力。为了顺利推行作为财政基础的税收，需要国家的向心力。罗马帝国的向心力可以说是强大的皇帝权力。

在"罗马和平"时期，民众自发地将皇帝称为"主人"，这一事实表明，皇帝权力的确立是罗马和平的基础。

可是，巨大的皇帝权力，在3世纪的军人皇帝时代也走下了神坛。皇帝作为民众的主人，在这个时期，被军队掌握了生杀予夺权，成为了非常不可靠的存在。

因此，军人皇帝时期以后的皇帝，戴克里先和君士坦丁为了夺回以前的皇权，而做出了各种各样的努力。

戴克里先规定了向罗马众神礼拜的义务，利用宗教力量提高皇权，君士坦丁在宗教中承认了基督教，使得所有人都服从皇帝。

他还迁都到拜占庭（后来的君士坦丁堡），通过向市场提供优质的金币，努力让民众对皇帝怀有敬意。

他们的努力没有白费，戴克里先和君士坦丁在某种程度上取得了皇帝的权力，但是他们一死，军队势力就又开始抬头了，从整体来看，很难说皇帝的权力已经稳固了。

造成皇权不稳的最大原因是"军队的肥大化"，而对这一现象推波助澜的是在边境引起骚乱的异民族的存在。北面的日耳曼人、东面的帕提亚、萨珊王朝波斯，为了压制他们，只能把军队分配到国境。

如果把军队分配到边境，当然要花很多经费。

说起来在前近代社会，国家预算的三分之二都用于军费，这在当时是理所当然的。如果必须在其中进一步多征军费的话，就只能强化征税了。在社会混乱、经济低迷的情况下，如果增加民众负担，必然的结果就是失去民众对皇帝的忠诚心，导致权威减弱。

也就是说，这个时期的罗马陷入了反复的恶性循环："皇帝权力低下—异民族入侵—军队强化税收强化导致的皇帝权力低下"，从而削弱了国家的政体实力。

于是，在4世纪末的狄奥多西死后，罗马帝国分裂成东西方，但在此之前，西罗马帝国已经虚弱到可以说是"风前残烛"了。

为了让濒临灭亡的西罗马帝国继续生存下去，罗马选择了"以毒攻毒"的高风险道路。

所谓以毒攻毒，是指将被匈奴人压制而迁徙到罗马帝国内的日耳曼人，作为佣兵加入罗马军，派他们对抗逼近国境的日耳曼人及其他民族的人。

但是，这终究不是长久之计，西罗马帝国终会被深入其体内的异民族所反噬。

其中，汪达尔人对罗马的蹂躏、掠夺造成的损失是致命的，那时虽然勉强有个皇帝，但是已经没有可以称之为皇帝权力的东西了，在皇帝身边的是名为罗马军的日耳曼人雇佣兵部队。

在这样的情况下，日耳曼雇佣兵队长奥多亚克让罗慕路斯退位，与其说他是颠覆国家、篡夺权力，不如说是为了让命数已尽的西罗马帝国认清现实，将年轻皇帝从对皇帝权力的幻想中解放出来。

纵观全局，可以说皇帝权力的丧失，可能是从恢复了权力的君士坦丁开始的。

因为君士坦丁是第一个将移居帝国领地的异民族出身者，作为军人公开录用的皇帝。

那是在创建强大机动军的"军制改革"的美名下进行的。这个自由机动军的创立，导致了固定边境兵力的削减，使国境线变得模糊，如果考虑到这会方便异民族的入侵，也许应该把君士坦丁的统治，看作国家开始衰退的转折点。

将国境视为区域而发现的东西

在《新罗马帝国衰亡史》中，京都大学教授南川高志先生指出了当时罗马帝国国境线的模糊性，并提倡根据英国学者霍伊卡的研究，不要将国境当作一条线，而是当作更宽广的"zone"（区域）来对待。

　　看起来罗马军队驻扎在最前线形成的险峻的人工防卫墙，和自然形成国境的大河，实际上到处都是开放的，平时人们越过防墙、横渡大河，与人来往，运送货物。

（南川高志著《新罗马帝国衰亡史》岩波新书）

　　当时的国境并没有像现在的国境那样明确，却无意中形成了分栖共存生态，只要人们没有在那个地方交战，就可以自由地来往，一边交易一边过着寻常生活。

　　实际上，考古学调查表明，在这样的"国境区域"，频繁的交流、交易都在进行。

　　在国境最前线驻扎的军人们，与不同民族的人们进行日常交流，这与我们至今为止从"异族入侵""国境""最前线"等词语联想到的东西有很大的差别吧。

　　不过，正因为是这样一个暧昧的国境，帝国境内才会有很多日耳曼人进入，军队才会有接受他们的空间吧。

　　一听到"日耳曼人的大迁徙"，总觉得是某一天日耳曼人突然蜂拥而至，实际上在被匈奴人追逼之前，日耳曼人就有一点点流入帝国内的趋势了。

　　君士坦丁选用的异民族出身者，就是进入罗马境内的、有先驱性的日耳曼人。

作为军人被录用的他们，逐渐进入了军队的中枢部，不久就创立了强大的机动军。随着机动部队的增加，此前在边境地区部署的军队就被削减，这在国境区的日耳曼人看来，可能意味着帝国打开了大门。

当然，在那之前也有出入国境区的间隙，但是因为驻留的罗马军被削减了，那个间隙变得更大了。

边境地区的往来更加频繁，产生了异民族大举涌入的余地。

西罗马帝国出于无奈，将大量日耳曼人录用到军队，而此时录用的日耳曼人，则是因为国境的防守变得薄弱而新进入国境区的日耳曼人。

君士坦丁为了提高国防力量而创立了机动部队，结果却导致了许多日耳曼人被引入国境区域。

交响曲《古代末期》第三乐章《古代世界的末日》：文明的变质

从罗慕路斯建国到西罗马帝国灭亡，大约有 1200 年，而从建国到东罗马帝国的灭亡大约有 2200 年，回顾这漫长的罗马史，就会发现共和政时期的罗马人，和帝政末期的罗马人看起来完全不同。在共和政时期，希腊的使者称赞罗马人说："看上去像是许多王者的集会。"而这种风骨，在帝政末期的罗马人身上完全看不到。

罗马人的变质，一言以蔽之，可以说是"从共同体向个人的变质"。

在罗马历史中，这种变质是从古代以来的"城邦市民的多神教文明"，向"世界主义者的一神教文明"的转变，后者是伴随着基督教的普及而产生的。

原本城邦国家的市民过着崇拜多神教众神的生活，渐渐地，他们变成了崇拜唯一神的世界主义者，于是罗马人的"人类的品质"也发生了变化。

在多神教世界和一神教世界中，即使看似是在使用同样的语言，但也有很大的区别。

例如，对于原本的罗马人来说，恺撒的"慈爱"和基督教的"慈爱"是不同的。

多神教世界原本就是一个非常富有宽容精神的世界。为什么这么说呢，因为在众多的神中，崇拜哪个神都是自由的。

因此，罗马在将各种各样的民族统合一体的过程中，承认了对方各种各样的价值观和生活方式，但那只是因为，罗马本质上就是崇拜众神的世界。从这个意义上来说，多神教世界的"慈爱"和"宽容"有着很深的联系。

如果换个角度想，对对方宽容的原因其实是自己不想被支配。这在古希腊和罗马都是一样的，他们的基本原则是"所有的市民基本上都是自由人，不受任何人的支配"。

正因为如此，在希腊，人们认为"我们不受任何人的支配，而是靠我们自己的力量来建立国家"，于是希腊产生了民主政，而罗马则选择了不承认独裁者的共和政。

这样考虑的话，无论是希腊还是罗马，城邦市民基本上都是自由人，正因为是自由人，才不会被任何人支配，在这一点上可以说它们相同的价值观。

但是,罗马的"宽容(慈爱)",在罗马帝国形成的过程中会有一些变化。

比如说,恺撒大帝的"宽容(慈爱)",他对反抗自己的人进行彻底的镇压和残酷的对待,但如果对方向自己表达了恭顺之意,他就会接受对方,既然接受了,他就会表现出毫不吝惜的宽容。

但是,这样的"宽容(慈爱)",仔细考虑的话,就会发现有力量的人会附条件地保护没有力量的人。

奥古斯都开创的帝政初期的皇帝们,模仿恺撒强调"宽容(慈爱)"。但是,它也没有明确地表现出来,是皇帝建立在统治市民基础上的产物。

这样的变质,在基督教世界更加加剧。

基督教的"慈爱"表现为对弱者的爱。

就连批评基督教而被称为背教者的尤利安,也高度评价基督教保护弱者的精神,但是既然有保护"弱者"的想法,就说明潜意识里把自己看作强者。

在原本的城邦社会里,所有的自由人都是平等的,那里没有弱者和强者。原本他们就不承认弱者的存在。

因为现在的价值观和古代的价值观不一样,所以无论如何请把它当作古代的常识来理解,在那个时代,身体残缺的人是在"弱者"之前存在的。不能对公众做出贡献的人,被认为是国家不需要的存在。

因此,当时出生有残疾的孩子,被当场扔掉或杀死是理所当然的。

这种歧视不仅对残疾人，对以乞讨为生的脱离社会者也是一样的。实际上，即使是柏拉图和亚里士多德这样优秀的思想家，也始终无视那些人。

这样考虑的话，虽然城邦社会的"宽容（慈爱）"是平等的，但是平等是在抛弃弱者的基础上成立的，帝政时期皇帝们的"宽容（慈爱）"，是立足于有产者和无产者的阶级差异上的，可以看出，恭顺是给予保护的条件。

而基督教则变成了强者必须无条件保护弱者的新的慈爱。

这不是好坏的问题。而是从古代到中世纪的过渡过程中，在那个时代背景下，人们的品格也在发生变化。

斯多葛哲学成了接受基督教的基础

对于信奉众多神灵的古罗马人来说，只崇拜唯一神的基督教徒，看起来完全是不同性质的、难以理解的人。

事实上，基督教传到罗马后，过了约 200 年，信徒数量几乎没有增加。进入 3 世纪后基督教信徒激增。

为什么这个时期基督教徒爆发性地增加了呢？在上一章中，我们考察了人们对于乱世的不安和皇权的影响力，现在我想谈谈，罗马人为什么能接受这种完全不相容的东西。

在这里请回想一下，五贤帝时期最后的皇帝——马可·奥勒留，人称"哲学家皇帝"。我已经说过他是斯多葛哲学之徒。

一般来说，斯多葛派是禁欲主义，伊壁鸠鲁派被称为快乐主义，但这两种学派只是方法不同，它们都是以丰富精神世界为目标，所以方向是相同的。

那么，明明是有同样的目标，为什么这种接近目标的方法会完全相反呢？这是因为对神的想法不同。

古代没有一个人怀疑神的存在。无论是斯多葛派还是伊壁鸠鲁派都相信众神的存在。

两者想法的差异在于神和人的关系。伊壁鸠鲁派认为神不会介入人类世界，斯多葛派认为会介入。

我们一遇到不幸的事情，就会感叹"神啊，这是为什么呢"，但是伊壁鸠鲁派的人绝对不会说这样的话。因为他们认为："这个世界上的事情，无论是好事还是坏事，都不是根据神的意志而发生的。虽然神是存在的，但是完全不会介入人类世界。"

伊壁鸠鲁派的人们经常被称为快乐主义者，是因为神不会介入他们的行动，也就是说，无论做什么都不会惩罚他们，所以他们认为应该随心所欲地享受。

另一方面，斯多葛派认为"众神注视着人类的世界，并会介入其中"，所以他们重视给予自己的工作，认真致力于公务等。

在罗马，斯多葛派被广泛接受，是因为对于原本就以公职为荣耀的罗马人来说，斯多葛派的思想更容易理解。

在承认神的介入这一点上，基督教也一样。正因为神在看着我们，考虑着必要的时候介入，所以在基督教中必须要谨慎，积累善行。

也就是说，和基督教有共同点的斯多葛派，在3世纪的罗马社会被广泛接受，成为了接受基督教的精神土壤之一。

话虽如此，我并不打算说只有斯多葛哲学，牵涉到罗马人对基督教的理解，也要考虑到其他各种因素。

比如，耶稣基督在十字架上牺牲的想法，古代人很容易理解。

之所以这么说，是因为他们在信奉多神教的过程中，经常供奉贡品给神明。将自己拥有的最好的东西作为祭品献给神，对多神教信徒来说，他们认为这样会让神明感到喜悦。所以，神之子耶稣牺牲后能拯救全人类的故事应该是很容易接受的。

事实上，当初在罗马，有人揶揄人们牺牲自己来奉献给神。实际上，在2世纪末的涂鸦中，发现了描绘驴被钉在十字架上的内容。

但是，随着时间的推移，把非常优秀的人作为贡品奉献给神明，人类用这样荒谬且非常具有冲击力的故事，抓住了听故事的人的心。

据说基督教是穷人的宗教。

《圣经》里记载着耶稣祝福过的人，的确，他们是从未被别人想起过、被社会所抛弃的人们。

耶稣说："穷者有福。"他给予贫穷、被压迫的下层人民希望，让他们知道自己才是被拯救的人。

在第一乐章中，我讲述了一个虽然是自由人却被土地所束缚，被课以重税的佃户的故事，在被社会压迫的下层贫穷人们中，有一种对富人们的"怨念"。

耶稣对心中隐藏着这种怨念的人们来说，只有贫穷的人才能得救，这句话既是希望，也用来净化现实社会中消除不了的怨念。

之后，皇帝皈依基督教，通过教会给予下层人民现实的恩宠，这样的怨念渐渐减弱，但基督教是下层人民的宗教，讴歌对弱者的救济，这一点基本上没有改变。

罗马为什么会接受基督教呢?

虽然这个问题的答案还没有穷尽,但是如果基督教的本质是对弱者的救济,那么古代地中海世界中,作为霸者君临天下的罗马人,也许在从古代到中世纪的过渡时期,已经变成弱者了。

在不断变化的世界中

古代末期,在罗马帝国衰亡期的同时,在那里生活的人们,通过接受拥有不同价值观的人和不同宗教,来适应这个时代。虽然罗马这个国家消失了,但是在那里生活的人们却继续活在了新的时代。

在这样的文脉中,不正是"古代世界的终结"吗?

现在,全世界都关注着古代末期,我想是因为活在当下的我们,正面临着与生活在古代末期的罗马人相似的问题。

在欧洲,来自叙利亚的难民激增,对不同宗教、不同的价值观、不同生活习惯的异样眼光越来越多。

在罗马,当日耳曼人也是少数派的时候,罗马人需要从容接受的东西数量剧增,当日耳曼人进入了罗马的内部,文明的冲突也发展成了争斗。

但是,研究古代末期的人,认为问题并不出在进来的一方,而是接受一方的变质才是问题的本质,这一看法被无限放大。

也就是说,对对方的目光由宽容变为不宽容是争执的原因。

实际上,现在世界上发生了和古代末期的罗马相同的事情。

宣布接受难民的德国,由于难民过多,当地人开始对难民进行严厉的谴责。美国将严厉防控墨西哥非法移民流入,后者至今为止都是作为廉价劳动力留在美国。

因为数量增加过多,所以"非宽容"在加速。我现在最担心的是美国的不宽容加速。

承诺防止移民流入的特朗普成为总统之初,美国上层人士把这种不宽容视为问题,谴责特朗普。

如果因为关闭移民通道而经济好转的话,之前反对的上层人士也许会赞成特朗普的做法。

如果那样的话,美国社会会有很大的变化吧。

而且,这种变化也许会扩展到世界各地。

为了重新审视在世界范围内不断蔓延的"非宽容"的目光,我希望现在有更多的人能够接触到罗马的历史。

主要参考及引用文献

菲利普·马蒂扎克著，东真理子译，《古代罗马历代志》，本村凌二主编，创元社，2004 年

克里斯·斯卡著，月村澄枝译，《罗马皇帝历代志》，青柳正规主编，创元社，1998 年

保罗·韦纳著，西永良成、渡名喜、庸哲译，《"我们的世界"成为基督教之时——一个名叫君士坦丁的男人》，岩波书店，2010 年

《山川详说世界史图录（第 2 版）》，木村靖二等主编，山川出版社，2014 年

南川高志著，《新罗马帝国衰亡史》，岩波新书，2013 年

本村凌二著，《兴亡的世界史 地中海世界与罗马帝国》，讲谈社学术文库，2017 年

作者同上，《爱欲的罗马史变化的社会暗流》，讲谈社学术文库，2014 年

作者同上，《多神教与一神教 古地中海世界的宗教电视剧》，岩波新书，2005 年

作者同上，《世界史的睿智反派·名配角篇》，中公新书，2014 年

作者同上，《向罗马人学习》，集英社新书，2012 年

作者同上，《罗马帝国 人物列传》，祥传社新书，2016年

作者同上，《第一次阅读的人之罗马史1200年》，祥传社新书，2016年

樱井万里子、本村凌二著，《集中讲授！希腊·罗马》，筑摩新书，2017年

马可·奥勒留著，神谷美惠子译，《沉思录》，岩波文库，2007年

塔西佗著，国原吉之助译，《历史》，筑摩学术文库，2012年

作者同上，《编年史》（上·下），岩波文库，1986年

斯艾托尼乌斯著，国原吉之助译，《罗马皇帝传》（上·下），岩波文库，1968年

阿利乌斯·斯帕尔蒂亚努斯著，南川高志译，《罗马皇帝群像（1）》，京都大学学术出版社，2004年

作者同上，桑山由文、南川高志、井上文则译，《罗马皇帝群像（2）》，京都大学学术出版社，2006年

作者同上，桑山由文、井上文则译，《罗马皇帝群像（3）》，京都大学学术出版社，2009年

作者同上，井上文则译，《罗马皇帝群像（4）》，京都大学学术出版社，2014年

本村凌二等译，《西洋古代史料集》（第2版），东京大学出版社，2002年

前事不忘,后世之师
——《罗马兴衰1200年》出版后记

人们说,条条大路通罗马——诚哉斯言,又有多少现代人的目光注视着罗马历史、阅读着有关罗马帝国的一切——这原因是显而易见的,罗马史本身非常有趣,它具有着永远也咀嚼不尽的意味和让人掩卷之后发不尽的感慨。太阳底下的那些事还有什么是罗马历史所没有演示过的?而罗马帝国之最后衰亡的原因也成为人们永久探究的话题和兴趣所在。

罗马肇始于台伯河畔半传说半真实的罗慕罗斯兄弟开创的基业,他们一开始是实行民主制的,后来随着版图的扩大,开始进入王政时代;古罗马最辉煌的时代是由奥古斯都大帝开创的,其骁勇善战的古罗马军团终于使地中海成为其辽阔疆域的一个内湖。古罗马历史可读性强的另外一个原因是其强盛时期的那些皇帝们——他们或雄才大略、或性格乖张、或严于律己、或胡作非为(这在马可·奥勒留及康茂德这一对父子身上体现得最为明显);同时,古罗马的城市文明达到了非常高的水平——我们现在到了罗马这座伟大的城市会发现,那里简直就是一座露天的博物馆,大街上那些各式各样的辉煌建筑有很多都是古罗马时代传留下来的——古罗马的建筑一直都是后世追随的样板,其堂皇和恢宏的气派令人油然而生崇拜之情。

西罗马在公元五世纪倾圮以后,东罗马帝国以君士坦丁堡为中心又继续存续了1000年,直到15世纪灭于奥斯曼帝国的铁骑和大炮;其后,意大利这片神奇的土地又一次引领了"文艺复兴"的历史潮流,那巨大的影响力是怎么夸张都不过分的——我们现代世界无不生存在文艺复兴的余荫下——而导致古罗马分裂的那场"罗马洗劫"后,罗马这座城市也没有就此湮灭,而是作为越来越有影响力的天主教的世界中心而在中世纪的欧洲发挥着巨大的影响力。

西方学界研究古罗马的著作可以说汗牛充栋、数不胜数,国内出版界也已译介引入颇多,然而日本学者的有关研究并不多见;本书作者在日本精研罗马史多年,在大学中也以教授罗马史为主,本书凭借日本视角言说罗马史并照顾到一般读者的阅读方便,非常适合对古罗马史感兴趣的非专业读者阅读和思考。本书还有一个特点,即不是完全从历史的角度重述古罗马史的一切(因为这样的书太多了),而是夹叙夹议,针对古罗马史叙述中出现的问题提出个人的见解和看法,于平实中不时闪现出作者个人的洞见和感悟,读来不时令人哑然失笑,颇有东方人阅读西方历史的那种相通之感。另外，本书还常将古罗马历史中的一些大事件与彼时中国古代发生的事情加以对比和考量，也使我们中国读者颇有亲切之感。

总之，这是一本具有全球眼光、东方视角，特别能激发起读者思考的一本了解古罗马历史、尤其是其兴衰史的趣味读物。

本书策划人　申明

2021-4-22

斯坦威人文历史书目

《世界文明 5000 年》

作者：[英]艾玛·玛丽奥特　　书号：ISBN 978-7-5057-5052-4
译者：陶尚芸　　　　　　　　定价：42.00 元
内容简介：

本书以时间和空间为线索，精妙串起了世界文明 5000 年，为读者展现了从公元 3500 年前美索不达米亚平原的两河流域文明，至 20 世纪"二战"结束时的世界发展轨迹。从亚历山大大帝到希特勒，从迦太基共和国的兴亡到阿拉伯王朝的兴起，从唐朝的繁盛到美国南北战争，通过本书，读者可以构建一幅架构清晰的脑内世界文明索引图。

《大英帝国 3000 年》

作者：[英]杰里米·布莱克　　书号：ISBN978-7-5057-5135-4
译者：王扬　　　　　　　　　定价：58.00 元
内容简介：

那这是一本展现了英国历史全貌的精彩著作。作者将 3000 年的大不列颠浓缩在此书中，带读者进行了一次令人叹为观止的英国历史之行。

本书以年代为轴，从战争、政权更迭、经济和文化发展等方面，介绍了英国是如何从一个小小的岛屿国家逐渐壮大并一步步成为"执世界之权柄"数百年的大英帝国，又是如何逐渐式微的。大英帝国的崛起、称霸到终结的进程在书中都有清晰体现。

《法国之魂》

作者：[法]阿涅丝·普瓦里耶　　**书号**：ISBN 978-7-5057-5018-0
译者：张恒杰　　　　　　　　　**定价**：58.00 元
内容简介：

　　作者从大火之夜开始，带我们重新经历了巴黎圣母院历史上的各个决定性时刻。从 1163 年的角石铺设开始，亨利四世与天主教的恩怨；拿破仑的加冕典礼；维克多·雨果 19 世纪保存大教堂的运动；奥斯曼男爵的巴黎重建计划；经典电影《巴黎圣母院》；戴高乐的感恩庆典；等等。

《希特勒最后的阴谋》

作者：[英]伊恩·塞耶，[英]杰里米·德龙菲尔德
译者：郭雨菲　　**书号**：ISBN 978-7-5057-4980-1
定价：88.00 元
内容简介：

　　1945 年 4 月，由于德国面临失败，希特勒把第三帝国最有价值的囚犯集结起来，将他们作为人质；并命令如果军事局势恶化，将处决全部 139 名囚犯。于是一场紧张而致命的行动开始了。各方势力盘根错节，在明暗之间进行着激烈的博弈。

　　本书首次披露了许多未经发表和曾被忽视的信息，综合许多碎片信息，逐渐拼出了这个"二战"中令世人震惊的故事。

《大英帝国与第一次世界大战》

作者：[英] 戴维·雷诺兹　　　书号：ISBN978-7-5057-4627-5
译者：徐萍　高连兴　　　　　　定价：128.00 元
内容简介：

　　《大英帝国与第一次世界大战》是一本既关注逝者，又关注现实的历史巨作。剑桥大学历史学教授戴维·雷诺兹以其深厚的历史积淀，把英国人在一战中的经历放在当时的国际背景下进行分析，充满热情地向读者讲述了第一次世界大战对 20 世纪，乃至现代社会在政治、经济、艺术和文学等方面的深刻影响。作者以平实而幽默的笔触讲述了一战的"另一面"，挑战了传统观点，为读者呈现了一个全新的大英帝国。全书框架宏大，却充满了生动的细节描写。

《大英帝国的崛起与衰落》

作者：[英] 劳伦斯·詹姆斯　　　书号：ISBN978-7-5057-4069-3
译者：张子悦　解永春　　　　　　定价：138.00 元
内容简介：

　　《大英帝国的崛起与衰落》是一次对大英帝国历史的全景展示。时间跨度从伊丽莎白时代开始，一直至 20 世纪晚期。全书引人入胜、发人深省，从中我们不仅能重温日不落帝国的兴衰光影，而且能深刻洞悉世界历史的发展走向，是一部非常值得期待的历史巨献！

《维京时代与英格兰》

作者：[英]埃莉诺·帕克　　书号：ISBN978-7-5057-5013-5
译者：王文倩　　　　　　　定价：68.00元
内容简介：

　　维京海盗常常以残暴、血腥、神秘的形象出现在各种传说和故事中，但他们的真实面目我们不得而知。本书从离奇的神话和传说出发，解析虚构的故事，揭秘真实的历史，抛开约定俗成的大众认知，为我们描绘出一幅不同以往的"维京海盗"画像。书中也向我们展示了维京文化是如何穿越漫长的时间，对今日世界产生巨大影响的。

《亨利八世与都铎王朝》

作者：[英]约翰·马图夏克　　书号：ISBN978-7-5057-4880-4
译者：王扬　　　　　　　　　定价：88.00元
内容简介：

　　都铎王朝是英国君主专制历史上的黄金时期。作为都铎王朝的第二任君主，亨利八世本人和这个王朝一样充满传奇色彩。他的个性、信念、充满矛盾的行为，乃至他的六段婚姻，无不与都铎王朝的未来走向息息相关。在《亨利八世与都铎王朝》中，都铎王朝历史学家约翰·马图夏克（John Matusiak）挑战了旧有假设，对亨利八世和他统治时期的都铎王朝进行了全新的诠释和开创性的研究。他和他的王朝，在书中都有着丰富而立体的呈现。